资本主义劳资关系与国家调节研究

蒋茜 著

上海三联书店

目　录

第1章　导言 ……………………………………………… 1

　1.1　选题背景及意义 ……………………………………… 1

　1.2　国内外的研究进展 …………………………………… 4

　　　1.2.1　国外研究进展 …………………………………… 4

　　　1.2.2　国内研究进展 …………………………………… 15

　　　1.2.3　小结 ……………………………………………… 18

　1.3　研究方法 ……………………………………………… 20

　1.4　研究对象与范围的说明 ……………………………… 23

　1.5　研究结构 ……………………………………………… 25

第2章　资本主义劳资关系与国家调节的理论分析 ……… 27

　2.1　劳动与资本的内在逻辑 ……………………………… 27

　　　2.1.1　劳资关系的内涵：认识劳资关系的两个
　　　　　　维度 ………………………………………………… 27

　　　2.1.2　劳资关系的内在逻辑：构建劳资关系内容的五个
　　　　　　方面 ………………………………………………… 32

2.2 国家调节劳资关系的本质与职能 ············ 53
2.2.1 国家调节劳资关系的本质 ············ 53
2.2.2 国家调节劳资关系的职能 ············ 65
2.3 国家调节劳资关系的依据和内容 ············ 70
2.3.1 国家调节劳资关系的依据 ············ 71
2.3.2 劳资关系中国家调节的主要内容 ············ 75
2.4 国家调节劳资关系的主要方式 ············ 82
2.4.1 法律手段 ············ 82
2.4.2 经济手段 ············ 84
2.4.3 行政暴力手段 ············ 85
2.4.4 意识形态手段 ············ 87
2.5 简要小结 ············ 90

第3章 资本主义劳资关系模式的历史演进与国家调节 ············ 96

3.1 劳资关系矛盾运动下的模式分析 ············ 96
3.2 劳资关系模式与国家调节的历史演变 ············ 100
3.2.1 对立型劳资关系模式 ············ 100
3.2.2 合作型劳资关系模式 ············ 116
3.2.3 排斥型劳资关系模式 ············ 133
3.3 影响资本主义国家调节劳资关系的因素总结 ············ 146
3.3.1 工会的发展 ············ 147
3.3.2 产业革命及其技术进步 ············ 150
3.3.3 全球化趋势的影响 ············ 152

第4章 当代资本主义劳资关系的主要模式与国家调节 ………… 155

4.1 当代资本主义国家劳资关系的多样性发展 ……… 155
4.1.1 关于当代资本主义国家劳资关系多样性的探讨 …………… 156
4.1.2 资本主义劳资关系多样性的成因 …………… 158

4.2 当代资本主义劳资关系的主要模式与国家调节分析 …………… 161
4.2.1 美国自由多元型劳资关系及其国家调节 …… 161
4.2.2 德国社会市场经济劳资关系及其国家调节 …………… 168
4.2.3 日本政府导向型劳资关系及其国家调节 …… 176

4.3 当代资本主义劳资关系主要模式的比较分析 …… 183
4.3.1 不同模式各有所长 …………… 183
4.3.2 不同模式所面临的困境 …………… 185
4.3.3 当代资本主义劳资关系各种模式的动态发展 …………… 188

4.4 金融危机之后当代资本主义劳资关系模式的调整与国家调节的局限 …………… 190

第5章 中国劳动关系的发展与国家调节 …………… 196

5.1 社会主义劳动关系的本质特征 …………… 196
5.2 社会主义国家调控劳动关系的目的 …………… 204
5.3 我国劳动关系的发展演变与国家调节 …………… 206

5.3.1　计划经济时期我国的劳动关系 …………… 206
　　5.3.2　改革开放以来我国劳动关系的演变 ………… 208
　5.4　当前我国劳动关系的主要问题和进一步解决的
　　　　思路 ……………………………………………… 222
　　5.4.1　当前我国劳动关系存在的问题 ……………… 223
　　5.4.2　我国调节劳动关系的思路方向 ……………… 228
　5.5　我国工会的定位问题 ………………………………… 231

参考文献 …………………………………………………… 246
后　记 ……………………………………………………… 259

图表索引

图1 工资合同与政府对经济的干预 …………………… 73

表1 1856—1913年英国从业人数占劳动力百分比的
   变化对比 ………………………………………… 105
表2 社会保障制度在世界各国的扩散 ……………… 130
表3 英国工会运动的基本数据(1980—1991) ……… 141
表4 主要发达资本主义国家的工会密度(%) ……… 141
表5 各国收入不平等程度比较 ……………………… 181
表6 我国社会保障体系 ……………………………… 222

第 1 章
导　　言

1.1　选题背景及意义

　　劳资关系是资本主义社会关系中最重要的组成部分。在《资本论》中，马克思以"英国作为例证"，深入剖析了"资本和劳动的关系"，并指出"这是我们全部现代社会体系所围绕旋转的轴心"[①]。随着资本主义的发展，作为资本主义生产关系核心的劳资关系，在上百年时间内发生了深刻的变化。其中一个非常重要的变化就是国家全面介入了劳资关系调节过程，并成为维护资本主义制度、巩固资本主义体系和保障资本主义经济正常发展的重要力量。

　　自资本主义制度确立以后，劳资关系主要表现为劳资双方利益的冲突与矛盾。马克思从对资本主义生产方式的分析出发，认为资本主义条件下的劳资关系是一种阶级利益关系，反映的是资本家和雇佣工人之间的剥削与被剥削，由此决定了劳资双方根本上是一种对立和对抗的关系，无产阶级终将作为资产阶级的掘墓

---

① 《马克思恩格斯选集》第 2 卷，人民出版社 2012 年版，第 70 页。

人登上历史舞台。然而,在马克思去世后的一百多年里,无产阶级革命并没有普遍发生。随着科技革命和全球化浪潮的兴起,资本主义生产关系方面都自发或自觉地进行了一系列调整,资本主义劳资关系也开始由"紧张对抗"变成了"相对缓和",由"尖锐对立"趋向于"可以调和",并呈现出许多新特征、新现象。很显然,光靠本质上带有相对对立性的劳动与资本双方很难实现和谐共融。这个时候,国家介入到了劳资领域。尤其是二战之后,随着国家垄断资本主义的发展,资本主义国家从行政、立法、司法进一步加强了对劳资关系、对劳动力再生产的全面干预,并形成了一整套规范化、制度化的法律体系和调整机制。在当今的资本主义社会中,国家对劳资关系的调节,除了通过劳工立法、就业政策等以外,也从经济上实行社会保障、福利补贴和社会救济等等。为此,一些西方国家开始纷纷标榜自己已经进入了"福利社会"。到20世纪后期,随着经济滞涨危机的爆发,"福利社会"又陷入了难以为继的困境之中,国家开始纷纷削减福利开支,资本主义劳资关系也发生了重要变化。当这一切看似顺理成章的时候,却隐藏着一个问题,在资本主义劳资关系的发展过程中,国家到底扮演了一个什么样的角色? 实际上,纵观西方劳资关系的演变历程可以发现,在资本主义发展的不同阶段,国家在劳资关系中所扮演的角色是不同的。即使在同一历史时期,在横向上也存在着不同的劳资关系调节模式。马克思主义经典理论认为,国家一方面是社会公共管理的组织,另一方面又是实现阶级统治的工具。那么,我们不禁要反思,"国家介入到劳资关系中的本质目的究竟是什么? 它背后的机理到底是什么?"而"劳动与资本之间的内在逻辑关系又是什么?"关于这些问题,理论界并没有形成统一的意见,但期间的经验和教训都凝结在了西方国家上百年的资本主义发展历程中,值得认真探寻和思考。

与此同时,随着改革开放之后我国所有制结构的多元化,以及社会主义市场经济的发展,我国劳动关系变得更加复杂化、多样化,同时也面临着许多新的矛盾,例如劳动纠纷日益增多,劳资矛盾冲突逐渐加剧,公平与效率的选择难题等等,这些都成为摆在我们面前的突出问题。他山之石,可以攻玉。虽然以不同所有制为基础的劳资关系,决定了社会主义市场经济中的劳动关系与资本主义劳资关系的本质区别。但西方资本主义国家在探索中所积累的很多经验,例如福利制度、集体协商、工人参与管理方案、内部工人持股计划等等,对于我国在调节劳动关系,探究和谐劳动关系构建中的国家职能,将有所助益。

因此,本书以资本主义的经济发展为背景,主要目的是通过探寻劳动与资本之间的运动发展规律,以及国家调节劳资关系的内在逻辑,试图构建一个系统的研究劳资关系与国家调节的理论分析框架。运用这一理论框架,希望能够在资本主义劳资关系多层次性、多样性的具体研究中,加深对资本主义发展变化的规律性认识,对资本主义制度的本质认识。同时,也希望在把握一般与特殊的原则下,进一步探寻对中国发展有益的启示。此即本研究的初衷,但求在这条前辈学者们已经取得可观研究的理论道路上,继续提出一些问题,回答一些问题,引发更多更新的思考。

1.2 国内外的研究进展

1.2.1 国外研究进展

1. 西方劳资关系的理论渊源

西方资本主义国家对劳资关系的研究由来已久。伴随资本主义制度的出现,劳资关系问题也开始慢慢浮现。进入工业革命之后,资本主义生产方式占据了统治地位,资产阶级与工人阶级之间的问题逐渐上升为资本主义社会最主要的问题。实践呼唤理论的回应,劳资关系理论的探索,正是从这个时期开始。

最早在理论上将劳资关系作为社会经济问题研究的是亚当·斯密。他对劳资关系的理论分析,在其所写的《国民财富的性质和原因的研究》和《道德情操论》中得到了直接或间接的反映。亚当·斯密根据生产资料占有状况和取得的收入把资本主义社会划分为了三个基本阶级,即工人阶级、资产阶级和地主阶级。此时,雇佣工人开始作为一个独立的阶级进入了经济学理论的分析研究中。围绕雇佣工人与资产阶级之间,斯密主要探讨以下几个方面:其一,阶级收入。斯密研究了三大阶级所取得的三种收入,即工资、利润和地租,认为利润和地租是劳动创造价值的一种扣除,并进一步分析了工人的工资问题。斯密首次论述了劳动价值论的基本原理,指出商品的价值由劳动决定。可以说,斯密的研究从某种程度上探触到了剩余价值的来源,揭示了劳资对立的经济根源。其二,劳资斗争。斯密分析了早期的工人协会和雇主协会,认为工人为了多得工资而联合起来,雇主希望少付工资而组成协会,双方为了各自的利益相互较量。在劳资斗争中,工人协会在经济上的维持能力是有限的,他们更多的是处于防守;雇主协会相对来说更能持久,则常常处于有利的、主动的地位,会采取进攻措施压低工人的工资。但是,在市场机制的作用下,劳动力供求决定着工资水平,就长时期说,雇主需要劳动者的程度,和劳动者需要雇主的程度相同。[①] 其三,劳动分工。斯密非常关注劳动分工,认为劳动分工的发展促进了劳动生产率的提高,是国民财富增进的源泉,同时,也成为了社会不平等的根源。那么,对于国家是否应该介入劳资领域,斯密延续了他所倡导的"自由放任"的基本思想。他认为在经济自由的原则下,劳资之间是可以实现公正的收入分配,进而达到全社会的富裕。因此,应当充分发挥市场机制的作用,国家不应该去制约和限制自由竞争。简言之,"斯密对劳工运动的解释几乎完全是经济性质的。"[②]在斯密看来,劳工的联合只是出于一种经济利益动机去实现暂时的改善,斯密对于劳工运动所可能导致的政治要求和革命目标是不关心的,或者说是持有悲观态度。

继亚当·斯密之后,埃米尔·迪尔凯姆、韦伯夫妇、约翰·康芒斯和马克斯·韦伯等学者,分别从政治、经济和社会等不同角度对劳资关系进行了富有成效的理论研究。迪尔凯姆是工业主义理论的代表,其劳资关系的理论思想主要体现在他的代表作《社会劳动分工》之中。迪尔凯姆通过对劳动分工的研究,认为在前工业化社会中,由于劳动分工简单,人与人之间差别不大,容易形成普遍

---

① [英]亚当·斯密著,郭大力、王亚南译:《国民财富的性质和原因的研究》(上卷),商务印书馆1974年版,第60页。
② [美]C. A. 摩尔根著,杨炳章译:《劳动经济学》,中国工人出版社1984年版,第331页。

一致的"集体意识"。随着工业化的推进,社会分工越来越明显,导致了社会地位和工作职位的不同,人与人之间的差异扩大,逐渐形成的"个人意识"开始侵蚀"集体意识"。但与此同时,分工也让人与人之间相互依赖性增强,或者说分工导致的差异性也让人与人之间有了合作的需要。社会变得更像一个由不同组成部分构成的"生物组织",迪尔凯姆把它称为"有机整体"。在迪尔凯姆看来,处于"有机整体"中的工人与资本家的阶级分类已经过时,相互依赖的利益群体面对冲突时,不再进行阶级斗争,而是可以通过相互协调寻求一种双赢。

英国的韦伯夫妇是西方劳工理论的先驱,他们的理论被称为"产业民主理论",其理论观点主要反映在著作《工会运动史》和《产业民主》之中。在他们看来只有政治民主还不是完整的民主,因而最早提出了产业民主的思想,并主张劳工运动既要有政治方向,又要有经济方向。他们认为劳工运动的真正原因在于工人阶级要求提高自己在工业社会中的经济和社会地位,工人的联合是非常重要的。在韦伯夫妇看来,工会从成员来看是自由技术工人的相互联合,从联合的目的来看是为了避免生活日益恶化,为了防止遭受剥削,保护工人免受雇主滥用职权的影响,[①]他们相信通过工会的作用可以促进产业民主。因此,工会的研究是韦伯夫妇关注的重点。

约翰·康芒斯是早期的制度经济学派代表,他的主要著作包括《资本主义的法律基础》《制度经济学:它在政治经济学中的地

[①] [英]韦伯夫妇著,陈建民译:《英国工会运动史》,商务印书馆1959年版,第11页。

位》《劳工法律原则》以及《集体行动的逻辑》。康芒斯主要从制度层面研究探讨美国劳工运动，宣扬社会改良，极力主张包括国家干预在内的"集体行动"，强调国家在经济中进行调节的重要作用。康芒斯关注如何提高劳动者的地位，他积极参加劳动立法的实践，试图希望改变劳动者在与雇主交易中的弱势地位。但是，康芒斯并不承认工人阶级与资产阶级是资本主义社会的两大阶级。[①] 他认为美国劳工运动本质上并非具有阶级意识，而是具有与雇主既相分离又相合作的工资意识，当出现利益冲突时，可以通过法律制度建立规则来缓和冲突。所以，制度规则的建立是康芒斯关注的重点。

马克斯·韦伯是从工具视角对资本主义工业时代的新型组织进行研究，并以"官僚制"理论为基础来探讨劳资关系的问题。在韦伯看来，建立在理性与法律基础之上的"官僚制"是最有效的组织形式。理性"官僚制"的特点在于法制化、等级化、非人格化、专业化、科学化的管理，在组织中个人通过竞争而非通过世袭来取得职位，通过固定的规章制度进行科学管理。由此，韦伯也被称为"组织理论之父"。

总而言之，以上学者关于劳资关系的理论思考对后来的劳资关系理论的发展，以及资本主义的社会实践都产生了重大的影响，这些思想也成为了当代劳资关系理论的重要渊源。

2. 当代西方劳资关系学派的理论

随着资本主义经济社会的发展以及劳资关系的变迁，劳资关系的理论研究走向分化和细化，比较有代表性的理论学派主要是

---

① 冯同庆：《劳动关系理论》，中国劳动社会保障出版社2009年版，第45页。

新保守学派、管理主义学派、正统多元论学派、自由改革主义学派和新马克思主义学派。① 这五大理论学派针对资本主义劳资关系的发展状况，国家是否需要调节劳资关系，以及多大程度上进行调节等问题，进行了深入的探索与研究，并提出了各具特色的理论观点。

（1）新保守主义学派

新保守主义学派承袭了古典自由主义学派和保守主义学派观点，主张充分发挥市场机制的自发调节作用，反对国家干预社会经济生活，是一种个人至上与有限政府论。在西方学界则多称其为新自由主义学派。② 主要代表人物有哈耶克、米尔顿·弗里德曼、诺齐克、布坎南等。例如，哈耶克提出市场自由主义，认为"仅仅是因为我们能够自由地选择自己的手段，我们才能够自由地选择自己的目标。"③他指出"强制是一种恶，它阻止了一个人充分运用他的思考能力，从而阻止了他为社会做出他所可能做出的最大贡献"④，并认为国家强制权力，只能在压制私人强制权力的时候发挥作用。在1944年发表的《通往奴役之路》一书中，哈耶克对国家干预主义和福利国家政策展开了批判，认为其破坏性在于抑制了市场的自由。诺齐克在《无政府、国家与乌托邦》中提出了"最弱意义上的国家"，倡导个人自由。诺齐克支持"一种仅限于防止

---

① 程延园：《劳动关系》，中国人民大学出版社2007年版，第32页。
② 靳辉明、罗文东：《当代资本主义新论》，四川人民出版社2005年版，第120页。
③ [英]哈耶克著，冯克利译：《经济、科学与政治》，江苏人民出版社2000年版，第61页。
④ [英]哈耶克著，邓正来译：《自由秩序原理》（上），生活·读书·新知三联书店1997年版，第165页。

暴力、偷窃、欺骗和强制履行契约等较有限功能的国家",并认为"任何功能更多的国家都将因其侵犯到个人不能被强迫做某些事的权利而得不到证明;最弱意义上的国家是正确的,同样也是吸引人和鼓舞人的。"①米尔顿·弗里德曼在《资本主义与自由》中,充分肯定了自由的市场经济,认为政府干预会影响市场的公平性,正是由于政府的干预造成了经济的波动。布坎南所创的公共选择理论也体现了这一思想,并反映在他的多部著作中,例如《自由、市场和国家:80年代的政治经济学》《自由的限度——在无政府和利维坦之间》等。

在新保守主义学派看来,劳资双方是具有经济理性的市场主体,他们之间关系应该是一种自由、平等的交换关系,双方虽然具有不同的目标和利益,在短期内,可能因为一些因素导致难以达成统一的意见,但长期看,通过市场机制的资源配置,劳资供求将趋于均衡,这也决定了劳资双方力量是相对平衡的。所以,新保守主义学派并不关注劳资双方力量的对比,而是把注意力集中在劳动力市场领域。新保守主义学派认为,假若市场运行和管理方的策略不受到任何其他因素的干扰,那么,劳资双方都会各自履行自己的权力和义务,实现效率最大化,形成"双赢"的格局,劳资双方不会出现根本性的冲突。因此,对于国家在劳资关系中的角色,新保守主义学派承袭了古典经济学中的"守夜人"观点,主张有限政府,实行自由放任的经济政策,减少国家收支规模和税收,认为国家需要做的就是维持市场竞争的环境,通过让市场自由地发挥作

---

① [美]诺齐克著,何怀宏译:《无政府、国家与乌托邦》,中国社会科学出版社1991年版,第1页。

用,由市场自行调节解决工资和福利问题。该学派反对阻碍个人自由的垄断,而工会组织则被认为是一种垄断组织,因此,他们对工会是持有反对意见的。①

(2) 管理主义学派

管理主义学派主张对企业组织进行科学规划和管理,更多的关注企业组织的高绩效管理。该学派的代表人物有弗里德里克·泰罗、彼得·德鲁克、赫伯特·A.西蒙等。泰罗是科学管理之父,其主要思想反映在《计件工资制》《车间管理》《科学管理原理》等多部著作中。在泰罗看来,管理理论的核心是运用"最高的工作效率与效益,科学的管理方法与技术,以双赢策略解决劳资双方的矛盾。"②之后,被称为现代管理之父的彼得·德鲁克,继续探寻企业组织管理方法,其主要思想反映在《卓有成效的管理者》《管理:任务、责任、实践》《管理导论》等多部著作中。德鲁克的管理思想倾向于从人的视角出发,以目标位导向。例如,他认为"我们必须把工作中的人力当'人'来看待。……应设法让工作的设计安排符合人的特质。作为一种资源,人力能被组织所使用。"③

在劳资关系方面,该学派认为企业与员工的基本利益是一致的,都希望企业获得持续的盈利和发展。可是,由于员工处于被管理的从属地位,与管理者之间难免会产生一定的矛盾和冲突。但在管理主义学派看来,这种冲突是可以克服避免的。他们认为,可以通过采用科学的管理方法,采用积极的高绩效的管理模式,例如

---

① 段忠桥:《当代国外社会思潮》,中国人民大学出版社2001年版,第67—69页。
② 王卉:《泰罗的科学管理理论及当代意义》,《当代经济》,2004(1)。
③ [美]彼得·德鲁克:《管理的实践》,北京机械工业出版社2006年版,第219页。

提高员工福利待遇、各种岗位轮换制度,以及工作设计等来协调管理者与员工之间的关系,缓和劳资双方的矛盾冲突。对于劳资关系中的国家调节作用,该学派认为"纯市场经济"存在着一定的弊病,国家应当适当的、间接的参与到劳资关系中,为企业的发展创造良好的客观条件,促进劳资双方更好的合作。他们对工会的态度比较模糊,强调"对立角色"的工会只有被"伙伴角色"的工会取代,才能发挥更好的作用。换句话说,工会只有建立与管理方之间的合作才有可能更好的发挥作用。①

(3) 正统多元论学派

正统多元论学派是在旧制度学派的基础上发展起来,主要是由采用制度主义方法的经济学家和劳动关系学家组成。在正统多元论学派看来,由于利益主体是多元的,各方主体都有自己的目标追求,在对有限资源分配时,难免会发生利益的冲突。雇员与管理方作为不同的群体代表也存在不同的目标,如何达到目标之间的平衡,实现经济效率与劳资公平之间的均衡成为了正统多元论学派关注的重点。他们认为通过劳动法律制度和集体谈判能够确保公平与效率之间平衡,因此,该学派在劳资关系领域中主要倾向于研究劳动法律、工会和集体谈判制度。正统多元论学派最早的代表是约翰·康芒斯,之后的代表人物包括约翰·R.加尔布雷斯、阿兰·弗兰德斯、邓普洛②等等。例如,邓普洛在《产业与劳动关系评论》一书中,谈到了劳资关系的分析模式,并在之后的《劳动关系系统》一书中,把系统理论的模型引入了劳资关系领域,提出

---

① 程延园:《当代劳动关系研究学派及其观点评述》,《教学与研究》,2003(3)。
② 常凯:《劳动关系学》,中国劳动社会保障出版社2005年版,第50页。

了产业关系系统理论。在产业关系系统理论中,邓普洛从投入—产出的角度分析,提出投入部分主要包括参与主体、外在环境和意识形态三个方面,产出部分是指形成的规则,而连接投入与产出的重要过程,则是包括集体谈判、集体协商以及仲裁等。① 之后也有一些西方学者把邓普洛单独列为制度论派。② 根据正统多元论学派的观点,国家应该平衡劳资双方的利益,在劳资关系中的角色主要是中立的仲裁者、法律法规的制定者。他们主张国家作为第三方参与到劳资关系中去,通过为雇员以及管理方提供平等、公平的环境,保障和促进劳资双方之间可以进行平等的协商和谈判。为此,国家需要不断完善劳资关系的相关法律体系,需要将劳资之间的冲突转化为双方可以遵守的规则,实现雇员和管理方之间关系的融洽。

(4) 自由改革主义学派的观点

自由改革主义学派认为资本主义市场经济的自发力量不足以保证资本主义经济中资源配置的合理性,会导致总需求不足、失业等严重的社会问题,影响资本主义经济的正常运行。因此,力求在资本主义基本制度不变的前提下,主张通过积极改良完善资本主义制度。在劳资领域方面,自由改革主义学派认为经济效率不能作为终极的价值判断标准,所以他们更加关注劳资领域中的不公平问题,包括歧视、裁员、关闭工厂、拖欠工资、危险工作环境以及劳动法和集体谈判体系中的缺陷等等。自由改革主义学派提出了"结构不公平"理论,该理论将经济部门划分为核心和周边。所谓

---

① John T. Dunlop. *Industrial relations system* (*1958*) [M]. Harvard Business School Press, 1993: 48.
② 常凯:《劳动关系学》,中国劳动社会保障出版社 2005 年版,第 50 页。

核心部门指的是规模较大、资本密集且在市场中居于主导地位的厂商;周边部门指的是规模较小、劳动密集且处于竞争性更强的厂商。核心部门与周边部门在工资、福利以及工会的作用方面差异很大。核心部门经济实力强,雇员具有更多的关系力量,工会在集体谈判中能起到重要作用,劳资冲突相对较低。而周边部门则不同,工作岗位的临时性与流动性太强,工会力量很小,作用发挥非常有限,无法给雇员提供切实的保护,劳资冲突相对较大。正是因为如此,为了保证工人获得公平的待遇,在工会与法律制度之外,还应该针对性的加强国家对劳资关系的调节力度。

可见,该学派认为国家在劳资领域方面需要采取更加积极的措施,应该限制和改变市场经济所产生的经常性的负面影响,支持增加对企业和高收入群体的税收,主张实行强有力的劳动法,支持采取各种形式的工人代表制度,增加教育和培训支出,加强对妇女、儿童、少数民族以及因关闭工厂或裁员而失去工作的弱势群体的保护,加强安全法规的执行力度等等。在工会的态度上,该学派主张强势工会,认为工会应该比以往更加关心社会问题。[①]

(5) 激进学派的观点

激进学派又称为新马克思主义学派,他们在继承马克思主义经典作家关于劳资关系的相关理论观点的基础上,形成了自己的劳资关系理论体系。该学派主要由西方马克思主义学者组成,代表人物包括马格林、柯亨、布雷弗曼等。该学派认为在经济中工人的利益与企业所有者、管理者的利益是对立的,而其他学派提出的"和谐的劳动关系"只是一个假象。例如马格林认为企业是资本

---

① 程延园:《当代劳动关系研究学派及其观点评述》,《教学与研究》,2003(3)。

家剥削控制工人的一种工具,企业甚至企业内部的劳动分工并不具有提高生产效率的作用,而不过是资本家用来剥削和更好地控制工人的手段。① 因此,该学派更侧重于劳资双方冲突的研究,以及对冲突的控制,认为只要资本主义生产方式本身不发生变化,在资本主义制度框架之内提出的政策主张所进行的改革,都是比较有限的。

对于国家在劳资关系中的作用,激进主义学派认为国家是资产阶级的工具,国家所做的一切行为都是为了维护资本的利益,即使是制定保护工人的政策法律也是出于阶级矛盾的考虑。在对待工会的态度上,认为工人们要获得真正公平合理的待遇,就需要取得企业的所有权,为了实现这一目的,工会需要具备政治力量,劳资双方不能只局限在经济领域中对话,而应该转向政治舞台。激进学派用马克思的基本理论来分析当代实际情况,并在此基础上,得出了很多重要理论,正是在这个意义上,激进学派对马克思主义理论是有所发展的。但与此同时,我们应该看到,激进学派得出的一些结论与马克思的原意是有所不同的,我们绝不能把二者等同对待。

综上所述,当代西方劳资关系理论从不同角度分析了劳资关系问题,并提出了相应的国家调节观点。新保守主义关注的是劳动力市场如何实现经济效率最大化,反对国家干预,重视市场调节,持有限制国家作用的观点,在实践中的代表国家是美国。而其他学派都或多或少的看到了市场的局限,并不同程度的重视国家

---

① 马格林:《老板在做什么?》,《政治经济学评论》,中国人民大学出版社,2009(1)。

在劳资关系中的调节作用。管理主义学派关注的是科学的管理方式,主张政府通过间接调节来促进劳资合作,其代表国家是日本和英国。正统多元论学派关注的是制度规则的建立,以及工会、集体谈判等,主张国家作为中立仲裁的身份参与调解,其理论在实践中的代表国家是德国。自由改革主义学派关注雇员的社会公平问题,强调国家需要积极参与到劳资领域的调节中,代表国家是瑞典。激进学派关注劳资关系的冲突与控制,主张建立超国家机构来控制政府的政策和行动,加强工人阶级的团结,其实践代表是西班牙(蒙作根体系)。总的来说,虽然每一个学派的理论观点及其在实践中的运用都存在自身的局限性,但他们立足本学派,对劳资关系领域所进行的卓有成效的探索研究是值得肯定的,这些各具特色的观点思想也共同构成了当代西方的劳资关系理论。

1.2.2 国内研究进展

我国对劳资关系的研究在近几年发展较快,很多学者从不同角度对资本主义劳资关系展开了深入的研究,主要集中在以下四个方面:

1. 政治经济学视角中的资本主义劳资关系研究

政治经济学视角中的资本主义劳资关系研究,主要指的是运用马克思主义政治经济学的相关理论,对劳动与资本的状况、政策、制度进行的研究探索。其中涉及的有关理论主要包括以下几个方面:一是国内学者对于西方国家劳资关系的制度研究。例如,陈恕祥《当代西方发达国家劳资关系研究》、杨体仁《市场经济国家劳动关系——理论·制度·政策》等等。二是国内学者对于西方劳工运动的研究。主要体现在对西方工人阶级的变化及其劳动运动的相关研究,例如,张世鹏《当代西欧工人阶级》、姜辉《当代西方工人阶级研究》、周晓虹《西方中产阶级理论与实践》等等。三是对于西方国家在产业政策、失业和就业政策等方面的研究。例如丁建定、柯卉兵《发达国家积极就业政策及其启示》、常凯《全球化下的劳资关系与劳工政策》等。四是对于资本主义劳动过程进行的研究。主要体现在对资本主义生产过程中劳资关系的组织形式,以及企业制度的演变逻辑等方面。例如谢富胜《控制与效率:资本主义劳动过程理论与当代实践》等。五是对于不同国家具体劳资关系模式进行的理论分析。例如,刘凤义、胡春玲《瑞典共享型劳资关系的形成、演变与绩效分析》(载于《教学与研究》)等。六是从资本主义经济制度演变的总体结构和总体特征出发,分析当代资本主义劳资关系的变化。例如,张彤玉《嬗变与断裂:如何认识资本主义发展的历史进程》、靳辉明《当代资本主义新论》、徐崇温《当代资本主义新变化》等。

2. 劳动经济学的有关理论

劳动经济学是专门研究劳资关系的经济学,其劳资关系的基本内容包括就业、工资、福利、工会等。1982年我国出版了第一部《劳动经济学》教材(由任扶善主编)。进入20世纪80年代中期,关于劳动经济学的研究著作相继出版,例如袁伦渠《劳动经济概论》、王慎之《劳务经济学》、黄河《劳动力经济学》、李福田《劳动经济学原理》等,这些著作在突出劳动力研究的同时,也开辟了劳务市场理论。随着我国经济社会的发展以及国际交流的频繁,劳动经济学得到了快速发展,并形成了较为系统的劳动关系基本理论。例如常凯《劳动关系学》、程延园《劳动关系》、蔡昉《劳动经济学》、冯同庆《劳动关系理论研究》等。与此同时,研究也开始细化到了劳动经济学的各个分支领域,如劳动力产权、劳动力市场、工资收入分配、人力资源开发、劳动法制建设等。

3. 社会保障学中的有关理论

社会保障制度是资本主义国家调节劳资关系的重要形式,目前已经发展成为一个完整的制度体系,包括社会保险、社会救济、社会服务等。社会保障学对于这些制度都进行了深入的探索,国内的研究主要集中在三方面:其一,注重于基本理论的研究。例如郑功成《社会保障学》、童星《社会保障理论与制度》、孙光德《社会保障概论》等。其二,着重于西方社会保障制度的研究。例如,吕学静《社会保障国际比较》,姜守明、耿亮《西方社会保障制度概论》,彭华民《福利社会:理论、制度和实践》等。其三,针对我国的社会保障所进行的研究。例如,丁建定《中国社会保障制度体系完善研究》等。

4. 劳资领域中国家干预的相关研究

国内学术界对于劳资领域中国家干预的相关研究主要集中在三个方面:其一,国家是否需要介入到劳资领域。当前,国内许多学者都认为在劳资关系中应当发挥国家的调节作用。例如,有学者指出劳资关系在任何国家都不是两方关系,而是三方平衡博弈的关系,没有政府介入,不可能形成劳资关系和规则[1];还有的学者从市场失灵的角度分析了国家介入劳资领域的必要性。例如,有观点认为劳动关系中的市场失灵及政府优势成为政府介入劳动关系的主要理由[2];也有的学者从我国的实际情况出发,提出政府

---

[1] 常凯:《劳资不成熟、公权需介入》,《新民周报》,2006年5月24日。
[2] 李杏玲:《论市场经济条件下政府介入劳动关系的界限》,《人文杂志》,2010(6)。

应该发挥重要引导指导作用,真正确立"改革成果共享、弱势群体保护"的包容性增长理念。① 其二,国家在劳资领域中所扮演的角色。例如,有学者认为劳动关系领域中政府角色的定位受到政府的本质、经济体制与政府职能等多种因素的影响,政府应该担当的角色是劳动力市场的构建者、公共服务的提供者与劳动争议的调停者②;也有的学者概括了劳资关系中政府应该扮演的四种角色,即规制者、监督者、损害控制者、调节与仲裁者③;还有的学者提出了劳资领域中的政府"5P 理论",即劳工基本权利的保护者、集体谈判与雇员参与的促进者、劳动争议的调停者、就业保障与人力资源的规划者、公共部门的雇佣者。④ 其三,国家干预劳资领域的界碑。有学者认为国家干预劳资领域需要注意"度"的把握,劳动法规的介入不能"过度""随意",过度干预会损害劳动者长远的根本利益。⑤

1.2.3 小结

综上所述,国内外学者们经过长期的研究探索已经取得非常丰硕的成果,他们从不同方面创新发展了劳资关系理论,对于我们认识资本主义劳资关系的变化发展,进一步理清国家调节劳资关系的内容、方式等,提供了丰富的养料和资源。

---

① 谭泓:《构建和谐劳动关系的政府角色定位与职能履行问题研究》,《东岳论丛》,2013(3)。
② 赵祖平:《错位、缺位:劳动关系重建中的政府》,《中国劳动关系学院学报》,2007(1)。
③ 常凯:《劳动关系学》,中国劳动社会保障出版社 2005 年版,第 220 页。
④ 程延园:《劳动关系》,中国人民大学出版社 2011 年版,第 120 页。
⑤ 王一江:《政府干预与劳动者利益比较》,中信出版社 2004 年版,第 74 页。

但是,从目前的研究来看,还存在不少薄弱之处。(1)缺乏整体性的理论分析框架。纵观国内外学者对劳资关系理论的研究,可以概括为两种类型:第一种,是从抽象的一般性的资源配置角度出发来分析劳资关系,把劳资关系与资本主义社会制度单纯的脱离开来研究,这种思路在当代西方资本主义学者中普遍存在,在国内研究中也甚为明显。第二种,是从具体的特定生产方式的角度出发,体现了劳资关系的社会性。总的来说,当前研究似乎更多地停留在某一个视角、某一个层面上进行,要么把劳资关系的一般性与特殊性割裂开来,把劳资关系当成单纯的生产要素来研究,抽象掉隐藏在背后的社会关系;要么对资本主义劳资关系具体表现的多层次性、多样性研究不足,或重视劳资关系的生产过程,或重视劳资关系的分配过程,或重视劳资关系的交易过程,缺乏系统完整的理论分析。(2)缺乏对社会主义市场经济中劳动关系与资本主义劳资关系之间的比较追问,正是因为忽视了这一点,从而在合理借鉴发达国家经验教训的理论探究上显得较为单薄,深度不够。(3)比较重视探寻劳资关系中国家调节的具体做法,对于这些做法背后的本质目的,以及国家调节的深层次原因探讨还不够。

相较而言,马克思主义政治经济学对劳资关系的研究在系统性和深刻性上表现出了巨大的优越性,这种分析范式正是在于不是孤立的、抽象的研究劳资关系,而是把劳资关系放到了具体的社会制度中去研究,把劳资关系的一般性与社会性结合起来,研究现实中的劳资关系,并始终坚持生产力与生产关系相统一,社会再生产四环节相统一,生产资料所有制的基础地位,本质与现象相统一的原则,这是马克思主义政治经济学所独有的理论品质。劳资关系作为马克思主义政治经济学的研究重点,其理论思想在马克思主义政治经济学的集大成之作《资本论》中得到系统的阐释。恩格斯曾经指出:"资本和劳动的关系,是我们全部社会体系所依以旋转的轴心,这种关系在这里第一次作了科学的说明。"[1]在《资本论》中马克思深刻的揭示了资本主义劳资关系的本质及其发展规律,全面的阐述了劳资关系的内在逻辑。因此,本书主要是以马克思主义政治经济学为理论指导,在广泛吸收和科学借鉴其他理论的基础上,对资本主义劳资关系与国家调节进行全面分析。

1.3　研究方法

　　本书使用的方法是马克思主义政治经济学的方法。那么,什么是马克思主义政治经济学的方法呢?对于这一问题有不同的概括,一般的政治经济学教材把马克思主义政治经济学的方法概括为以下几条:辩证唯物主义与历史唯物主义,科学抽象法,逻辑与历史相统一,定性与定量相结合。也有观点强调马克思主义方法中的整体方法、矛盾方法、阶级分析法。还有的学者提出,马克思主义政治经济学的方法归根到底就是历史唯物主义,并根据历史唯物主义原理的经典阐释,将马克思主义政治经济学的方法论原则归结为了如下五个基本命题:(1)从生产力与生产关系的矛盾运动中解释社会经济制度的变迁;(2)在历史形成的社会经济结构的整体制约中分析个体经济行为;(3)以生产资料所有制为基础确定整个社会经济制度的性质;(4)依据经济关系来理解和说明政治法律制度和伦理规范;(5)通过社会实践实现社会经济发

---

[1]　《马克思恩格斯选集》第2卷,人民出版社2012年版,第70页。

展规律与目的的统一。这五个命题深刻的体现了历史唯物主义的精髓,构成了马克思主义经济学理论的"硬核"。坚持、发展和深化这些基本的命题,并运用它们来解决经济发展实践提出的理论和实际问题,就真正坚持了马克思主义经济学的精髓,实现了坚持和发展的统一。①

那么,根据以上的分析再结合本文的研究需要,将本书采用的研究方法具体概括为以下几点:

1. 生产力与生产关系相统一。资本主义劳资关系的变化实际上是资本主义所有制关系发展的具体体现,而资本主义生产关系的发展又最终取决于生产力的变化。事实上,资本主义所有制从个人所有制到私人股份所有制,再到法人资本所有制、国家垄断资本所有制,以及国际垄断资本所有制,都是以生产力的革命和变化为基础的。从生产力的发展出发考察资本主义生产关系是唯物史观的基本原则,正如列宁所言,"只有把社会关系归结于生产关系,把生产关系归结于生产力的水平,才能有可靠的根据把社会形态的发展看做自然历史过程。不言而喻,没有这种观点,也就不会有社会科学。"②

2. 逻辑与历史相统一。恩格斯指出:"历史从哪里开始,思想进程也应当从哪里开始,而思想进程的进一步发展不过是历史过程在抽象的、理论上前后一贯的形式上的反映;这种反映是经过修正的,然而是按照现实的历史过程本身的规律修正的,这时,每一

---

① 林岗、张宇:"马克思主义经济学方法论的五个命题",见张宇主编《高级政治经济学》,中国人民大学出版社 2006 年版,第 44 页。
② 《列宁选集》第 1 卷,人民出版社 1995 年版,第 89 页。

个要素可以在它完全成熟而具有典范形式的发展点上加以考察。"①因此,科学的研究方法离不开对相关历史的研究,任何现行方针政策的制定都与历史存在一定的必然联系,从历史中我们可以找到发展的一般规律。因此,本书把资本主义劳资关系的发展和国家角色的转变放到一个连续发展的历史过程中来考察。然而,本文毕竟不是经济学说史的研究,研究的目的不仅仅在于探寻劳资关系的发展脉络,以及国家在每一个阶段中的角色,更在于探寻劳资关系发展的内在逻辑,以及国家角色转变背后的深层次原因。因此,本书不能完全按照历史中出现的先后顺序来进行结构安排,在研究中还需要结合逻辑的方法。那么,从逻辑的形式来说,主要采用的是"从抽象上升到具体"的分析方法来安排文章的逻辑结构。

3. 社会再生产四个环节相统一。社会生产总过程包括了生产、分配、交换和消费相互联系的四个环节。其中,生产环节是首要的,具有决定性的地位。"一定的生产决定一定的消费、分配、交换和这些不同要素相互间的一定关系。当然,生产就其单方面形式来说也决定于其他要素。"②具体来说,人们的生产关系决定了人们的分配关系、交换关系和消费关系,而分配、交换、消费又反作用于生产,它们是社会再生产过程不可分割的重要环节,共同构成了社会生产关系的总和。

4. 本质与现象相统一。马克思认为事物与现象是不一致的,而科学的任务就在于从纷乱复杂的现象中去探寻事物的本质规

---

① 《马克思恩格斯文集》第2卷,人民出版社2009年版,第603页。
② 《马克思恩格斯文集》第8卷,人民出版社2009年版,第23页。

律,然后透过本质再来解释现象,此时的现象与之前看到的现象相比,就不再是混沌的事物,而是清晰的再现,或者说从感性的认识上升到了理性的认识。简言之,对于事物本质的研究是不能脱离现象的,否则就会陷入主观唯心主义之中;而脱离本质只限于现象层面的阐释,也是肤浅的。因此,在本书的研究中一直遵循本质与现象相统一的方法原则。

5. 比较研究方法。比较的分析方法贯穿于本书始终,包括资本主义劳资关系发展演变的纵向比较分析,当代资本主义国家不同劳资关系模式的横向比较分析,社会主义劳动关系与资本主义劳资关系之间的比较分析等等,也体现在不同观点的比较分析。

1.4 研究对象与范围的说明

由于劳资领域的内容非常多,涉及范围非常广,为了集中研究核心问题,本书对研究的对象和范围进行如下界定:

首先,本书以上百年的资本主义经济发展为背景,以资本主义劳资关系的发展变化以及其中的国家调节为研究对象,从时间的维度,考察劳资关系的历史演变;从空间的维度,考察当代西方国家不同劳资关系模式的多样性发展。通过分析劳资关系变化过程中的国家调节,探寻国家调节的内在动因。

其次,说明为什么选择劳资关系而不是劳动关系。劳动关系在不同的国家有着不同的称谓,如劳资关系、雇佣关系、劳工关系、劳使关系、产业关系等等。但从最一般的意义来说,所谓劳动关系就是指生产关系中直接与劳动有关的那部分社会关系,而劳动在不同的社会制度下具有不同的社会属性。在资本主义制度下,劳动者的劳动表现为雇佣劳动。资本主义的雇佣劳动主要体现为劳动与资本的关系,而本书考察的也就是资本主义条件下劳动与资本之间的经济关系。关于资本主义生产关系中,资本与资本之间的关系以及劳动与劳动之间的相互关系,并不在本书的考察对象之中。因此,本书选用劳资关系。

再次,说明为什么选用了"国家"而不是"政府"。国家和政府是两个比较相近的概念,通常情况下,人们并不加以区分,往往是通用的。但实际上,二者之间还是存在一些差别。国家包括行政、立法、司法等多方面的内容,是与主权和政权相联系的,具有总体性、稳定性、持久性的特点;而政府则主要是指国家的行政机关,更多体现为一个行政的概念,它是建立在国家的基础上,相对来说比较具体。所以,在涉及国家的性质、战略、制度等基本问题时,一般采用国家的概念较为合适。本书计划从国家调控的宏观视角,从国家调控的内生性出发来看劳资关系的发展演变,以及其中的内在规律,重点并不是落脚在行政调控的具体做法。因此选择"国家"作为研究对象,并主要研究资本主义国家。

最后,要说明国家对劳资关系的调节与国家对经济调节之间的关系。国家对劳资关系的调节是国家经济职能的重要组成部分,它服务于国家对经济生活进行调节的一般规律,但又有自己特殊的逻辑。从表面上看,劳动与资本的关系是一种商品关系,服从于价值规律,但它不同于一般的商品关系,归根到底是发展到一定历史阶段出现的社会生产关系,这种生产关系贯穿于资本主义生产、分配、交换和消费的各个环节,并且服从于剩余价值规律,这是本书探讨的重点之一。

1.5 研究结构

具体而言,全书将从以下五个部分来展开:

第1章,导言。主要介绍研究的背景和意义,分析当前国内外对此问题研究的状况,确定本书的研究对象与研究范围,提出本书的主要研究思路,以及采用的研究方法。

第2章,资本主义劳资关系与国家调节的理论分析。本章主要以马克思主义政治经济学的基本理论为指导,通过分析劳动与资本的内在逻辑,构建起分析劳资关系的一般性理论框架。马克思主义经典作家认为,劳资关系在本质上是资本主义所有制关系的具体体现,为此,笔者将从资本主义所有制出发,对劳资关系的内在逻辑进行深入探讨,提出了全面认识劳资关系需要从两个维度,即一般性资源配置的维度和社会制度的维度,这两个维度共同构成了劳资关系的理论内涵。在此基础上,提出了构建劳资关系主要内容的五个方面:所有制基础、生产关系、分配关系、交易关系和阶级关系,这五个方面的内容不是孤立的,而是相互联系的逻辑整体,展现了劳资关系的内在逻辑,从而共同构建起了马克思主义政治经济学关于劳资关系的一般性理论分析框架。在劳资关系的理论分析框架确立之后,再结合马克思主义国家理论,对国家调节劳资关系的内在机理进行剖析,包括国家调节劳资关系的本质目的、职能、依据、主要内容以及方式。这一章的内容组成了全书的核心理论框架。

第3章,资本主义劳资关系与国家调节的历史演进。运用上一章所构建起的理论分析框架,本章从纵向的角度出发,分析资本主义经济发展的不同历史阶段中劳资关系演变的基本脉络,以及每一个阶段中的国家调节。涉及的主要内容如下:一是劳资关系矛盾运动下的模式分析。基于矛盾运动中劳动与资本之间的对立统一关系,提出了历史演进中劳资关系的三种模式:冲突型劳资关系模式、合作型劳资关系模式和排斥型劳资关系模式。二是劳资关系模式与国家调节的历史演进。把历史演进中的劳资关系模式,融入到资本主义发展的大环境中,着重探寻随着历史阶段的演变发展,劳资关系经历了怎样的转化,以及在这个转化中,国家调节的内在规律。最后,对影响资本主义国家调节劳资关系的因素进行概括总结。

第4章,当代资本主义国家劳资关系的主要模式及其国家调节。以第2章的核心理论框架为基础,本章从横向的角度出发,对当代资本主义国家劳资关系的多样性发展进行研究比较,具体分析了当代资本主义劳资关系的三种模式及其中的国家调节,分别是美国自由多元化模式、德国社会市场经济模式以及日本政府导向型模式。这三种劳资关系模式各有优劣,随着资本主义的发展也在不断变化调整。最后,探讨了2008年经济危机之后,当代资本主义劳资关系模式的进一步调整以及国家调节的局限。

第5章,中国劳动关系的发展与国家调节。在总结资本主义国家调节劳资关系经验教训的基础上,对我国劳动关系与西方资本主义国家劳资关系进行比较分析,探讨了社会主义国家劳动关系的本质特征,以及社会主义国家调控劳动关系的本质目的。透过分析我国劳动关系的历史、现状,结合当前劳动关系发展中存在的问题,进一步去探寻在社会主义市场经济中国家调节劳动关系的思路方向。

第 2 章
资本主义劳资关系与国家调节的理论分析

2.1 劳动与资本的内在逻辑

2.1.1 劳资关系的内涵：认识劳资关系的两个维度

劳资关系作为一种历史范畴的社会关系，自资本主义制度诞生以来，逐渐成为资本主义生产关系的核心。此后，关于劳资关系的一系列研究一直是经济学、哲学、社会学、法学等诸多门类社会科学所关注的重点。对于劳资关系的定义，虽然很多学者从各个角度赋予了其相应的解释，但因观察视角和持有方法的差异，所形成的观点是有差别的。无疑，劳资关系是劳动与资本之间的关系，但劳动与资本之间到底是一个什么样的关系，到目前为止，学术界似乎并没有形成一个明确统一的定义。

接下来，我们首先看看国内外学者对劳资关系的相关界定。

在《新帕尔格雷夫经济学大辞典》中对"劳资关系"是这样解释的："在十九世纪的马克思看来，资本主义制度下劳资双方的关系从来就是一种剥削关系。但是在 20 世纪的观察家们看来，这一关系可以描述为以雇佣劳动者努力抗拒经济衰退期间货币工资的下降趋势为特点的,这成了关于周期性失业的原因和智力办法的不断争论的焦点。"[1]美国学者伊兰博格和史密斯的《现代劳动经济学》教材中指出:劳资关系"是委托人(雇主)与代理人(雇员)之间的一种契约关系。"[2]还有的学者认为:"劳动关系系统就是规则的系统。劳动关系的研究可以被描述为对工作规则的制度研究。"[3]与此同时,国内学者也对劳资关系的概念进行了阐述。有学者指出"劳资关系是资本与劳动之间的关系,其主体明确、关系清晰,含有对立的意味,强调劳方资方的界限分明,所展开的关系中包含了一致性与冲突性。"[4]也有学者认为,劳资关系是"研究企业组织,或更广泛地讲,研究任何一个就业组织中,经营管理方与雇员的关系、经营管理人员群体内部、雇员群体内部以及经营管理人员、雇员两群体之间的合作关系、矛盾关系及其解决方式。"[5]还有学者指出:"劳资关系是一种最传统的称谓。一般是指私有制企业中的劳动关系,所体现的是雇佣工人和雇主(企业主)的关系。这一关系既包括劳动者个人与雇主的关系,也包括工会与雇主或雇主团体的关系。这是在市场经济条件下使用最为广泛的一个概念,其特点是突出劳资的区别,主体明确,关系清晰,但具有阶级关

---

[1] 约翰·伊特韦尔等编:《新帕尔格雷夫经济学大辞典》,经济科学出版社1992年版,第872页。
[2] [美]伊兰博格、史密斯:《现代劳动经济学》,中国人民大学出版社1997年版,第349页。
[3] [英]理查德·海曼著,黑启明等译:《劳资关系——一种马克思主义的分析框架》,中国劳动社会保障出版社2008年版,第7页。
[4] 程延园:《劳动关系》,中国人民大学出版社2007年版,第3页。
[5] 杨体仁、李丽林:《市场经济国家劳动关系》,中国劳动社会保障出版社2000年版,第1页。

系的性质和某种对抗的含义。"①总而言之,国内外的学者们从不同视角对劳资关系内涵所进行的归纳是值得肯定的。实际上,劳资关系内涵的界定充分体现了劳资关系的研究视角。那么,马克思主义政治经济学又是如何分析劳资关系的呢?

马克思主义政治经济学对劳资关系的研究是以历史唯物主义为基础,这一方法论的原则就决定了对劳资关系的研究,需要在生产力与生产关系的相互统一和矛盾运动中,用历史的、辩证的视角来探寻。马克思把劳动二重性作为理解政治经济学的枢纽,这一点,对于理解劳资关系问题也同样适用。就生产商品的劳动而言,一方面它是生产要素互相结合生产使用价值的劳动过程,这体现了人与自然之间的物质关系;另一方面,又是生产要素的社会关系的相互结合,体现了人与人之间社会经济的关系。因此,劳动与资本从表面上看是一种商品关系,服从于价值规律,但是,它又不同于一般的商品关系,而是发展到一定历史阶段出现的社会生产关系。所以,马克思主义政治经济学对劳资关系的分析,是从两个维度出发:

1. 从一般性资源配置的维度来看劳资关系

劳动与资本在生产中的资源配置,体现了一定的生产力水平,属于劳动过程中的一般性的资源配置。这种抽象的一般性的人力与物力的合理配置,是不同国家或者不同社会阶段所共同探讨的经济问题,体现了劳资关系的一般技术性。通常情况下来看,人们往往会因为马克思对劳资关系本质的揭示而忽视了马克思对劳资关系一般性资源配置的关注,那是片面的。在资本主义企业中,资

---

① 常凯:《劳动关系学》,中国劳动社会保障出版社2005年版,第13页。

本和劳动的关系除了占有剩余价值和进行剥削之外,还存在着计划、组织、协调和监督等任何社会生产都需要的一般工作,这些工作属于生产力的范畴。马克思认为生产的一切时代有某些共同的标志,共同的规定,寻找这些共通点,定下来,以免重复,这种抽象就是合理的,马克思把这称为生产一般,并纳入了生产力的研究范畴。按照这一观点,从生产一般的资源配置角度来分析劳资关系,探索通过什么方式和条件能够更好的实现资源配置,是合理的。但是,马克思认为如果仅仅只是研究抽象的生产要素,是不能深刻理解现实的、历史形态下的劳资关系,因为生产要素毕竟是存在社会制度之中。所以,马克思主义政治经济学并不是要否定研究一般性资源配置的劳资关系,而强调的是不能孤立的、抽象的,用超制度的、超历史的视角去研究。对于这个点,一位英国学者也曾谈到,"仅仅按照机构和组织间的关系而不是人们之间的关系来构建这个科学,这是一种危险的倾向。这样一种机械的和非人格化的社会分析常常被定义为具体化。"[1]因此,如果把劳资关系的概念仅仅建立在规则与组织上的这种解释,并不能够全面概括劳资关系的理论内涵,我们还需要从生产关系的层面,结合社会制度的维度来看。

2. 从社会制度的维度来看劳资关系

马克思主义政治经济学认为,在任何形态下,劳动者和生产资料虽然都是生产的因素,但是,二者在彼此分离的情况下只能是可能性的生产因素。凡要进行生产,就必须使它们结合起来。现实

---

[1] [英]理查德·海曼著,黑启明等译:《劳资关系——一种马克思主义的分析框架》,中国劳动社会保障出版社2008年版,第9页。

的结合,总是在一定的社会制度之中和历史条件下进行的,"实行这种结合的特殊方式和方法,就使得社会结构区分为各个不同的经济时期。在当前考察的场合,自由工人和他的生产资料的分离,是既定的出发点,……二者在资本家手中是怎样和在什么条件下结合起来的——就是作为他的资本的生产的存在方式结合起来的。"①因此,马克思把劳资关系纳入了生产关系的范畴进行研究,通过对资本主义生产过程的分析,看到了社会制度背后劳动与资本最深层次的内在关系,即资产阶级与无产阶级之间剥削与被剥削的关系,从而揭露了资本主义制度下劳资关系的实质,这体现了劳资关系的社会性。而西方一些学者试图把劳资关系的社会性研究抛弃,其根本的原因在于研究劳资关系的社会性,无疑会触碰到资本主义制度的内核,资本的本性是不愿意被曝光的,如果继续深入研究,那么资本主义社会所存在的特殊性、历史性、暂时性也会被暴露出来。所以,西方资产阶级学者们往往回避其社会性的研究,而他们所回避的,正是马克思主义政治经济学所关注的重点。当然,如果仅仅只是从社会制度的维度来看劳资关系,也不足以认识劳资关系在现实中的多样性发展。

因此,全面认识劳资关系需要把握以上两个维度,从一般性资源配置的角度来看劳资关系,体现了劳资关系的一般技术性;从社会制度的维度来看劳资关系,体现了劳资关系的社会性。这两个维度不是孤立存在的,而是一个整体,反映了生产力与生产关系的统一,绝不能把劳资关系的一般技术性与社会性割裂开来,而是需要把一般性的劳资关系研究建立在劳资关系的社会性之中进行。

---

① 马克思:《资本论》第 2 卷,人民出版社 2004 年版,第 44 页。

从这两个维度出发,我们对劳资关系的内涵可以做如下的归纳:建立在一定生产力水平上的劳动力与生产资料两种生产要素在工作场所结合成的雇佣关系,这种雇佣关系是建立在生产资料私有制基础上,反映生产关系最本质的最核心的经济关系,并最终以阶级关系表现出来。

2.1.2 劳资关系的内在逻辑:构建劳资关系内容的五个方面

马克思主义政治经济学认为,人类社会要继续,就不可能停止生产和消费,需要进行不断的社会再生产,而社会再生产过程包括生产、分配、交换和消费四个相互联系的环节,并由此形成了一个社会经济关系的有机整体。其中,生产具有决定性的地位,决定着交换、分配和消费关系。而在直接生产关系中,生产资料所有制即社会生产资料与劳动者结合的方式,是整个社会经济关系的基础。之所以如此,因为生产资料是一个社会最基本的经济资源,谁控制了生产资料,谁就控制了包括生产、分配、交换以至消费等社会经济的各个环节,并由此而成为这个社会政治上的统治者和意识形态上的主导者。生产资料的所有制构成一个社会经济制度的核心,同时也成为决定社会基本性质和发展方向的根本因素。

因此,资本主义劳资关系的内在逻辑,实际上是资本主义所有制关系的具体体现,劳资关系作为资本主义社会经济关系的核心,其内容就需要建立在资本主义社会再生产的几个环节之上,并以生产资料所有制为基础而展开。

1. 资本主义所有制是劳资关系的基础

资本主义所有制的基本特点是:劳动者与生产资料相互分

离,资本家掌握着生产资料,劳动力成为了商品,并在此基础上形成了资本雇佣劳动的资本主义所有制关系。从本质上看,资本主义所有制与奴隶制度、封建制度一样,都是生产资料所有者占有劳动者的剩余劳动,并由此形成了剥削与被剥削的关系。不过,虽然都是私有制,但是他们之间却有很大的不同。接下来,我们通过不同私有制之间的区别,来进一步认识资本主义生产资料私有制。

第一,在奴隶社会和封建社会,奴隶主和封建主不仅占有生产资料,而且完全或者部分占有劳动者本人,那个时候的劳动者没有人身自由,他们依附于奴隶主,依附于封建主,他们的整个生命全部或者部分地属于统治者。而到了资本主义社会,劳动者在资本主义生产关系中获得了人身自由,资本家不占有劳动者本人,劳动者在形式上是自由的,至少在法律上来说是如此。此时,资本家是他们的老板,而不是主人,他们摆脱了封建束缚,拥有了劳动力的所有权。所以说,资本主义私有制与以往相比,这是一个很大的历史进步。

第二,由于资本家占有生产资料,因而,他们自然获得了对生产过程和劳动者的控制权。在生产过程中,劳动者隶属于资本家。但是,相较于奴隶制度和封建制度下的隶属关系,在资本主义制度中,工人可以"自由地"把劳动力卖给不同的资本家,同时,他对资本的这种隶属也是有期限和条件的,并且只限于生产过程这一特定的场合。因此,在劳动与资本之间存在着一定空间的平等性。

第三,在奴隶制和封建制的社会中,统治者对剩余劳动的占有是为了满足他们自身的寄生性需要,并以占有更多物质财富为目的。与此不同的是,资本主义生产是商品生产,生产的目的是最大限度地占有工人创造的剩余价值。简言之,资本主义生产目的不是为了自己获得使用价值,也不是为了自己的需要而生产,他的目的是为了赚钱。这就与以往的私有制社会不同,以往或许还会受到自身需要的限制,而资本主义社会所追求的是单纯的价值增殖,这就决定了它对剩余劳动的贪欲是无限制的。正如马克思所言:"如果在一个经济的社会形态中占优势的不是产品的交换价值,而是产品的使用价值,剩余劳动就受到或大或小的需求范围的限制,而生产本身的性质就不会造成对剩余劳动的无限制的需求。"[1]

由此可见,资本主义所有制的特征主要有以下三点:其一,劳动者必须有人身自由,有权支配自己,能把自己的劳动力当做商品出卖。其二,劳动力的所有者丧失了生产资料,既没有发挥自己劳动力的物质条件,也没有其他手段来维持生存,因而不得不靠出卖劳动力为生。其三,资本家占有生产资料并掌握着对生产过程的支配权,同时占有工人创造的剩余价值。以上三点,构成了资本主义所有制的本质特征,也构成了资本主义社会劳资关系的基础。

当然,所谓本质指的是事物最根本的属性,它体现了资本主义所有制关系中的共性。但是,其具体形式并不是一成不变的,随着资本主义生产力的发展也在不断的变化发展。例如,从最开始的私人资本所有制,到20世纪前后的私人股份所有制,再发展到后来的法人股份所有制等。即使是在同一个历史发展阶段,不同资本主义国家的所有制结构也是不同的。所以,资本主义所有制具体形式呈现出多样性和特殊性。正是资本主义所有制的本质和具体形式,决定了资本主义劳资关系本质的统一性和具体形式的多样性。

---

[1] 马克思:《资本论》第1卷,人民出版社2004年版,第272页。

2. 劳资关系是一种交易关系

资本主义劳资关系形成的逻辑起点是,资本家能够在流通领域中找到自由出卖的劳动力,并与劳动者达成协议或者签署契约,这是回到生产领域进行生产的前提。所以,劳资关系首先表现为一种交易关系。

那么,资本家为什么需要寻找劳动力,劳动力作为特殊商品的吸引力究竟在哪里?

马克思对此有过很好的解答。关于这个问题,得从货币转化为资本开始谈起。在资本主义社会中,资本流通的公式表现为,货币—商品—货币,即在流通领域中,资本家用货币购买商品,然后再把商品卖出换取货币,货币不再是中间交换物而成为了交换的目的。可见,资本流通公式的目的是为了获取交换价值本身,即货币。但是,资本家为什么要用一定量的货币来换取货币呢?我们知道任何货币在质上都是相同的。因此,如果不从量上来解释,这样做似乎毫无意义。显然,资本家是希望通过一定量的货币来换取更多的货币,所以,资本总公式就应该表示为($G-W-G'$)。而多出来的那部分货币,即($\triangle G = G' - G$),便是资本家投入货币进入流通领域的原因。马克思把多出来的这部分($\triangle G$)称之为剩余价值,资本就是能够带来剩余价值的价值。此时,货币就转化为了资本。但是,另一个问题又出现了。按照商品价值规律的等价交换原则,在第一个流通阶段,资本家用 G 购买了 W,只是发生了形式上的变化,价值量是不变的。在第二个流通阶段,资本家把 W 换成了 G'完成了销售,按照等价原则,也不能引起价值量的增减。如果在($G-W$)和($W-G'$)两个流通阶段都没有发生价值量变化,多出来的那部分剩余价值($\triangle G$)又从何而来呢? 此时,资本总公式与商品价值规律之间似乎发生了矛盾。

我们首先来看看资产阶级经济学中一种较为流行说法,认为多出来的这部分剩余价值来自于不等价交换,即资本家可以通过贱买贵卖来获取。不可否认,这样的情况是存在的,并且通过贱买或者贵卖的确可以获得多出来的一部分货币。但是,谁也不能保证资本家一直能够保持贱买或者贵卖,即使有这样的资本家存在,但就整个社会而言,他所赚的必定是别的资本家所失去的,这样的结果,无疑只是价值量在不同的资本家之间的重新分配,对于整个社会的商品价值量来说,丝毫不会增加。正如马克思所言:"一方的增加,是另一方的减少。……流通中的价值总量不管其分配情况怎样变化都不会增大。"①一个国家的整体资本家不可能一直依靠贱买贵卖,或者说靠欺骗来让自己发财致富。所以,从整个社会来看,剩余价值的创造绝不是来源于不等价交换。

恩格斯指出:"这种剩余价值是从什么地方来的?这个问题必须解决,而且要排除任何欺骗,排除任何暴力的任何干涉,用纯粹经济的方法来解决"。②那么,马克思是如何解决这一问题的呢?

马克思认为,"货币转化为资本,必须根据商品交换的内在规律来加以说明,因此等价物的交换应该是起点。我们那位还只是资本家幼虫的货币占有者,必须按照商品的价值购买商品,按商品的价值出卖商品,但他在过程终了时取出的价值必须大于他投入的价值。他变为蝴蝶,必须在流通领域中,又必须不在流通领域中。这就是问题的条件。"③如何理解呢?第一,在流通领域中,商

---

① 马克思:《资本论》第 1 卷,人民出版社 2004 年版,第 190 页。
② 《马克思恩格斯选集》第 3 卷,人民出版社 2012 年版,第 584 页。
③ 马克思:《资本论》第 1 卷,人民出版社 2004 年版,第 193—194 页。

品需要遵循等价交换原则,价值增殖不可能发生在流通领域。第二,完全离开了流通领域也不能产生剩余价值。马克思进一步分析,"商品占有者能够用自己的劳动创造价值,但是不能创造自行增殖的价值。他能够通过新的劳动给原有价值添加新价值,从而使商品的价值增大,例如把皮子制成皮靴就是这样。这时,同一个材料由于包含了更大的劳动量,也就有了更大的价值。因此,皮靴的价值大于皮子的价值,但是皮子的价值仍然和从前一样。它没有增殖,没有在制作皮靴时添加剩余价值。可见,商品生产者在流通领域以外,也就是不同其他商品占有者接触,就不能使价值增殖,从而使货币或商品转化为资本。"[1]因此,我们不能从流通领域来说明剩余价值的起源,也不能离开流通领域来说明剩余价值的起源。

基于以上的分析,价值增殖就只能发生在这个商品本身(W)。很显然,这个商品不能是一般意义的商品。这就要求货币所有者需要在流通领域内找到一种特殊商品,这种特殊商品同样具有价值和使用价值。但它的特殊性并不在于它的价值,因为按照价值规律的要求,资本家购买商品必须支付它的等价。因此,这种特殊性只可能发生在商品的使用价值上,即发生在对所购商品的使用上。也就是说,这种商品的使用价值需要具有创造价值的能力。资本家终于在市场中找到了这种特殊商品,这就是劳动力。劳动力即人的劳动能力,其使用价值便是劳动,因而只有劳动力商品才能在使用中创造价值。所以说,劳动力对资本家的魅力就在于,这种商品能够创造出大于他自身价值的价值,而多出来的那部分,便

---

[1] 马克思:《资本论》第1卷,人民出版社2004年版,第193页。

是资本家趋之若鹜的剩余价值。正因为如此,资本家才购买劳动力进行生产。

值得一提的是,人类从诞生开始就具有了劳动能力,但劳动力成为商品却需要一定的历史条件。一是,劳动力的所有者已经取得了人身自由,拥有可以支配自己的所有权。二是,劳动力所有者丧失了任何生产资料,只能出卖自己的劳动力才能生存。如果他还能出卖自己的劳动产品,他就还算是一位小生产者。只有当这两个条件同时具备时,劳动力才能成为了商品。所以,当社会发展到了资本主义阶段时,上述的两个历史条件得以形成,劳动力就成为了交易的普遍对象。

如此一来,有了购买的愿望,有了交易的对象,资本家就开始在劳动力市场中寻找,并最终与劳动力的所有者签署契约,他们之间从而形成了契约关系。所以,劳资关系就表现为一种交易关系。交易关系的内容,主要是劳动力市场中劳动力的买卖,而买卖能否顺利的、有效的进行,这就涉及到劳动力市场的一系列具体内容。

那么,如何看待劳动力市场中劳动与资本的这种交易关系呢?一直以来有一种非常流行的说法,认为雇佣劳动者与资本家在流通领域中的契约关系是平等互利的。例如,萨缪尔森就曾提出:"在竞争的模型中资本雇佣劳动或劳动雇佣资本并无差别。"[1]换句话说,他认为现实中之所以不是劳动雇佣资本,其根本原因在于资本比劳动稀缺所致,因为存在资本市场和劳动力市场的供求关系状况的差异,才形成了资本主义生产过程中资本家雇佣与控制

---

[1] P. Samuelson. Wage and Interest: A Modern Dissection of Marxian Economic Models, *American Economic Review*. December 1957:12.

工人的局面。弗里德曼也提出了,在市场经济条件下"每一次交易都是严格自愿"的命题,来证明契约签订时的平等性。事实真的是如此吗?

不可否认,在交易关系中,劳动与资本确实存在一定的平等空间。正如前文所谈到的,因为在资本主义条件下,工人获得了人生自由并拥有自身劳动力的所有权,劳动者有了一定"自由"选择资本家的权利。劳动者对资本家的这种隶属也是有期限和有条件的,并且只限于生产过程这一特定的场合。因此,在劳动与资本之间具有着一定空间的平等性。而正是这种有限的平等空间,让劳资之间才有展开博弈或斗争的可能,也让在流通领域中契约的谈判、签署,有了努力的空间。例如,工人可以通过组织工会与资本家展开斗争,通过集体谈判、三方协调机制的发展,合法地争取自己的利益。再如,通过劳动力市场的规范,可以让市场环境朝着比较公平、公正的方向发展完善。但是,这一定空间的平等性,并不代表雇佣工人与资本家就真正拥有了平等的地位。

其一,我们追述历史的源头就可以看到,资本家与雇佣工人并不是天生存在的,是商品经济发展下的产物,既然是历史的产物,就需要看看二者在产生之前的地位是否平等。资本主义经济关系在原始积累的作用下得以发展,这一过程导致的结果是,胜利者成为了拥有生产资料的资本家,而落败者丧失了生产资料,余下的只是劳动力而已。可见,此时的劳动者虽然获得了独立,却独立得一无所有了,在这种状况之下,"劳动能力……不卖出去,就等于零。"[①]为了生活下去,工人就必须走进劳动力市场中,把自己的劳

---

① 马克思:《资本论》第1卷,人民出版社2004年版,第202页。

动力当做商品和资本家进行交换,这就是劳动者必须出卖自己劳动力的真正原因。而对于资本家来说,即便是没有劳动者,他们也可以通过手中的生产资料自己生产,来获得最基本的生存需要,不至于挨饿。所以,在雇佣工人与资本家产生之时,二者的交易关系就已经不平等了。其二,从资本主义的再生产来看,由于资本主义生产过程总是再生产出劳动力与劳动条件的分离,当工人失去工作之后,工人必须再次回到劳动力市场出卖自己的劳动力,周而复始。因此,马克思指出"工人在把自己出卖给资本家以前就已经属于资本了。"[①]其三,从现实情况看,随着全球化、信息化、金融化的发展,为资本的世界流动提供了很好的条件,相对资本的灵活性而言,劳动力的流动就受到了很大的限制,体现在劳动力市场中,资本明显比劳动力更加强势。

所以说,劳资关系在流通领域中所表现的交易关系,一方面表现为一种契约关系;另一方面这种契约关系背后也暗含了劳资双方之间的不平等性。

3. 劳资关系是一种生产关系

劳动力的购买只是剩余价值产生的前提,但在流通领域是不可能产生剩余价值的,资本家就必须带着从流通领域购买的劳动力回到生产领域中。此时,劳资关系就表现为了生产领域的生产关系。随着资本主义剩余价值的生产,劳动与资本之间最深层次的内在关系就逐渐暴露了出来。

马克思在《资本论》第1卷中形象的写道:"一离开这个简单流通领域或商品交换领域,——庸俗的自由贸易论者用来判断资

---

① 马克思:《资本论》第1卷,人民出版社2004年版,第666页。

本和雇佣劳动的社会的那些观点、概念和标准就是从这个领域得出的,——就会看到,我们的剧中人的面貌已经起了某些变化。原来的货币占有者作为资本家,昂首前行;劳动力占有者作为他的工人,尾随于后。一个笑容满面,雄心勃勃;一个战战兢兢,畏缩不前,像在市场上出卖了自己的皮一样,只有一个前途——让人家来鞣。"①

可见,从资本家消费劳动力的过程来说,生产领域中的劳资关系显示出了两个特点:第一,工人在资本家的监督下劳动,他的劳动并不是自由的。第二,产品是资本家的所有物,而不是直接生产者工人的所有物。这两个特点清楚地表明了资本主义生产过程中劳资关系的基本特点,即劳动隶属于资本,资本控制着劳动过程并且占有剩余产品。为什么会这样呢?从资本家的观点来看,劳动过程只是消费他所购买的劳动力商品,劳动力的使用价值即劳动已经属于资本家,那么,劳动的过程不过是资本家购买的各种物之间相互作用的过程。因此,这个过程所生产出的产品最终也归他所有,正像他的酒窖内处于发酵过程的产品归他所有一样。然而,透过资本主义的生产过程,可以发现事实却绝非如此。

接下来,我们通过考察资本主义的生产,来理解劳资关系的进一步发展。

(1) 资本主义生产实际上是剩余价值的生产。资本主义生产过程的二重性是理解剩余价值生产的主要线索。所谓资本主义生产过程的二重性指的是,一方面是使用价值生产的过程,另一方面

---

① 马克思:《资本论》第1卷,人民出版社2004年版,第205页。

是价值形成和价值增殖的过程。使用价值不外乎是价值形成与价值增值的物质承担者,现在我们考虑的是价值形成与价值增值是怎么回事。从商品的价值构成来看,劳动对象和劳动资料的价值参与了价值的形成过程,劳动者通过具体劳动把它们作为不变资本转移到了商品的价值之中,成为了商品价值的组成部分之一。与此同时,雇佣工人本身所创造的新价值,将作为商品价值的另一个重要组成部分。那么,雇佣工人创造的这部分新价值,如果说刚好等于自身的劳动力价值,即"是由生产、发展、维持和延续劳动力所必需的生活必需品的价值决定的"①,那么,这就只是单纯的价值形成过程,而没有获得价值的增殖,这与资本家生产目的是不吻合的,资本家需要的是价值的增殖。如何实现价值增殖呢? 关键就在于这种特殊的劳动力商品。对于劳动力价值来说,虽然它的高低并不是一成不变,但在一定历史时期和一个国家中,工人维持生活所必需的生活资料的价值是一定的。但劳动力最特殊的是它的使用价值,即劳动,而这正是资本家所看重和关注的。比如,资本家支付了劳动力的日价值,劳动力补偿自身价值如果只需要半天,但劳动力却能劳动一整天,这一整天创造的价值比劳动力自身价值大了一倍。很明显,这个超过劳动力价值的部分正是价值的增值部分。因此,工人通过必要劳动创造出了弥补工人自身价值的价值量,这对于资本家来说远远不够,资本家必然会要求工人超过必要劳动继续提供一部分剩余劳动,从而获得剩余价值。这样单纯的价值形成过程就转变为了价值增殖的过程。由此可见,"价值增殖过程不外是超过一定点而延长了的价值形成过程。如果价

---

① 《马克思恩格斯全集》第 21 卷,人民出版社 2003 年版,第 189 页。

值形成过程只持续到这样一点,即资本所支付的劳动力价值恰好为新的等价物所补偿,那就是单纯的价值形成过程。如果价值形成过程超过这一点而持续下去,那就成为价值增殖过程。"[1]而剩余价值的秘密,资本主义剥削的秘密正是源于此。剩余价值就是由雇佣工人所创造,而由资本家无偿占有的,超过劳动力价值的那部分价值余额。可见,雇佣工人的无偿劳动是剩余价值的唯一源泉,这就是资本主义社会剥削的根源所在。

(2)剩余价值生产的规律揭示了资本对劳动的控制。剩余价值生产的规律是资本主义的基本经济规律,马克思十分明确的指出生产剩余价值或赚钱,是资本主义生产方式的绝对规律。为了榨取更多的剩余劳动,资本家想尽各种办法,最开始主要是通过绝对剩余价值的生产,即在必要劳动时间不变的情况下,通过工作日的延长而生产剩余价值。这种方法曾经风靡一时,导致工人阶级生活状况极度悲惨,工人身心受到严重的摧残,但由于工作日的长度总有个最高界限,同时也受到生理、道德和社会因素的限制,所以,第二种方法相对剩余价值生产开始受到了资本家的青睐。所谓相对剩余价值生产,指的是资本家通过提高劳动生产率来缩短必要劳动时间,相应的延长剩余劳动时间以此来获得剩余价值。简言之,资本家通过技术革新,改进生产设备等方法,提高劳动生产率,工人生产出来的产品几十倍地增加,但是,资本家付给工人的工资却没有相应地增长,以此来榨取更多的相对剩余价值。可以说,资本主义社会不断提升技术的根源也在于此。生产力的发展为资本家剥削工人提供了方法和手段,当从简单协作、到工场手

---

[1] 马克思:《资本论》第 1 卷,人民出版社 2004 年版,第 227 页。

工业、最终过渡到机器大工业阶段后,雇佣工人也从最初形式上对资本的隶属,最终过渡到了实质上对资本的隶属。与生产力发展相适应的是,资本对劳动的控制越来越强,工人对资本家的从属也越来越深。

(3)剩余价值率体现了资本对劳动的剥削。马克思根据资本在价值增殖过程中的不同作用,把成为生产资料的那部分资本叫做不变资本(C),把劳动力的那部分资本称为可变资本(V)。在生产过程中,由工人创造的新价值不仅包括劳动力价值或者可变资本(V),还包括一定量的剩余价值(M)。马克思把剩余价值(M)与可变资本(V)之间的比率称为剩余价值率。剩余价值率体现了工人所创造的新价值在资本家与工人之间按照什么样的比例进行分配,这反映了资本家对工人的剥削程度。$m = M/V$,这是从物化的形式表示剥削程度。同时,剩余价值率也可以表示为剩余劳动与必要劳动的比例,或者剩余劳动时间与必要劳动时间的比例,这是以活劳动的形式表现剥削的程度($m = m/v$)。现在,我们转化一下公式即可得知,$M = (m/v) \times V$。这个公式可以看出,剩余价值率越高,被剥削的工人数量越多,资本获得的剩余价值量也就越多。但由于一定时间内,资本获取工人数量是有限的,因此,设法提高剩余价值率以便获取更多剩余价值量,催生了资本家加强对工人剥削的欲望。

(4)资本积累进一步加深了劳资之间的对抗。资本主义发展的必然趋势是资本积累和扩大再生产,这是由资本追求剩余价值的本性与竞争的外在压力所共同决定的。马克思通过资本积累的分析,向我们展示了资本主义劳资关系进一步发展的趋势。资本家把工人创造的剩余价值,一部分用于消费,另一部分用于购买追加的生产资料和劳动力,通过资本积累,资本主义生产在扩大的规模上不断进行着。然而,资本无论怎样积累,它唯一源泉是剩余价值,资本积累让过去工人无酬劳动创造的结果,又成为了进一步压榨工人剩余劳动的条件。随着扩大再生产,不仅生产出更多的剩余价值,而且再生产出规模扩大的资本主义关系本身:一方面是生产资本家,资本剥削劳动的范围更大;另一方面是催生出更多的雇佣工人被投入到了资本主义生产中。

那么,工人阶级最后的命运将会如何呢?马克思用资本的有机构成,来揭示了资本的增长对工人阶级命运的影响。所谓资本的有机构成,就是由资本技术构成决定并反映技术构成变化的资本价值构成,用不变资本和可变资本的百分比来表示(C∶V)。我们先假设资本积累中资本有机构成不变,那么,可变资本将随着不变资本的增加而增加,当对可变资本的需求超过他的供给时,劳动力的价格(工资)就有可能会提高。但工资的相对提高并不能改变其被剥削的本质。正如马克思所说,"由于资本积累而提高的劳动价格,实际上不过表明,雇佣工人为自己铸造的金锁链已经够长够重,容许把它略微放松一点。"[1]但实际上,随着资本主义积累的进行,资本家为了追求更多的剩余价值,会不断改进技术,提高劳动生产率,这会导致资本有机构成的提高,即与不变资本相比,可变资本相对量递减,马克思将其称之为"可变资本相对量递减的规律"。而资本有机构成的提高,意味着机器可以代替劳工,不再需要那么多的工人,工人开始遭到了机器的排挤。这时,资本主义生产方式的一个特有现象出现了,即相对过剩的工人人口,这是资

---

[1] 马克思:《资本论》第1卷,人民出版社2004年版,第714页。

本积累的必然产物。而过剩的工人人口形成了一支产业后备军，它的存在将直接威胁到在业工人，让在业的工人不得不听从于资本，也使得资本家不再为寻找不到可供剥削的劳动力而烦恼。于是，随着资本积累的增长，最终导致资产阶级与劳动者阶级的命运是，"在一极是财富的累积，同时在另一极，即在把自己的产品作为资本来生产的阶级方面，是贫困、劳动折磨、受奴役、无知、粗野和道德堕落的积累。"[1]并由此引发了无产阶级与资产阶级的对立和对抗。

总的来说资本主义生产过程就是劳动力的使用消费过程，也是剩余价值的生产过程。当劳动力被资本家带到了生产领域后，追逐剩余价值的狂热本性，让资本家绞尽脑汁通过各种办法来实现价值增殖，马克思通过剩余价值生产规律揭示了资本对劳动的逐步控制，并通过资本积累及扩大再生产进一步向我们展示了资本主义劳资关系的对抗性质，指明了无产阶级和资产阶级矛盾的社会经济根源。至此，在生产领域中劳动与资本之间的本质关系，即资本家无偿占有工人劳动创造的剩余价值，并由此引发的剥削关系被揭露无疑。

4. 劳资关系是一种分配关系

劳资关系在分配中的主要内容是工资与利润的决定问题，其主要观点概括如下：(1) 劳动力价值的决定是工资形成的基础，也是剩余价值和利润形成的基础。也就是说，剩余价值或利润是超过劳动力价值的价值部分，劳动力价值是利润与工资分割的基础。(2) 虽然劳动力价值在一定时期是相对稳定的，但是，它绝不是固

---

[1] 马克思：《资本论》第 1 卷，人民出版社 2004 年版，第 743—744 页。

定不变的,而是随着生产力的发展、社会的进步和资本主义生产关系的发展逐步变化发展的,劳动力的价值决定还存在一个历史和道德的因素。(3)工资作为劳动力的价格还要受劳动力供求的影响,至少从表面现象上讲,工资的决定过程并非一层不变,受制于劳资双方讨价还价能力,也随着劳动力供求状况的变化而呈现出不断波动的趋势。(4)从根本上来说,工资与利润之间的对立运动,是资本与雇佣劳动之间关系在分配领域的体现。资本一般来说处于主导地位,雇佣劳动处于从属地位,在新价值一定的情况下,工资与利润成反比,工资的变化随着利润的变化而展开。工资的增长有一个必要的前提是:不能损害一般利润率水平增长与稳定。如果经济环境出现了变化,导致利润率的增长发生困难,削减工资通常是直接的后果。[①] 按照资本积累的一般规律,资本主义分配关系的必然结果是劳动者与资本家之间的两极分化。

然而,以上分配领域中的内在关系往往被掩盖在各种现象中难以察觉,表现出了隐秘性和虚伪性。下面,我们通过具体讨论分配领域中收入的真正源泉,以及工资实质,来揭开这层神秘的面纱。

在分配领域中,收入是以工资、利润和地租等形式出现。很清楚,工资是劳动者所取得的收入形式,利润是资本家取得收入形式、地租是土地所有者取得的收入形式。西方庸俗经济学家就据此提出了收入的"三位一体公式",即资本—利息,土地—地租,劳动—工资,也就是说资本、土地、劳动按照他们各自创造的价值取

[①] 参见王生升:《马克思主义经济学的工资理论》,《政治经济学评论》,2007(1)。

得了三种形式的收入。这个观点看似有道理,实则荒谬。事实上,这个公式只是对资本主义经济现象粗浅的、表面化的描述,然而他们却错误的把它当成了事实本身。"如果事物的表现形式和事物的本质直接合而为一,一切科学就都成为多余的了。"①当然,对于资本主义来说,这个公式的最大好处就是彻底模糊了收入的真正源泉,掩饰了资本家与劳动者之间的剥削关系。正如马克思所言:"这个公式是符合统治阶级利益的,因为它宣布统治阶级的收入源泉具有自然的必然性和永恒的合理性,并把这个观点推崇为教条。"②在这之后的一些学者们,更是把企业家才能作为了收入的第四种来源。这种说法,实际上是将各种收入与源泉混杂在了一起,各种收入所具有的社会形式被完全抛弃,而资本主义劳资关系也就被简单的物化了。

首先,以上三种不同的收入只是一种分配关系,而分配只能以生产为前提。正是有了新价值的创造,才有可能进行分配,毕竟收入分配是以存在的价值为基础的,如果没有创造出来的新价值,何谈分配,又分配些什么。所以,马克思明确指出,"这种分配是以这种实体已经存在为前提的,也就是说,是以年产品的总价值为前提的,而这个总价值不外就是对象化的社会劳动。但在生产当事人面前,在生产过程的不同职能的承担者面前,事情却不是以这种形式表现出来的,而是相反地以一种颠倒的形式表现出来的。"③所以,收入的前提是新价值的产生。

其次,索取权本身并不创造价值,新价值是由生产过程中劳动

---

① 马克思:《资本论》第3卷,人民出版社2004年版,第925页。
② 马克思:《资本论》第3卷,人民出版社2004年版,第941页。
③ 马克思:《资本论》第3卷,人民出版社2004年版,第931页。

者所创造的。活劳动在生产领域中创造了新价值（V＋M），是包括弥补自身劳动力价值的可变价值与剩余价值。这个新价值到了分配领域中，作为收入来讲，就进行了一个转换，即可变资本转化为工资，剩余价值分割为利息、利润和地租。新价值之所以采取这些收入形式，是生产要素所有制形式作用的结果。劳动者凭借劳动力所有权获取了工资，资本家通过资本所有权获取了利润，土地所有者凭借土地所有权获取了地租。可见，所有制形式是分配的根据。但值得注意的是，他们拥有的只是占有劳动所创造新价值的索取权，但这种索取权本身并不能创造价值。在资本主义制度下，作为新价值的可变资本与剩余价值都是由雇佣工人通过劳动所创造的。所以说，各种收入的真正来源只能是新价值（V＋M），而价值的唯一源泉是劳动。

最后，再谈谈其中最具隐秘性的工资。在资本主义社会，工资往往采取了劳动价格的表现形式，表现为对一定量额劳动支付的一定量货币。资产阶级很多经济学家都持有这样的看法，例如亚当·斯密就将工资视为劳动的价值，并把它的货币表现叫做"劳动的自然价格"。但如果说工资是劳动的价值或价格，就意味着资本家购买的就是劳动。说到这里，我们就需要回答一个问题，为什么资本家购买的不是劳动呢？简单来说，劳动是根本不能当做商品来买卖的。我们知道，要成为商品到市场上买卖，它必须在出卖之前就作为产品已经存在，然而活劳动是没有办法独立存在的，只能物化到了产品中，才能进行买卖。当活劳动采取了产品的形态时，买卖的也不再是劳动。再进一步说，劳动是工人与资本家交换完成之后进行的，到了生产领域中，劳动隶属于资本家，不属于工人自己的劳动自然也不能再作为商品出卖。所以说，劳动是价值的实体和内在尺度,但它本身没有价值,它也不能作为商品与资本家交换。实际上,在商品市场上同资本家直接对立的不是劳动,而是雇佣工人,工人出卖的是他的劳动力。因此,马克思指出:"工资不是它表面上呈现的那种东西,不是劳动的价值或价格,而只是劳动力的价值或价格的隐蔽形式。"①这就是工资的实质。

可见,了解了收入的真正源泉以及工资的实质,劳资关系在分配领域中所具有的隐秘性与虚伪性彰显无疑。事实胜于雄辩。资本主义劳资分配关系是趋向于平等互利还是两极分化,历史已经给予了明确的回答。法国经济学家托马斯·皮凯蒂在《21世纪资本论》一书中,运用了翔实的历史统计数据和实证方法客观证明了马克思的结论。资本收入增长快于劳动收入增长是一个客观趋势,财富分配不平等状况的缓和则是资本主义的偶然现象,财富分配的两极分化是资本主义的必然趋势。近几十年来,世界的贫富差距正在严重恶化,而且据预测将会继续恶化下去。②

5. 劳资关系归根结底是一种阶级关系

从唯物史观出发,马克思认为生产关系归根到底是阶级关系。在《资本论》中,马克思明确的提到"这里涉及到的人,只是经济范畴的人格化,是一定的阶级关系和利益的承担者。"③恩格斯在介绍马克思的《政治经济学批判》一书时,指出"经济学研究的不是物,而是人和人之间的关系,归根到底是阶级和阶级之间的关

---

① 《马克思恩格斯文集》第3卷,人民出版社2009年版,第441页。
② [美]克鲁格曼著,刘波译:《美国怎么了?》,中信出版社2008年版,第99页。
③ 马克思:《资本论》第1卷,人民出版社2004年版,第10页。

系。"①因此,资本主义劳资关系实际上体现的是劳动与资本背后的阶级与阶级之间的关系。

对于"阶级"的定义,列宁在1919年6月撰写的《伟大的创举》中指出:

> "所谓阶级,就是这样一些大的集团,这些集团在历史上一定的社会生产体系中所处的地位不同,同生产资料的关系(这种关系大部分是在法律上明文规定了的)不同,在社会劳动组织中所起的作用不同,因而取得归自己支配的那份社会财富的方式和多寡也不同。所谓阶级,就是这样一些集团,由于它们在一定社会经济结构中所处的地位不同,其中一个集团能够占有另一个集团的劳动。"②

列宁对阶级的定义,揭示了阶级的经济范畴,并强调了对生产资料的占有关系是划分阶级的客观标准。对于阶级的划分,西方资产阶级学者却提出了异议,有学者提出是否可以按照收入来划分。从表面上看,好像阶级与收入具有同一性。但如果说按照收入来划分阶级,那么,就意味着社会可以无止尽的划分成为无数个阶级,例如医生、官吏、教师有不同的收入,他们难道可以成为三个阶级?其结果等同于没有了"阶级"这个概念,而真正由阶级划分所呈现出的阶级差别也就被抹煞了。显然,按照收入划分是不能说明阶级的实质的。列宁曾经说道:"从收入来源寻找社会不同阶

---

① 《马克思恩格斯选集》第2卷,人民出版社2012年版,第14—15页。
② 《列宁专题文集——论社会主义》,人民出版社2009年版,第145页。

级的基本特征,这就是把分配关系放在首位,而分配关系实际上是生产关系的结果。这个错误马克思早已指出过,他把看不见这种错误的人称为庸俗的社会主义者。阶级差别的基本标志,就是它们在社会生产中所处的地位,因而也就是它们对生产资料的关系。占有这部分或那部分社会生产资料,把它们用于私人的经济,用于出卖产品的经济,——这就是现在社会中的一个阶级(资产阶级)同没有生产资料、出卖自己劳动力的无产阶级的基本不同点。"[1]事实上,生产资料所有制是生产关系的根本和基础,按照生产资料的所有来划分阶级,正是抓住了分析生产关系的核心。

那么,何为资产阶级,何为无产阶级呢?资产阶级是指拥有生产资料并雇佣劳动者为其生产的有产阶级。所谓无产阶级,是指的没有生产资料而不得不出卖劳动力的雇佣劳动者,也就是雇佣劳动者阶级或者工人阶级。这里附带说明的是,无产阶级是与资产阶级对应的称呼,是在不占有生产资料意义上的"无产",而并不是从有无生活资料或者收入意义上的称谓。为此,恩格斯在1888年《共产党宣言》英文版还特意加上了对无产阶级的注释,"无产阶级是指没有自己的生产资料、因而不得不靠出卖劳动力来维持生活的现代雇佣工人阶级。"[2]随着当代资本主义社会的发展,资本主义阶级结构变得复杂很多,阶级内部出现了多样化的阶层,但按照生产资料占有来划分的资产阶级与无产阶级仍是当今资本主义社会最核心的两大阶级,资本主义劳资关系归根到底是资产阶级与无产阶级之间的关系。

---

[1] 《列宁全集》第7卷,人民出版社1986年版,第30页。
[2] 《马克思恩格斯选集》第1卷,人民出版社2012年版,第400页。

综上所述,劳资关系的主要内容体现为五个方面①:所有制基础、交易关系、生产关系、分配关系和阶级关系。劳资关系是资本主义所有制关系的具体体现,在劳动力市场、生产领域、分配领域分别表现为交易关系、生产关系和分配关系。交易关系是劳资关系形成的逻辑起点,也是劳资关系再形成的枢纽,而生产关系是核心,它揭示了劳动与资本最深层次的内在关系,决定着分配领域中工资与利润的分配关系,并最终以阶级关系表现出来。这五个方面的内容不是孤立的,而是一个逻辑整体,展现了劳资关系的内在逻辑,从而共同构建起了马克思主义政治经济学关于劳资关系的一般性理论分析框架。

2.2　国家调节劳资关系的本质与职能

2.2.1　国家调节劳资关系的本质

面对经济基础中的劳资关系,作为上层建筑的国家介入到劳资关系领域中的根本目的到底是什么?这是我们接下来探讨的重点。要理解资本主义制度下国家参与调节劳资关系的根本动因,

---

① 需要说明的是,在社会再生产环节的基础之上,从生产资料所有制出发,我们提出了构建劳资关系主要内容的五个方面,即所有制、交换关系、生产关系、分配关系、阶级关系。其中,并没有把消费关系列入到分析的框架中,源于消费关系不仅是由生产关系决定,而且直接就是收入分配关系的结果,相较于生产关系、交换关系、分配关系来说,消费关系在马克思主义政治经济学中处于相对次要的地位。同时,就生产与消费的关系来说,消费包括个人产品的消费和生产的消费,个人产品的消费实际上是维持劳动力的再生产,而生产资料和劳动力的消费过程本身就是产品的生产过程。因此,在劳资关系主要内容的构建中没有纳入消费关系。

以及相应的角色定位,首先需要从国家本质的层面入手来分析。

1. 国家的本质属性

国家本质是国家最根本的属性,也是国家理论的核心。关于国家本质的认识,不同时期的国家学说赋予了其不同的解答。其源头可以追述到两千多年前,柏拉图、亚里士多德等思想家就曾力求探寻国家问题,但确切的说,那并不是我们现代意义要讨论的国家。现代意义的国家概念始于马基雅弗利的《君主论》,此后,伴随着民族国家的出现与西方资产阶级革命的兴起,涌现出了霍布斯、洛克、孟德斯鸠、卢梭、黑格尔等一系列具有代表性的思想家,他们不同程度的抛弃了君权神授的国家观,分别从人性、理性的角度来探究国家的问题,构建起了现代国家的概念。与之前的思想家相比,资产阶级启蒙思想家在国家问题上的历史进步性是值得肯定的,马克思对此有过这样一段描述,"马基雅弗利、康帕内拉,后是霍布斯、斯宾诺莎、许霍·格劳秀斯,直至卢梭、费希特、黑格尔则已经开始用人的眼光来观察国家了,他们从理性和经验出发,而不是从神学出发来阐明国家的自然规律。"[①]然而,由于历史的局限,他们未能探究到深层次的国家本质,因为在历史唯物主义尚未诞生以前,如同他们之前的那些思想家一样,并不能得出符合历史发展实际的科学结论。

与以往思想家探讨国家问题最大的不同在于,马克思对国家本质的认识是以"历史现实"的方法代替了"外在思辨"的方法,从市民社会出发,从历史实际出发,在全面考察国家起源的基础之上得出的结论,其科学性正是在于它是牢牢地站在了辩证唯物主义

[①] 《马克思恩格斯全集》第1卷,人民出版社1995年版,第227页。

和历史唯物主义的基础之上。在马克思看来,国家与社会是一对最基本的概念,二者既相区别又相联系,马克思把国家与市民社会的分离看成是历史的过程,并从他们的相互关系中衍生出自己的国家概念,他认为:"国家是统治阶级的各个个人借以实现其共同利益的形式,是该时代的整个市民社会获得集中表现的形式。"①从国家的界定中,我们看到了马克思提出国家是阶级性和公共性的统一,而阶级性是国家的本质属性。这样,马克思彻底揭示了国家的本质,即政治国家是社会中占统治地位阶级的总代表,是阶级统治的政治形式。

为了更好的理解国家的本质属性,我们接下来着重探讨两个问题。其一,马克思是如何得出上述国家本质的论断。其二,如何看待国家性质的二重性,他们之间的关系到底如何。

(1) 马克思关于国家本质认识的形成及理论基点

马克思对国家本质的认识,伴随历史唯物主义科学国家观的建立而逐渐清晰。我们知道,由于受到资产阶级革命时期一些启蒙思想家的影响,马克思早期的国家观带有理性的唯心主义色彩,流露着自然法学者的痕迹。作为当时"青年黑格尔学派"的代表人物,在国家观上吸收了黑格尔《法哲学原理》中"理性法"的思想,认为国家应该是政治和法的理性的实现,是超越等级特殊利益而具有普遍理性的化生。那么,究竟是什么开始促发了马克思对黑格尔的理性唯心主义国家观开始产生质疑呢?

质疑主要源于《莱茵报》工作的实践认知。马克思在《莱茵报》工作期间,国家与法的问题成为其所关注的焦点,马克思用带

---

① 《马克思恩格斯文集》第 1 卷,人民出版社 2009 年版,第 584 页。

有唯心主义的理性的国家观作为武器来反对普鲁士封建专制统治,随着与普鲁士政府论战的升级,马克思更加广泛的接触到了很多社会问题,尤其是经济问题。质疑主要体现在两点:一是,马克思发现代表"普遍理性的"国家观与现实中的国家处处背离。例如,在《关于林木盗窃法的辩论》一文中,马克思谈道,"国家权威变成林木所有者的奴仆。整个国家制度,各种行政机构的作用都应该脱离常规,以便使一切都沦为林木所有者的工具,使林木所有者的利益成为左右整个机构的灵魂。一切国家机关都应成为林木所有者的耳、目、手、足,为林木所有者的利益探听、窥视、估价、守护、逮捕和奔波。"[①]这深刻形象的揭露出了普鲁士国家和政府在现实中并没有成为全体人民利益的代表,却成为了林木占有者的工具,成为了有产阶级利益的代表,而黑格尔所提的普遍利益的理性代表在现实中似乎并不存在。二是,在对市民社会研究中,马克思发现国家与法的基础并不是"绝对理念"或者理性,而是受着某种"客观规律"的决定。此时,马克思从实践经验出发,从国家与市民社会关系的朦胧认识中,已经不自觉的触碰到了国家的本质,虽然它还是较为模糊的。

如果说在《莱茵报》工作的实践经验开启了马克思对普遍的理性国家观的质疑和困惑,那么随后"从社会舞台退回书房"所进行的理论研究,让马克思最终完成了对黑格尔理性唯心主义国家观的彻底扬弃。这个转变,得益于三点:第一,费尔巴哈唯物主义观对马克思的影响。费尔巴哈在1841年出版的《基督教的本质》中,对以黑格尔为代表的德国唯心主义哲学进行了批判和清算,并

[①] 《马克思恩格斯全集》第1卷,人民出版社1995年版,第267页。

重新确立了唯物主义思想的权威,正是唯物主义的思想把马克思从唯心主义迷雾的笼罩中解救了出来,这种影响是深刻的。第二,马克思又重新系统的研究了黑格尔的国家理论,撇开唯心主义国家观的包裹,黑格尔学说中的合理内核是值得肯定的。黑格尔是近代思想史上第一个将市民社会与国家政治相区分的思想家,马克思正是在继承了市民社会与国家分离思想的基础上,在对黑格尔国家理论的批判中,找到了进一步研究的方向。同时,马克思在批判的过程中,看到了黑格尔在论证中生动的辩证性,这为日后辩证唯物主义的创立做好了铺垫。恩格斯说,"马克思从黑格尔的法哲学出发,得出这样一种见解:要获得理解人类历史发展过程的钥匙,不应该到黑格尔所描绘成的'大厦顶端'的国家之中去寻找,而应该到黑格尔所蔑视的'市民社会'中去寻找。"①这为进一步发现市民社会背后的经济关系给予了指引,为马克思从现实、历史的角度去研究国家问题打开了一条通路。第三,马克思在写作《黑格尔法哲学批判》的过程中,阅读了大量的欧洲政治思想著作,其主要内容跨越了 2500 年的人类社会历史,形成了五本历史学笔记,即《克罗茨那赫笔记》。笔记的基本内容,主要是围绕国家与市民社会的关系展开,马克思借助了大量的历史学材料所形成的间接经验作为历史佐证,来证明在《莱茵报》和《黑格尔法哲学批判》时期提出的命题,即市民社会决定国家。

　　通过这个阶段的理论研究,马克思完成了对黑格尔国家观的扬弃,并建立了与之截然相反的唯物主义国家命题,即"市民社会决定国家"。这个命题的建立把对国家的研究从思辨的天国拉回

---

① 《马克思恩格斯全集》第 16 卷,人民出版社 1964 年版,第 409 页。

到了现实的世界中。正如马克思所说,"在思辨终止的地方,在现实生活面前,正是描述人们实践活动和实际发展过程的真正的实证科学开始的地方。"①至此,马克思真正把国家问题的思考置于了现实世界,并着手从政治经济学的角度对"市民社会"进行解剖,在此基础上形成的政治经济学成果,主要反映在《1844年经济学哲学手稿》和《神圣家族》这两部著作中。在这两部著作,马克思已经开始从市民社会的物质生产来解释国家。而在1846年与恩格斯合作的《德意志意识形态》中,马克思和恩格斯第一次全面阐述了历史唯物主义,而这一部著作的完成也标志着历史唯物主义的建立。随着历史唯物主义的建立,马克思对国家本质的认识越来越清晰。

马克思在致巴·瓦·安年柯夫的信中明确说道:"在人们的生产力发展的一定状况下,就会有一定的交换[commerce]和消费形式。在生产、交换和消费发展的一定阶段上,就会有相应的社会制度形式、相应的家庭、等级或阶级组织,一句话,就会有相应的市民社会。有一定的市民社会,就会有不过是市民社会的正式表现的相应的政治国家。"②此时,关于马克思在《莱茵报》期间的疑问和困惑,已经得到了解答。决定国家的客观关系,即市民社会中的经济基础已经彻底浮出水面。而正是因为国家由经济基础所决定的,所以,这个社会中占统治地位的生产关系就决定了国家的根本性质。马克思从历史事实出发,在纷乱复杂的国家现象中探寻到了被掩埋的国家本质,即"国家是属于统治阶级的各个个人借以实

---

① 《马克思恩格斯文集》第1卷,人民出版社2009年版,第526页。
② 《马克思恩格斯文集》第10卷,人民出版社2009年版,第42—43页。

现其共同利益的形式。"同时,马克思进一步提出国家为了实现维护统治阶级的目的,在市民社会中取得合法性是存在的基础,因此,国家又需要是"该时代的整个市民社会获得集中表现的形式。"①所以,政治国家作为一种虚幻的共同体,在形式上是社会的代表,但在实质上是市民社会内部占统治地位阶级的代表。②

(2) 国家的双重属性

正如前文所提到,马克思的国家概念中包含了国家的两重属性,即阶级性与公共性。那么,国家为什么是阶级性与公共性的统一呢?恩格斯在《家庭、私有制和国家的起源》一书中,通过探寻国家的起源解答了这个问题,并进一步论证了国家的本质。接下来,我们节选了比较有代表性的两段话:

"国家是社会在一定发展阶段上的产物;国家是承认:这个社会陷入了不可解决的自我矛盾,分裂为不可调和的对立面而又无力摆脱这些对立面。而为了使这些对立面,这些经济利益互相冲突的阶级,不致在无谓的斗争中把自己和社会消灭,就需要有一种表面上凌驾于社会之上的力量,这种力量应当缓和冲突,把冲突保持在'秩序'的范围以内;这种从社会中产生但又自居于社会之上并且日益同社会相异化的力量,就是国家。"③

"由于国家是从控制阶级对立的需要中产生的,由于

---

① 《马克思恩格斯文集》第 1 卷,人民出版社 2009 年版,第 584 页。
② 何自力等:《高级政治经济学——马克思主义经济学的发展与创新探索》,经济管理出版社 2010 年版,第 277 页。
③ 《马克思恩格斯选集》第 4 卷,人民出版社 2012 年版,第 186—187 页。

>它同时又是在这些阶级的冲突中产生的,所以,它照例是最强大的、在经济上占统治地位的阶级的国家,这个阶级借助于国家而在政治上也成为占统治地位的阶级";"有这样的时期,那时互相斗争的各阶级达到了这样势均力敌的地步,以致国家权力作为表面上的调停人而暂时得到了对于两个阶级的某种独立性。"①

上述文字说的非常清楚,国家的出现不是"君权神授",国家也不是人民观念中的缔造,或者基于个人理性的社会契约,国家是社会发展到一定历史阶段的产物,是因阶级分化的产生而成为的历史必然。因此,在阶级社会中,国家一方面是阶级统治的需要,是统治阶级利益的代表;另一方面国家也是管理社会公共事务的组织,是社会各阶级利益包括被统治阶级利益的协调者。这就是国家所需要具备的二重属性。

然而,马克思主义对国家性质的阐释,从诞生之日起,就遭到了来自各方的批驳和误解,其锋芒所指,就是国家的阶级实质。关于此,代表性的观点主要集中在两点:其一,对国家的阶级本质进行否定。其二,认为马克思主义的国家概念中仅仅只有阶级性。

我们先来说说第一种观点。例如,现代自由主义以道德理论为基础,提出"积极国家"理论,认为国家应该是作为社会关系的协调者出现的。再如以哈耶克、弗里德曼、诺齐克为代表的新保守主义在国家本质的认识上,继承了古典自由主义"看不见的手"的思想,以个人主义方法和个人本位价值观为基础,论证国家本质是

---

① 《马克思恩格斯选集》第4卷,人民出版社2012年版,第188—189页。

作为个人权利和自由维护的工具。综上可以发现一个事实,当代西方资产阶级学者都是回避和否认现代资本主义国家所具有的阶级性,其实,他们与马克思之前的一些思想家在国家本质的认识上,异曲同工的都坚持了超阶级的国家观,或者说"中立"的国家观。也就是在他们看来,国家应该作为第三方中立的身份出现。然而,事实却并非如此,赤裸裸的本质真相或许令人难以接受,但马克思杜绝在思辨的想象中自我陶醉。马克思主义的国家本质观在流言蜚语中至今仍有很强的生命力,其原因正是在于它是以科学的方法论为基础,对国家本质的认识是从事实出发,从历史实际出发。

正是由于长期以来国家的本质属性被人们所质疑和忽视,所以,马克思恩格斯在国家性质的论述中,更加重笔墨来强调国家的阶级实质。譬如恩格斯在为《法兰西内战》写的导言中说道,"国家无非是一个阶级镇压另一个阶级的机器。"[1]恩格斯还指出:"国家的本质特征,是和人民大众分离的公共权力。"[2]在《共产党宣言》中马克思与恩格斯提出,国家"是一个阶级用以压迫另一个阶级的有组织的暴力"[3]等等。在列宁看来,马克思对国家的阶级性分析正是抓住了国家的本质属性,他在《国家与革命》中也强调这一观点,提出"国家是阶级统治的机关,是一个阶级压迫另一个阶级的机关。"[4]与此同时,第二种错误观点也随之出现,认为马克思仅仅将国家视为统治阶级进行阶级压迫的暴力镇压工具。

---

[1] 《马克思恩格斯选集》第3卷,人民出版社2012年版,第55页。
[2] 《马克思恩格斯选集》第4卷,人民出版社2012年版,第132页。
[3] 《马克思恩格斯文集》第2卷,人民出版社2009年版,第53页。
[4] 《列宁专题文集——论马克思主义》,人民出版社2009年版,第180页。

当然,第二种观点也是偏颇的。实际上,马克思、恩格斯对国家的公共社会属性有过充分的论述。例如,马克思在《不列颠在印度的统治》中写道:"在亚洲,从远古的时候起一般说来就只有三个政府部门:财政部门,或者说,对内进行掠夺的部门;战争部门,或者说,对外进行掠夺的部门;最后是公共工程部门。"①马克思针对忽视政府公共属性的观点说道:"现在,不列颠人在东印度从他们的前人那里接收了财政部门和战争部门,但是却完全忽略了公共工程部门。因此,不能按照不列颠的自由竞争原则——自由放任原则——行事的农业便衰败下来。"②所以,马克思不止一次的强调国家的公共属性,认为"只有为了社会的普遍权利,特殊阶级才能要求普遍统治。"③由国家的双重属性决定了国家需要承担双重职能,针对国家的公共职能,恩格斯在《反杜林论》中写道:"一切政治权力起先都是以某种经济的、社会的职能为基础的"④,"政治统治到处都是以执行某种社会职能为基础,而且政治统治只有在它执行了它的这种社会职能时才能持续下去。"⑤由此可见,认为马克思主义国家性质仅仅只是阶级性的观点,是站不住脚的。

那么,对于国家二重属性之间的关系,我们应该如何理解呢?

首先,国家的阶级属性表明,国家既然伴随着阶级划分而产生,并日益凌驾于社会之上,被统治阶级所掌控,那么,国家的各种行为最终是为了实现统治阶级的共同利益,维护阶级统治。实际

---

① 《马克思恩格斯选集》第1卷,人民出版社2012年版,第850页。
② 《马克思恩格斯选集》第1卷,人民出版社2012年版,第851页。
③ 《马克思恩格斯选集》第1卷,人民出版社2012年版,第13页。
④ 《马克思恩格斯选集》第3卷,人民出版社2012年版,第563页。
⑤ 《马克思恩格斯选集》第3卷,人民出版社2012年版,第559—560页。

上,自从国家产生以来,任何一个国家的权力都不是由社会全体成员掌握,而是在经济上占统治地位的阶级所掌握。这是国家性质中最本质的属性,体现了国家的特殊性,马克思正是以国家的阶级实质为标准来划分国家的类型。例如,奴隶制国家是奴隶主对奴隶进行统治的工具,奴隶主握有国家权力;封建国家是封建领主或者地主阶级的国家机关,封建主掌握权力;资本主义国家的实质"不过是管理整个资产阶级的共同事务的委员会。"①

其次,国家的公共属性表明,国家为了完成统治阶级的愿望,在市民社会中取得合法性是存在的基础,而社会生活的正常运行是关键。为此,国家必须要承担一定的社会公共事务,公共属性是国家阶级统治的基础。尤其在现代社会中,对于统治阶级合法性的关注越来越强烈。因此,国家需要从事一定的社会公共事务,建立一定的公共秩序,如果完全无视社会成员的利益诉求,也就很难维护统治阶级的长远利益。

最后,国家的二重性不可割裂开来,在国家身上,阶级性与公共性是辩证的统一在一起,他们之间既相互依存,又相互矛盾。所以,从国家的二重属性出发,国家看起来既独立,又不独立,正如马克思所言"国家看来是至高无上的独立的存在本身,不过是表面的"②,它所具有的公共属性让国家看起来具有某种超越阶级统治的独立性,但国家的阶级本质决定了国家实际上并非完全独立。

2. 资本主义国家调节劳资关系的本质目的

资本主义国家调节劳资关系的本质目的,归根结底是为了彰

---

① 《马克思恩格斯选集》第 1 卷,人民出版社 2012 年版,第 402 页。
② 《马克思古代社会史笔记》,人民出版社 1996 年版,第 510 页。

显资本主义国家的本质属性。马克思指出资本主义国家"不外是资产者为了在国内外相互保障各自的财产和利益所必然要采取的一种组织形式"①,这正是道出了资本主义国家的本质。资本主义国家调节劳资关系的本质目的就是为了维护资产阶级的总体利益。

由此出发,我们就不难理解,在资本主义的发展早期,工人生活是极其悲惨,甚至已经降到了生存线之下,而资本主义国家却仍然采取自由放任的政策。可见,这种消极的态度只是出于对工人的消极,实为对资本原始积累的保护,其目的是为了维护资本的利益。然而,在资本本性的驱使下,劳资对立矛盾越来越深,社会危机重重,生产力发展受到抑制,个人资本的贪婪已经严重影响了资本家阶级的总体利益,这无异于威胁到了资本主义制度,资本主义国家不得不出面调节。资本主义国家并不仅仅代表单个资本家的利益,正如恩格斯所言"资本主义的国家,理想的总资本家。"②作为资本家的总代表,资本主义国家维护的是整个资本家阶级的总体利益和长远利益。因此,国家需要顺应民众的要求,参与到劳资关系中,甚至牺牲统治阶级的某些个别利益或短期利益,从而保证国家在一个相对稳定的情况下正常运转。正如密里本德所指出,国家干涉在资本主义历史上并不是什么新东西,只是在当代干涉的普遍性和规模比以往任何时候都要扩大,干涉作为一种手段旨在帮助而不是腐蚀资本主义制度,因为干预的结果对雇主有利。③

总的来说,资本主义国家在劳资领域中的调节做法,虽然在不

---

① 《马克思恩格斯选集》第1卷,人民出版社2012年版,第212页。
② 《马克思恩格斯选集》第3卷,人民出版社2012年版,第666页。
③ 参见郁建兴:《马克思的国家理论与现时代》,《河北学刊》,2005(3)。

同的背景和阶段下有所不同,但调节的本质目的归根到底是一致的。

2.2.2 国家调节劳资关系的职能

从国家的双重属性出发,国家对劳资关系的调节具有两重性。马克思对国家职能有过非常清晰的阐释:国家"既包括由一切社会的性质产生的各种公共事务的执行,又包括由政府同人民大众相对立而产生的各种特有的职能。"①前者是国家的公共属性所表现的公共事务管理职能,后者是国家的阶级属性所表现的政治统治职能。具体来说:

其一,国家的政治职能。在劳资关系中国家行使的政治职能,是以"总资本家"的身份对剩余价值的生产、实现和分配进行干预,保障资产阶级能够获得持续的高额利润。资本主义国家要维护资产阶级利益,最根本的是要维持资本主义的经济基础,维护以资本主义私有制为基础,以资本雇佣劳动为主要内容的资本主义生产关系的总和。维护资本家的长远利益,需要在资本主义的发展中保持一定规模的产业后备军。同时,还需要调和资本家阶级内部各利益集团间的冲突,国家必须担当权力集团在政治上的统一者角色,②发挥整合作用,并把劳资矛盾控制在一定的范围内,既不能因为工人阶级的斗争影响资本对劳动的统治,也不能因为个别资本家的贪婪与短视而破坏了资本主义的长远发展。

其二,国家的公共职能。国家作为社会机构,通过维持市场秩

---

① 《马克思恩格斯选集》第 2 卷,人民出版社 2012 年版,第 560 页。
② [法]普兰查斯:《政治权力与社会阶级》,中国社会科学出版社 1982 年版,第 327 页。

序、提供公共产品,管理公共事务,以获得社会大多数成员的认同,这是国家在社会中取得合法性的基础。在当代,随着资本主义社会的发展,文明的进程,人们对于公共事务的要求越来越丰富,对于现代资本主义国家合法性基础的关注也越来越多。所以,当代资本主义国家总是以各种方式通过履行社会公共职能来强化其中立性,强化合法性基础。劳资领域中的国家公共职能,在当代主要表现为劳动契约、集体谈判、劳动保险、劳动福利、安全卫生、社会保障服务、社会救助、劳动监察、职业培训、人力规划等方面。

在政治职能与公共职能之间,公共职能是政治职能实现的基础,而政治职能是公共职能实施的目的,他们紧密的联系在一起,随着历史的前行而动态发展。从发展的趋势来看,国家的公共职能会越来越得到彰显,政治职能越来越减弱,国家的政治职能最终回归社会是人类社会前进的方向。当然,这是从发展趋势来看,这条路还非常的漫长。

接下来,我们继续回到资本主义社会中来进一步认识国家在劳资领域中的公共职能。我们可以看到,随着资本主义的发展,尤其是福利社会的兴起,国家履行公共职能的范围越来越大,当西方社会开始乐观的向世人宣告他们已经进入了福利社会之时,现实却再一次敲碎了沉浸在福利之中的劳动者。这不禁让人思考,限制国家发挥公共职能的局限到底在哪儿?除了生产力发展对公共职能程度的影响之外,在一定的历史阶段中,公共职能的履行程度又由什么决定呢?

(1)限制国家发挥公共职能的局限在哪儿?

我们通过回顾资本主义劳资关系中国家公共职能的演化轨

迹,可以发现公共职能的范围是逐渐扩大的,尤其是20世纪50—60年代西方"福利国家"的兴起,从"从摇篮到坟墓"的福利制度以及高工资的举动,越来越贴近民生需求。很多福利措施是值得肯定的,效果也是相当显著的(我们将在下一章着重探讨)。但此刻,这不是我们要讨论的重点,我们关注的是这种公共福利措施是否会一直这样发展下去。当然,不乏有人抱着乐观的幻想,但终究被现实所遏制。二战后资本主义经历了黄金发展的三十年,随着70年代石油危机的爆发,西方国家又纷纷进入滞涨的困局。此时,福利制度也开始面临危机,西方国家的福利项目、规模、范围纷纷缩减,当然,这其中也存在福利制度本身的一些问题,但同时也印证了马克思的观点,当剩余价值增长缓慢,或者受到损害时,必然会通过缩减工人的工资来维持相当的利润。那么,当20世纪后期国家经济增长缓慢的情况下,国家拿福利开刀就不足为奇了。然而,这只是事实的一个方面。另一方面,我们也能清楚的看到,福利本身并不是资本主义的目标,而是在二战之后,资本家面对千疮百孔的战后经济,调动劳动者积极性的有效方式。资本家深知资本只有与活劳动一起才能发挥效用,只有活劳动才能创造价值。所以说,福利的实施是在当时的历史阶段下缓和阶级冲突、促进经济发展的有效手段,而当历史条件变换之后,这种手段也就失去了存在的必要。正如马克思所说,"吃穿好一些,待遇高一些,持有财产多一些,不会消除奴隶的从属关系和对他们的剥削,同样,也不会消除雇佣工人的从属关系和对他们的剥削。由于资本积累而提高的劳动价格,实际上不过表明,雇佣工人为自己制造的金锁链已经够长够重,容许把它稍微放松一点。""工资的增大至多也不过说明工人必须提供的无酬劳动量的减少。这种减少永远也不会达到威胁制度本身的程度。"①实际上,福利共享本身与资本主义私有制是不相容的,也不是内生于资本主义制度的目的要求,但这并不排除它可以成为某一个阶段所采用的方式。

认识到了这点,就不难看到所谓福利共享的背后,资本家真正的动机,作为资本家总代表的资本主义国家,其公共管理职能实质上是服从于国家的阶级职能,不会超越国家的阶级本质。也就是说,国家绝对不会让公共福利无限制的发展下去超过某个范畴,即资本增殖的范畴。因此,资本主义国家对劳资关系的调节由于受到阶级职能的羁绊,也最终限制了国家公共职能的发挥。国家的政治职能与公共职能之间的这种矛盾,在资本主义制度的框架内是无解的。限制国家发挥公共职能的真正局限正是资本主义制度本身。

(2) 在劳资关系领域中国家实行公共职能的程度由什么决定?

我们不妨用一个稍微有点极端的比喻来进行说明。我们先让融合在一起的两项职能暂且分离一下,把资本主义国家在劳资领域的职能看成天平的两端,左端是国家的公共职能,完全只是履行公共事务管理。右端是国家的政治职能,以最大限度剥削劳动者阶级,获得最大利润。国家在天平中游走,左边最远不可能跨越出资本增殖的界限,右边最远也不可能跨出不做任何公共事务的范围。现在思考的是,究竟是什么力量决定了国家的走向呢?恩格斯曾经说过,"在现代历史中,国家的意志总的说来是由市民社会的不断变化的需要,是由某个阶级的优势地位,归根到底,是由生

---

① 马克思:《资本论》第 1 卷,人民出版社 2004 年版,第 714、715 页。

产力和交换关系的发展决定的。"①怎样理解？

一方面,从纵向的历史发展来看,生产力的发展为国家实施公共职能提供了物质基础。生产力是人类改造自然和征服自然的一种力量,它的要素构成包括劳动者、劳动资料和劳动对象,它们之间的相互作用、有机结合构成了现实的生产力。生产力的发展是一个系统的工程,这三个因素需要同时推进、协调推进,忽视任何一个因素,都不可能获得持续的发展。生产力的逐渐提高,意味着用来实施公共职能的物质基础就越来越雄厚。与此同时,随着生产力的提升,劳动阶级的需求也会发生改变。马克思认为人的需求是一个从低到高的过程,按照需求层次来说,马克思把人的需求划分为了三个阶段,即生存需要、谋生和占有的需求、人的自我实现和全面发展需要。之后,马洛斯从心理学的角度阐述了人的需求层次理论,把人的需求划分为生理需求、安全需求、归属与爱的需求、尊重的需求、自我实现的需求。随着资本主义的不断发展,工人阶级的主体意识和权利意识已经觉醒并日益强烈,对法律秩序、精神文化、社会公平、生态环境等方面有了更多的追求,对公共产品服务的需求快速增长,希望得到尊重、获得发展、实现价值等方面的需求也越来越强烈。这也意味着,随着生产力的提升,资产阶级国家需要提供相对较多的公共服务,并采用更加文明的方式进行管理国家事务。

另一方面,从横向某个历史时间段来看,阶级力量的对比决定着资本主义国家的具体走向,决定着公共职能的实施程度。马克思指出:"工人必须把他们的头聚在一起,作为一个阶级来强行争

---

① 《马克思恩格斯选集》第 4 卷,人民出版社 2012 年版,第 258 页。

得一项国家法律,一个强有力的社会屏障,使自己不致再通过自愿与资本缔结的契约而把自己和后代卖出去送死和受奴役。"①简言之,在劳资关系领域,当资产阶级的力量占据优势时,国家履行公共职能的程度不会很高,此时,国家更多的是偏向政治职能,尽可能的压榨更多的剩余价值。当工人阶级逐渐团结起来,反抗资产阶级的能力提升后,国家会向公共职能一方移动。那么,当双方力量大致处于平衡的时候,国家的走向又当如何呢? 恩格斯专门对此说道:"但也例外地有这样的时期,那时互相斗争的各阶级达到了这样势均力敌的地步,以致国家权力作为表面上的调停人而暂时得到了对于两个阶级的某种独立性。"②这个时候,国家就暂居于中间,从形式上拉开与劳资双方的距离,以第三种力量介入其中,正如劳动谈判中"三方体制"的形成。

综上所述,在劳资领域中,国家职能具有政治职能与公共职能的双重性,这两种职能在实际中履行的程度并非一成不变,两者之间的此消彼长取决于这一阶段劳资之间阶级力量的对比。同时,随着生产力的发展,阶级职能会越来越被隐藏,公共职能的履行会逐渐扩大,并越来越得到彰显,但并不意味着它的发展毫无边界,公共职能最终服务于政治职能,只能在资本增殖的逻辑范畴之内活动。因此,国家调节劳资关系的真正局限正是资本主义制度本身。

2.3 国家调节劳资关系的依据和内容

上一节我们主要从国家层面探寻了国家调节劳资关系的本质

---

① 马克思:《资本论》第 1 卷,人民出版社 2004 年版,第 349 页。
② 《马克思恩格斯选集》第 4 卷,人民出版社 2012 年版,第 189 页。

与职能,接下来,我们主要从劳资关系本身出发,来进一步分析国家调节的依据在哪儿?国家调节的内容是什么?

2.3.1 国家调节劳资关系的依据

国家调节劳资关系的依据到底是什么呢?现代西方经济理论认为,国家对经济的干预通常是建立在市场失灵的基础之上,也就是说,市场机制的作用无法达到资源的最优配置,实现供求之间的均衡。而所谓市场失灵又包括了以下几种情况,即垄断、外部性、公共物品和信息不对称,这是从微观经济角度来看。除此之外,从宏观上来看市场机制还存在一些系统性的缺陷,包括自发性、盲目性、滞后性等。在劳资领域中,市场失灵和市场缺陷的这几种情况无疑都是存在的。比如,劳动力市场既存在所谓供给的垄断因素,如工会,也存在需求的垄断因素,如厂商的垄断;又如,劳动力市场也存在明显的信息不对称的问题;再如,在劳资领域中公平与效率的矛盾突出,失业、通货膨胀等问题频现。即使是在发达的资本主义国家,市场机制作用的发挥也是有条件的,包括法律体系、竞争规则、宏观环境等方面的建立完善,这些单靠经济本身难以解决,需要国家干预调节。

然而,以上所说是从一般意义的市场失灵与市场机制缺陷出发来看,只是考虑到了劳资领域中的一个方面,还没有把握住劳资领域中的真正问题。劳资关系不同于一般的商品关系,在劳资关系领域,劳资之间买卖的对象是劳动力商品。一方面劳动力商品的交易具有一般商品交换的特点,都是一种商品交换行为,受到价值规律的支配。但另一方面,除了存在一般的市场缺陷以外,还有着自身的特殊性。它的特殊性主要体现在以下几点:

第一,工人出卖给资本家的不是劳动而是劳动力,在交易过程中,劳动并不存在。在资本主义生产过程中所使用的劳动力,和资本家购买的生产资料一样,都是资本家所购买的生产要素,劳动力的使用过程就是资本家消费各种生产要素的过程。在这里,劳动完全并入资本之中,并处于受资本支配的地位,即劳动隶属于资本,作为劳动过程的结果而被生产出来的产品,自然要归资本家所有。因此,资本和劳动的关系并不完全是一种平等的交换关系受到市场机制的调节,而是控制与被控制、占有与被占有的关系。

第二,劳动与资本从表面上看是一种商品关系,服从于价值规律,但是,它又不同于一般的商品关系,而是发展到一定历史阶段出现的社会生产关系,归根到底是一种阶级关系,受到阶级力量的影响。在《资本论》中,马克思谈到工作日的决定时指出:"在资本主义生产的历史上,工作日的正常化过程表现为规定工作日界限的斗争,这是全体资本家即资本家阶级和全体工人即工人阶级之间的斗争。"[①]

第三,价格机制对供求的调节作用在劳动力市场受到了较多的限制。从劳动力的供给看,对于一个社会来说,决定劳动力供应量的基本因素是它的人口规模和人口年龄结构,由于人口再生产需要较长周期,人口年龄结构在较短时期内不会有多大变化,因而可以认为劳动力供应量在短期内是一个常量。从劳动力的需求看,对劳动力的需求主要取决于社会生产的规模和结构,这在一定时期也是相对稳定的。因此,劳动力的价格即工资并不像一般商

[①] 马克思:《资本论》第 1 卷,人民出版社 2004 年版,第 272 页。

品那样,能够完全调节劳动力的供求状况。反过来说,工资的决定也不完全取决于劳动力市场的供求。① 这一点,凯恩斯主义理论也是承认的,在劳动力市场中,价格调整对外来冲击反映是迟缓的。新凯恩斯主义理论提出的"粘性工资"理论也讲了这个问题,认为长期劳动合同在一定程度上限制了工资和价格的灵活性,当面对一些经济冲击时,名义工资将表现出更大的变动滞后或变动缓慢,这时就有了国家干预的依据。

我们可以通过图 1 来分析,工资合同与国家的干预情况。假定经济最初位于 A 点,名义需求让总需求曲线从 AD_0 移动到 AD_1,但由于工资合同是在上期谈判决定且有效期限延至本期合同到期,因而名义工资暂时为刚性,即 $SRAS$

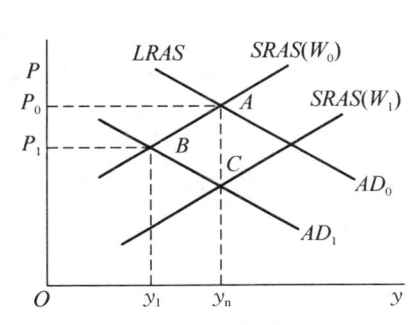

图 1 工资合同与政府对经济的干预

(W_0),这时经济运行到了 B 点,实际产量下降到了 y_1,由于长期名义工资合同的阻力,政府就可能会通过货币供给量的扩张,让 AD 曲线右移并在 A 点重新达到均衡。不变的名义工资,让国家通过影响实际工资率,从而影响就业和产量。②

第四,劳动与资本的关系不仅是一种经济关系,同时也是一种政治和社会关系。就资本家来说,他们并不仅仅是生产资料的所

---

① 林岗、张宇:《马克思主义政治经济学的现代阐释》,《政治经济学评论》(2003 卷第 3 辑)。
② 高鸿业:《西方经济学——宏观部分》,中国人民大学出版社 2008 年版,第 744 页。

有者,同时还具有特殊的政治和法律地位,这种政治和法律地位是需要通过他们的政治行为加以维护的。就劳动者来说,他们也并不仅仅是生产要素的提供者,同时还是具有自己的意志、情感、物质和精神要求的社会主体。人既是手段也是目的,这一点是与普通商品存在着根本区别,这就是说,支配劳资关系的规则不仅是经济的,还有政治、法律和社会,这也需要国家出面进行调节。

通过以上的分析,我们可以做出如下的归纳,认识劳资关系中国家调节的依据,需要把握以下三个维度:其一,由于市场失灵与市场机制的缺陷,单纯靠市场机制的作用很难解决问题,需要国家进行宏观调节,这是现代市场经济的一般特征。与此同时,劳资关系还不同于一般的商品关系,除了存在一般的市场缺陷以外,还有着自身的特殊性,正是这种特殊性导致了市场机制在劳资领域受到了诸多限制,也成了国家参与调节的依据。其二,发展阶段与国情。现实劳资关系不是抽象的,而是具体的处在一定的时间和空间之中,受到历史、文化、政治、经济、技术等多方面的影响,劳资关系在不同的发展阶段与不同的国家是不一样,需要国家调节参与的程度、方式等也是有所差别的。所以,国家调节离不开劳资关系所处在的时空,需要以此为依据来具体分析。其三,社会制度。基本经济制度是一个社会制度的核心与基础,基本制度的不同就赋予国家在调节劳资关系中的目标、职能、运行方式的不同。例如,社会主义市场经济中的国家调控不同于资本主义经济中的国家干预,有鲜明的制度属性,一方面需要遵循市场经济中劳资关系的一般规律,另一方面也需要体现社会主义制度的本质要求。所以,国家调节劳资关系从根本上会依据它的社会制度。

2.3.2 劳资关系中国家调节的主要内容

在前文中,我们已经谈到了构成劳资关系内容的五个方面,即所有制基础、交易关系、生产关系、分配关系和阶级关系。那么,国家调节劳资关系的主要内容也需要从这几个方面展开:

1. 对资本主义所有制的调节

在劳资关系中,资本主义所有制是基础。国家对资本主义所有制的调节,主要是源于资本主义的基本矛盾,即生产社会化与资本主义私人占有之间的矛盾。这个矛盾是由资本主义制度本身所引起,虽然在资本主义范围内不能解除,但可以通过自我调整,缓和矛盾,从而推动生产力的发展。我们知道,社会生产关系一定要适应生产力发展要求是人类社会的基本经济规律,在资本主义生产方式中体现为资本主义生产关系需要适应生产力社会化发展。简言之,资本主义生产方式把生产力全面推向社会化的同时,也要求资本主义所有制向着社会化的方向不断发展。而这一点,对于短视的单个资本家来说是很难看清的,但对于整个资产阶级代表的国家来说,为了实现持久的最大限度的资本增殖,在不改变资本所有制本质的范围内,适当的调整所有制形式是愿意的。为此,资本主义所有制不得不走上了自我"扬弃"的道路。

最开始出现的单个独立的私人资本,在资本主义发展初期有力的促进了生产力的发展。但是,随着日益庞大的生产资料和复杂的劳动过程,单个资本的局限越来越凸显。在高度社会化发展的生产力面前,单个私人资本如果不放弃原来的独立存在形态,它们就无法继续占有生产力。在私有制基础上实现资本集中成为了唯一的途径,所以,股份公司的出现是私人资本社会化的第一次蜕变,资本形式及其所有制关系也发生了深刻的变化。随着第二次科技革命进一步推动了生产力的社会化程度,加强生产集中和资本集中的要求也越来越强烈,由私人结合的股份公司需要再次蜕变。这时,私人垄断的金融资本形成和发展起来,金融资本不仅在规模上扩大了股份资本,而且在运动中,股份所有权与资本控制权之间发生了多层次分离,金融资本形式包含更为深刻的所有制关系的社会化。当资本主义进入国家垄断资本主义阶段后,生产力的社会化程度更加提高,企业经营规模的扩大和资本投资风险的增加,使得国家调节社会经济生活成为了必要,国有资本与私人资本结合在一起,成为国家调节社会经济的重要基础。

所以,国家真正以总资本家的身份对所有制进行介入,正是从这个时候开始。虽然资本主义国家所有制早就确立,但资本主义国家作为经济主体代表全体资本家占有生产资料,始于第一次世界大战。可以说,国有资本是在资本主义生产方式范围内资本所有权关系调整的最高形式。但是,这并没有改变资本主义最根本的性质,没有改变资本主义国家的本质属性,这只是在资本主义生产关系内部矛盾的推动下进行的自我调节,他的初衷仍然是追求剩余价值。恩格斯指出:"无论向股份公司的转变,还是向国家财产的转变,都没有消除生产力的资本属性,……,资本家的国家,理想的总资本家。它越是把更多的生产力据为己有,就越是成为真正的总资本家,越是剥削更多的公民。工人仍然是雇佣劳动者,无产者。资本关系并没有被消灭,反而被推到了顶点。"[1]由此,我们可以看到,资本主义所有制形式需要不断的进行调整,去适应越来

---

[1] 《马克思恩格斯选集》第3卷,人民出版社2012年版,第666页。

越社会化的生产力。但是,这个扬弃是有范围的,最终不能逾越资本主义私有制的实质,私有制仍然占据主导地位。

2. 对交易关系的调节

交易关系是劳资关系形成的逻辑起点,也是劳资关系再形成的枢纽。国家对交易关系的调节主要是体现在对劳动力市场的调节。所谓劳动力市场,是指劳动力需求和供给相互作用的场所,体现了劳动力需求与供给相互作用的关系。① 劳动力市场中劳动力的买卖是资本主义生产剩余价值的逻辑起点,能否顺利的购买到合适的劳动力,是资本家共同关注的。因此,国家需要维持劳动力市场的稳定发展。

对于劳动力市场运行的理性状态,西方学者所设想的应该是完全达到充分就业的状态,没有劳动力短缺,在市场完善的自动调节下达到没有摩擦的均衡状态。可事实上,现实的劳动力市场却与理想的目标相差甚远。资本主义劳动力市场中,劳动力配置主要通过市场机制来完成。但是,正如前文所谈到,劳动力除了具备一般意义的生产要素特征之外,还存在着一般商品所不具有的特殊性,在一定程度上限制了市场机制的作用发挥。劳动力市场中的主要问题包括:劳动力流动不充分,存在不同程度的劳动力市场分割,这种分割表现为城乡、区域、行业等之间的劳动力市场分割。劳动力如果缺乏自由流动,劳动力市场的活力也会降低,劳动力资源就得不到充分的运用;供需的结构性矛盾,主要体现在劳动力的供给与需求在质量上的不匹配,如果这种失衡的状况持续,最终将威胁到资本主义剩余价值的生产;劳动力市场存在信

---

① 常凯:《劳动关系学》,中国劳动社会保障出版社 2005 年版,第 238 页。

息不完全、垄断,都会增加在劳动力选择买卖中的交易成本,对双方都不利,等等。

劳动力市场的发展是一个过程,除了尊重并充分发挥劳动力市场机制的运作之外,国家对劳动力市场的培育,对于就业培训和职业训练等,以及针对具体问题实施调节是非常必要的。国家通过适当的调节,提供相应的配套措施,充分调动劳动力资源,为生产提供合适的劳动力做好充分的准备。劳动力商品除了自身的特殊性之外,也具有商品的一般特性,国家也需要遵循交换的一般原则,发挥劳动力市场机制的作用。这里需要说明的是,劳动力市场中还包括工资的签订,由于工资是对新价值的分配,所以,我们把它放到分配领域中来具体讨论。

3. 对生产领域劳资关系的调节

生产关系是劳资关系的核心。在生产领域中,劳动与资本最深层次的内在关系逐渐暴露。我们知道,资本的本性追求剩余价值,这种贪婪让资本家寻找各种方式来解开资本的束缚,但无论什么样的方式,资本必须与活劳动相结合,才能发挥作用。正是源于此,资本家作为人格化的资本,其深藏的灵魂便是资本的灵魂,就是对剩余价值无止境的追求。这种追求在生产领域中常常体现为,工作日的延长、工作强度的加深、工作条件的恶化等等。回顾资本主义社会的历史不难看出,那种如狼般的贪婪把大批劳动者推向了痛苦的绝境深渊。过度的劳累引发了工人整体身体素质下降,出现体力衰竭,寿命缩短;频发的工伤事故致使了大批工人残废甚至死亡;女工的健康直接导致下一代劳动力的衰减;童工遭受的身心摧残导致其发育不良,未老先衰,精神萎靡。18 世纪到 19 世纪初,欧洲征兵的标准条件逐年下降就是一个很好的说明。马克思曾经有过非常形象的比喻,他说资本"不理会人类在未来将退化并将不免终于灭绝的前途,就像它不理会地球可能和太阳相撞一样。"①相应的,单个资本家在相互竞争的驱动下,也不会主动去关心工人"体力和智力的衰退、夭折、过度劳动的折磨",以及"工人阶级进行维护再生产"的条件。为了生存,工人开始团结起来进行反抗,并逐渐发展成有组织的斗争运动,他们开始为了工作日进行抗争,之后为了工作条件和工作强度的改善而抗争,最后发展到了政治斗争。

资本主义国家再也不能坐视不管。一方面,生产领域中如果任由单个资本家的贪婪蔓延,那将会严重侵犯到整体资本家的利益。工人素质的萎缩与恶化将严重遏制整个社会劳动力的再生产,如果劳动力过早衰竭,其结果是"劳动力的再生产上就要花更多的费用,正像一台机器磨损得越快,每天要再生产的那一部分机器价值也就越大。"②如果这部分再生产的价值得不到满足,那么,劳动力充分供给与不断更新就会受到抑制。可见,对劳动力无节制的滥用,无疑会破坏资本主义经济的持续再生产,影响资本的增殖,并最终阻碍生产力的发展。在《资本论》中,马克思谈到英国对工作日的长度进行限制时就说道:"通过资本家和地主统治的国家所实行的对工作日的强制的限制,来节制资本无限度地榨取劳动力的渴望。即使撇开一天比一天更带威胁性地高涨着的工人运动不说,也有必要对工厂劳动强制地进行限制,正像有必要用海鸟粪对英国田地施肥一样。同是盲目的掠夺欲,在后一种情况下使

---

① 马克思:《资本论》第 1 卷,人民出版社 2004 年版,第 311 页。
② 马克思:《资本论》第 1 卷,人民出版社 2004 年版,第 307 页。

地力枯竭,而在前一种情况下使国家的生命力遭到根本的摧残。"①另一方面,在生产过程中,工人与资本家更容易出现冲突和矛盾,这种矛盾一旦激化,很可能发展成为有组织的斗争运动。当工人阶级意识开始逐渐增强后,他们不仅用罢工、游行示威等方式抗争,甚至会拿起武器夺取政权,这让资本主义国家感受到莫大的威胁。

因此,资本主义国家在生产领域的调节,主要是把资本的本性控制在一定的范围之内即不伤害总体资产阶级的长远利益,通过对生产条件和职业安全的维护,保证劳动力持续再生产,保障资本主义剩余价值的再生产。同时,国家也需要把劳资对抗控制在资本主义制度之内,尤其是当代资本主义国家,在国际竞争日益激烈的情况下,他们更需要化解生产过程中出现的劳资矛盾,把一切阻碍生产的障碍进行排除,在相对稳定的环境中才能获得持续的剩余价值。

4. 对收入分配领域中劳资关系的调节

劳资关系在收入分配领域中表现为分配关系,其内容主要是围绕价值的分配而展开。我们知道,在新价值($V+M$)一定的时候,工资过高,则必然导致以利润、地租形式的剩余价值相对较低。为此,资本家往往联合起来压低工人的工资,以此来获得更高的价值分配。但过低的工资又会引发一系列问题:首先,工资过低会缩小工人阶级的购买力。马克思说"这种分配关系,使社会上大多数人的消费缩小到只能在相当狭小的界限以内变动的最低限度。其次,这个消费力还受到追求积累的欲望、扩大资本和扩大剩余价

---

① 马克思:《资本论》第1卷,人民出版社2004年版,第277页。

值生产规模的欲望的限制。……这个内部矛盾力图通过扩大生产的外部范围求得解决。"①这似乎进入了一个怪圈,工资的增长会侵蚀利润,工资的过低会带来消费的不足。而资本主义生产,在资本本性的驱使下往往是趋向于无限扩大,这就与劳动群众购买力相对缩小之间出现了矛盾,这种矛盾发展到一定程度,必然引发生产过剩的经济危机。在资本主义历史中,因生产过剩引发的危机如瘟疫一样频频发生。其次,过低的工资会导致劳动力价值得不到应有的补偿,劳动力只能在萎缩的状态下维持和发挥。我们知道工资是工人用来补充劳动力价值的收入,以劳动力价值为基础的工资要能够让工人抚养子女、照顾家庭,并维持必要的社会文化生活。然而,过低的工资就和生产过程中劳动时间过长、工作条件过差和工作强度过高一样,都会导致劳动力再生产的萎缩。最后,过低的工资将导致收入差距的拉大,严重的两极分化终将引发社会的动荡与不安。

因此,由于资本主义分配关系造成的经济社会问题,在首次分配中需要适当调整收入分配的比例,为了防止工资收入过低而导致资本主义整体利益受到损害,国家必须出面来设定最低工资限制,保障劳动力价值能够得到及时的补充。同时,国家会通过再分配的形式,运用政府权力和组织管理能力,甚至适当的通过利益分享,提升劳动者的积极性。例如,西方发达国家在分配领域中所推行的福利制度,即社会保障、福利补贴和社会救济等,它的存在有效的缓解了由资本积累本身所导致的收入差距过大,对于工人阶级的状况起到了相当程度的改善作用,为社会稳定和资本良好经

---

① 马克思:《资本论》第3卷,人民出版社2004年版,第273页。

营创造了条件。但正如前文提到,福利只是一种方式,是资本主义生产关系在资本主义的范围之内进行的一种改良调节措施,并非最终目的,资本主义国家在分配领域中调节劳资关系的目的仍然是为了维护资产阶级的总体利益,他们只是在努力构造一种更能推动生产力,更能促进资本增殖的分配关系。简言之,国家对收入分配的调节内容主要是工资和社会保障方面的内容,涉及到养老保险、医疗、工伤、失业等等内容,但随着不同的阶段发展,调节的程度方向是不同的。

国家对劳资关系的上述几个方面的调节,归根到底是对阶级关系的调节。因为国家调节针对的不是单个的劳动者或资本家,国家的行为,无论是通过立法、行政甚至是暴力强制的方式,都是从资本家阶级和工人阶级的总体关系出发展开的。

2.4 国家调节劳资关系的主要方式

国家调节劳资关系需要依靠并借助一定的手段和方法,在不同的历史阶段中,不同的空间背景下,国家调节劳资关系的具体措施随着具体内容的不同而呈现复杂化与多样化。接下来,我们对国家调节劳资关系的主要方式进行如下归纳:

2.4.1 法律手段

法律政策是由国家颁布并具有强制性执行的方式。劳资关系的相关立法形成比较晚,19世纪初产生于英国,《学徒健康与道德法》标志着劳资关系立法的开始。之后,劳资关系的相关法律从无到有并成"燎原之势"发展,到今天,几乎已经覆盖了劳资关系的各个领域。

回顾劳资关系立法的历史发展,大约经历了四个阶段。第一个阶段是19世纪初,最初产生于英国,并逐渐蔓延到西欧其他国家。这一时期的法律主要以工厂法的设定为主,但此时的工厂法内容单一,甚至有些法律明显是维护资产阶级的利益。第二个阶段,19世纪中后期,随着经济的发展以及各国工人运动的兴起,工人希望国家从制度的层面给予劳动相关的保护,同时,个人资本家的贪婪也迫使国家需要从制度的层面,用法律的手段来确定相关劳动标准和规则。所以,与资本主义发展相伴随的是劳动标准、最低工资等的法律内容得到了扩展,这一时期劳资关系相关法律的发展成上升趋势。例如,英国、法国分别承认了工会的权利,社会保障制度的法规也在德国率先兴起。但与此同时,仍然还有很多资本主义国家,例如美国、日本在这个时期还没有颁布工厂法,即使颁布了工厂法的国家,其法律也是规定了某些适用人群。因此,这段时期劳资立法虽处于上升期,但发展速度比较缓慢,各个国家差异较大,法律实施效果有限。第三个阶段是20世纪上半期,资本主义国家纷纷进入了垄断资本主义时期后,资本主义社会的矛盾日益尖锐,各国工人运动风起云涌,尤其十月革命的胜利更让资本主义国家感受到工人阶级的威胁,许多国家接受了来自工人阶级的某些要求,工人的劳动与生活条件得到了不同程度的改善。随后20世纪30年代,资本主义遭遇了百年难遇的经济大危机,资本主义国家纷纷放弃自由放任的政策思想,国家开始干预调节,通过法律政策调节的力度范围逐步扩大,其内容涉及到劳资关系的方方面面。比如,劳动合同、工作条件、社会保险福利、劳资纠纷处理等等,并且适用范围不仅仅只是局限于工业工人,甚至扩展到了几乎所有经济部门的雇佣劳动者。例如,美国制定的《国家劳资关系法》就在这个阶段出台,随后日本、爱尔兰等国家纷纷制定劳资关系的相关法律。第四个阶段是第二次世界大战之后,资本主义经济遭遇严重破坏,百废待兴。国家为了调动劳动者的积极性,促进资本主义的发展,劳动关系立法覆盖面越来越宽,法律政策开始向细化方向发展,这个阶段的劳资关系立法得到了很大的完善。

运用法律政策手段,对于维护资本主义经济正常运行,消除或减轻因劳资矛盾而产生的阻碍具有重要作用。但我们也必须明确的是,法律政策并非都是起到积极的"保护性"的作用,同样,它既然作为方式被运用,也可以产生消极的"限制性"甚至是"破坏性"的作用,这在各国的历史中不乏案例。例如,《资本论》中马克思说过,在英、法两国曾经通过设立和推行劳工法来强制地延长工作日,不仅如此,法律还规定了工资的最高限度,但并未规定工资的最低限度。可见,对于具有改善劳动状况、提高生活水平的各项进步性劳动法规,是值得肯定的。但对于那些不利于工人群众的限制性法规,我们同样要能够识别。所以,这就需要我们辩证的看待资本主义国家所颁布的劳动法律政策。

2.4.2 经济手段

经济手段是资本主义国家比较常用的调节方式。一般来说,经济调节方式主要有两种:一种是间接的经济调节。通过财政政策与货币政策作用于宏观经济市场来影响劳资主体的行为,利用经济杠杆(如价格、税收、利率、工资、绩效、奖金、福利等)来调整劳资双方主体的物质利益关系,引导经济的运行,通过理定收入分配政策来调整利润的再分配。另一种是直接的经济调节。国家直接作为经济主体(国家资本)参与到经济活动中。

在不同的历史阶段中,经济手段的运用是不一样的。在19世纪的时候,国家很少采用经济手段来协调劳资关系,到了20世纪中叶,福利和高工资都成为了资本主义国家在这个阶段所采用的经济调节方式。尤其是当今资本主义社会中,更是广泛的采用经济手段来进行调节。例如,国家通过直接投资私人不愿意或者没有能力经营的领域,通过有选择的对资本提供包括补贴、优惠贷款等相应的财政和市场支持,保护资本在国际竞争中的地位;国家可以通过财政赤字的办法来扩大社会需求,调节供需;在社会经济比较困难的时候,国家通过直接的货币政策,诸如量化宽松的货币政策来减少资本的负担,通过增加财政支出直接购买商品,帮助资本实现部分剩余价值;再如,国家可以通过工资调节政策,通过相关保证公平就业和公平报酬的反歧视政策,来调整劳资间的利益关系;或者因为某些原因导致大量劳动力退出企业后,国家可以利用诸如直接补贴等相关的失业政策,来尽量减少不安定因素的发生等等。

经济手段对于国家调节劳资关系来说,作用是明显的。但是,每一个阶段中,国家对于经济手段的运用并非都能起到很好的效果,同样的经济政策在不同的条件下,效果也是大相径庭。因此,我们需要把握不同阶段下,国家对于经济手段运用的差异性。

2.4.3 行政暴力手段

所谓行政暴力手段,就是指运用军队、警察、监狱等暴力组织进行武装镇压的手段。列宁在《国家与革命》中指出,"常备军和警察都是国家政权的主要强有力工具"①,并揭示构成国家的基本特征不是议会,是军队、警察、监狱等等暴力组织,而国家的力量就在于此。恩格斯曾经说过:"掌握国家大权的资产者的第一个信条就是解除工人的武装。于是,在每次工人赢得革命以后就产生新的斗争,其结果总是工人失败。"②列宁非常赞同恩格斯的这段话,认为这是"马克思主义在国家问题上的最高成就"③,并向无产阶级宣告,资产阶级用武装镇压无产阶级,这是现代资本主义社会的一个最重大、最基本和最重要的事实。换言之,列宁看到并揭露了暴力手段对于资本主义国家的作用。

其实,通过翻看资本主义国家的成长史,不难看到行政暴力手段的力量。资本主义国家依靠暴力从而获得了资本的原始积累,那是一部充满杀戮、抢夺、罪恶的发家史。在之后的劳资双方激烈对抗中,在镇压工人的运动中,这一手段也得到了充分的运用。随着社会文明的进程,以及资本家阶级需要在一个相对稳定的环境中获得持续的剩余价值,所以聪明的资本家,慢慢的把行政暴力作为了资本主义保护的后盾。因为从实践中深知,暴力的手段虽然可以抑制暂时的风暴,但会产生两种后果:要么风暴被压住,劳资矛盾得到暂时的平息,这对于资本家来说是想要的结果;要么可能会激起更大的惊涛骇浪,工人阶级斗志可能会更加高昂,加速扩大的劳资矛盾对于资本主义经济的发展有着致命的影响。也就是说这种手段具有两面性,能够快速的控制矛盾,但也可能会更加激化矛盾。到了当代,资本主义国家所

---

① 《列宁专题文集——论马克思主义》,人民出版社 2009 年版,第 182 页。
② 《马克思恩格斯选集》第 3 卷,人民出版社 2012 年版,第 45 页。
③ 《列宁专题文集——论马克思主义》,人民出版社 2009 年版,第 246 页。

采用的行政手段主要是通过行政命令、许可和检查监督来对企业经营进行调节,包括制定投资指南、设立审批等等。

2.4.4　意识形态手段

意识形态属于上层建筑中反映思想领域的精神范畴,它是反映社会经济形态和政治制度的思想体系。作为国家调控的手段,指的是占优势的统治阶级意识形态慢慢渗透到社会的精神文化领域中,并被幻化为国家普遍的意志而被大众遵从为天经地义的规则,作为观念上的工具,这是一种思想上的约束控制方式。

马克思对意识形态有过经典的论述:"统治阶级的思想在每一时代都是占统治地位的思想。这就是说,一个阶级是社会上占统治地位的物质力量,同时也是社会上占统治地位的精神力量。支配着物质生产资料的阶级,同时也支配着精神生产资料。……占统治地位的思想不过是占统治地位的物质关系在观念上的表现,不过是以思想的形式表现出来的占统治地位的物质关系;因而,这就是那些使某一个阶级成为统治阶级的关系在观念上的表现,因而这也就是这个阶级的统治的思想。"[1]马克思对意识形态的这段论述,彻底揭示了一定社会的思想文化的本质属性是由该社会的经济基础所决定,由此,在阶级社会中,统治阶级的意识形态具有基础作用,规定着思想文化的发展方向。正如马克思所言:"如果从观念上来考察,那么一定的意识形式的解体足以使整个时代覆灭。"[2]所以,正是意识形态的重要性,可以作为观念上的工具被国

---

[1] 《马克思恩格斯选集》第1卷,人民出版社2012年版,第178页。
[2] 《马克思恩格斯文集》第2卷,人民出版社2009年版,第170页。

家所运用,国家往往把统治阶级的意识形态尊崇为主流意识形态,并上升为普遍思想向民众传播。

关于意识形态在国家中的作用,在之后西方马克思主义理论中得到了进一步的发展,主要的代表人物是葛兰西和阿尔都塞。葛兰西在继承与发展马克思主义意识形态与国家关系理论的基础上,通过考察20世纪的资本主义国家,提出了现代国家领导权的国家理论。他认为国家是暴利强制与自发同意的结合,他没有忽略国家的暴利手段特征,但更加强调和注重国家的领导权特征,认为"社会集团的领导作用表现在两种形式中——在'统治'的形式中和'精神'和'道德领导'的形式中。"① 而现代资本主义国家更多是依靠领导权,依靠人民的自发同意来作为自己统治的基础。葛兰西看到了意识形态(包括文化、精神、道德各个方面)领导权的重要性,强调了当代西方资本主义民主国家需要建立在人民同意的基础上,但他绝对不是为资本主义政治制度而展开的辩护。相反,他让我们看到了资产阶级统治的秘密之一,当代资本主义国家正是很好的运用了意识形态的领导权,从而取得了人民的认可。在阿尔都塞看来,"葛兰西是在我走的这条路上走过一段距离的唯一的人。他有一个'值得注意的'想法,即国家不能归结为(镇压性)国家机器,而是像他说的包含由若干'市民社会'的机构:教会、学校、工会等。"② 阿尔都塞在葛兰西的基础上,更加深入研究意识形态在国家中的力量,提出了"意识形态国家机器"的概念,并阐述了意识形态国家机器的理论。他认为"镇压性国家机器

---

① [意]葛兰西:《狱中札记》,人民出版社1983年版,第316页。
② [法]阿尔都塞:《意识形态和意识形态国家机器》,1988第4辑,第251页。

'以暴力方式'执行职能,而意识形态国家机器则'以意识形态方式'执行职能。"[①]意思倾向很明确,意识形态国家机器就是以各种意识形态方式(宣传、教育、说教等),将人民的思想统一到统治阶级的意识形态之中,从而保证现存的社会制度具有合法性。他侧重分析各个社会形态下意识形态国家机器的不同,并着重探讨了资本主义社会中意识形态的方式与作用。需要说明的是,在葛兰西与阿尔都塞的理论中,过分强调意识形态手段的重要性而忽视了其他的国家调节方式,以及某些带有主观主义色彩的观点,是值得分辨的。但他们对资本主义国家统治更为隐秘的手段意识形态所进行的深刻剖析,给我们提供了一个重要视角来研究资本主义国家。

可以说,当意识形态作为国家调节方式时,这种源于思想领域的侵染往往不太容易被人察觉。现实中,意识形态在经济关系中的反映,通常表现为社会成员普遍的思维和行为方式的准则,这就是它神秘的力量。例如,自由放任主义的思想在西方国家甚为流行,这是国家采取所谓中立的意识形态来源。19世纪初,在资本的强势掠夺下劳工生存条件异常恶劣,国家在相当长的一个阶段选择无视不管,因为当时存在自由放任的意识形态,让人们在很大程度上认可了国家的态度。所以,对于资本主义国家来说,他们深知意识形态手段的力量,并在资本主义的发展中,巧妙的运用各种载体,例如在当代资本主义社会中,报刊、电影、广播、电视、互联网都为其传播提供了重要条件,为资本主义

[①] [法]阿尔都塞:《意识形态和意识形态国家机器》,1988 第 4 辑,第 257、258 页。

从思想上保驾护航。国家的主流意识形态规定着思想的根本性质，但同时也会为其他意识形态的存在留下空间。也就是说，在资本主义的意识形态中并非都是一元化，其文化传统中包含了前资本主义因素，以及反资本主义社会因素。资本主义社会在意识形态上会为他们留下一定空间，那些有利于资本主义的文化因素会被保留并放大，而一些他们自己所不愿承认的某些"负面意识形态"，则被描绘成边缘化的或是偶然化的现象，并接受一定程度的批评。简言之，其他意识形态的存在空间和发展程度是不允许放大到超过危及资本主义统治合法性的范畴。正是因为一个社会的文化往往是多层次多样化的综合体，其中，既有维护社会统治阶级的思想文化，又有包括被统治阶级自身的大众文化。当统治阶级的主流意识形态被多重文化包裹其中之后，就带有明显的隐秘性，往往并不被大众所察觉，这就是它的神秘所在。列宁深刻的看到了这一点，并在此基础上提出了无产阶级意识形态的观点，并将意识形态作为革命的手段为无产阶级所运用。

总的来说，意识形态在阶级社会中，其主要内容反映了统治阶级的整体思想，但在形式上却采取了普遍性。正是基于这一点，意识形态可以从思想上帮助论证统治阶级的合理性、公正性，从而成为了维护统治阶级合法性的软工具。

2.5 简要小结

劳资关系随着资本主义制度的确立，逐渐成为社会生产关系的重要组成部分，是资本主义生产关系的核心。对于劳动与资本之间的关系,因观察视角和方法的不同,并没有形成统一的回答。因此,探讨劳动与资本之间的逻辑关系,首要问题就是确定选择的研究视角和方法。我们已经在第一章明确了,文章主要是以马克思主义为理论指导。马克思透过纷乱复杂的现象去探寻劳资关系的本质及其发展规律,这是《资本论》给我们留下的巨大财富,也构成了本章分析劳资关系内在逻辑的理论基点。

值得说明的是,为了事先搭建起一个分析劳资关系的理论范式,我们在本章中不得不先抛开纵向历史与横向空间的劳资关系分析(放在了后面两章来完成),因为这两个部分的分析需要建立在一定的理论分析框架中,从抽象上升到具体是本书的逻辑结构安排。

理论的开始总是从核心内涵出发。马克思主义政治经济学对劳资关系的研究是以历史唯物主义为基础,这一方法论的原则就决定了对劳资关系的研究,不能孤立的、抽象的研究,而是要把劳资关系放到具体的社会制度中去研究。所以,劳动与资本从表面上看是一种商品关系,服从于价值规律,但是,它又不同于一般的商品关系,而是发展到一定历史阶段出现的社会生产关系。因此,本书认为对劳资关系的分析,需要把握两个维度:一是,从一般性资源配置的角度来看劳资关系,体现了劳资关系的一般技术性。二是,从社会制度的维度来看劳资关系,体现了劳资关系的社会性。这两个维度不是孤立存在的,而是一个整体,反映了生产力与生产关系的统一,绝不能把劳资关系的一般技术性与社会性割裂开来,而是需要把一般性的劳资关系研究建立在劳资关系的社会性之中,这两个维度共同构成了劳资关系的理论内涵。

具体来说,劳资关系涉及的内容非常广泛,需要寻着一条脉络来进行。我们知道,人类社会要继续,就不可能停止生产和消费,需要进行不断的社会再生产,而社会再生产过程包括生产、分配、交换和消费相互联系的环节,并由此形成了一个社会经济关系的有机整体。其中,生产具有决定性的地位,而在直接生产关系中,生产资料所有制是关键,是整个社会经济关系的基础。因此,劳资关系作为资本主义社会经济关系的核心,其内容就需要建立在资本主义社会再生产的几个环节之上,并以生产资料所有制为基础而展开。基于此,本章我们提出了构建劳资关系主要内容的五个方面:所有制基础、生产关系、分配关系、交易关系和阶级关系。① 劳资关系是资本主义所有制关系的具体体现,在劳动力市场、生产领域、分配领域分别表现为交易关系、生产关系和分配关系。交易关系是劳资关系形成的逻辑起点,也是劳资关系再形成的枢纽,生产关系是核心,它揭示了劳动与资本最深层次的内在关系,决定着分配领域中工资与利润的分配关系,并最终以阶级关系表现出来。这五个方面的内容不是孤立的,而是一个逻辑整体,展现了劳资关系的内在逻辑,从而共同构建起了马克思主义政治经济学关于劳资关系的一般性理论分析框架。

在劳资关系的理论分析框架确立之后,本章第二个重要的理

---

① 需要说明的是,在社会再生产环节的基础之上,从生产资料所有制出发,我们提出了构建劳资关系主要内容的五个方面,即所有制、交换关系、生产关系、分配关系、阶级关系。其中,并没有把消费关系列入到分析的框架中,源于消费关系不仅是由生产关系决定,而且直接就是收入分配关系的结果,相较于生产关系、交换关系、分配关系来说,消费关系在马克思主义政治经济学中处于相对次要的地位。同时,就生产与消费的关系来说,消费包括个人产品的消费和生产的消费,个人产品的消费实际上是维持劳动力的再生产,而生产资料和劳动力的消费过程本身就是产品的生产过程。因此,在劳资关系主要内容的构建中没有纳入消费关系。

论要点就是探寻国家调节劳资关系的内在机理。接下来,主要从国家调节劳资关系的本质目的、职能、依据、内容、方式中来展开研究。

首先,我们需要分析的是国家调节劳资关系的本质目的何在,因为这是国家之所以采取调节行动的根源实质。本章从马克思的国家理论出发,论述了国家的出现不是"君权神授",或者基于个人理性的社会契约,国家是社会发展到一定历史阶段的产物,是生产力与生产关系辩证发展的结果。因此,在阶级的社会中,国家包含了双重属性,即阶级属性与公共属性。二者之间相互联系辩证统一,公共属性是国家阶级统治的基础,阶级属性是国家的本质属性。那么,国家调节劳资关系的本质目的,归根结底就是为了彰显资本主义国家的本质属性,即国家作为资产阶级的总代表维护资产阶级的总体利益和长远利益。正是因为国家本质的不同,也导致了社会主义国家与资本主义国家调节劳资关系的根本差异。(这将在最后一章具体谈到)

既然国家是内涵阶级属性与公共属性的统一,那么,国家对劳资关系的调节职能就具有两重性。其一,政治职能;其二,公共职能。从发展的趋势来看,随着生产力的发展,国家的公共职能会越来越得到彰显,政治职能越来越减弱,国家的政治职能最终回归社会是人类社会前进的方向。但是,在某一个历史发展阶段中,这两种职能发挥程度并非一成不变,两者之间的此消彼长取决于这一阶段劳资关系阶级力量的对比。简言之,公共管理职能实质上是服从于国家的阶级职能。虽然从总的发展趋势来看,公共职能在劳资领域中越来越重要,但从国家的本质出发,资本主义国家绝对不会让公共职能无限制的发展到超越某个范畴,即资本增殖的范畴。所以,资本主义国家对劳资关系的调节由于受到阶级职能的羁绊,也限制了国家公共职能的发挥,国家调节劳资关系的真正局限,正是在于资本主义制度本身。

我们从国家层面探寻了国家调节劳资关系的本质与职能之后,接下来,我们主要从劳资关系本身出发,来进一步分析国家调节劳资关系的依据。基于劳资关系的理论分析和框架,本章认为从一般意义的市场失灵与市场机制缺陷来看,并不能找到国家调节的充分依据。在劳资关系的一般性理论分析中,我们已经提出劳资关系不同于一般的商品关系,除了存在一般的市场缺陷以外,还有着自身的特殊性,这个特殊性需要从马克思主义劳动力商品的理论内容来看,而正是由于这种特殊性导致了市场机制在劳资领域受到了诸多限制,这也成为了国家调节劳资关系的重要依据。具体来说,国家调节的依据需要把握三个维度,即市场失灵与市场机制的缺陷;处在的发展阶段与国情;社会制度。

国家有了调节的依据之后,接下来,就会深入到劳资关系中进行调节。国家对于劳资关系的调节内容是从构成劳资关系内容的几个方面来展开。国家调节劳资关系采用的主要方式,包括法律手段、经济手段、行政暴力手段和意识形态手段。如果再继续往下追问,在国家调节的内在机理中,还有一个问题是值得深思的。即国家调节的效果如何来评定?对于这个问题,理论界有很多探讨,也有的学者试图构建相关的指标体系来进行衡量。笔者也进行了相关资料的整理研究,然而在整理的过程中发现往往陷入各种具体现象衡量中,如果指标系拟定过细,在历史演进的分析中缺乏可操作性。实际上,跳出具体的指标衡量,需要思考的是评价衡量的标准在哪儿。如果从国家本质的层面出发,国家调节最终是要服务于统治阶级,那么,国家调节的具体措施对于统治阶级好的,对于被统治阶级来说未必是好。所以,在本章理论框架的分析中,并没有把它作为单独一节去深入探讨,这也为之后的研究提供了方向。但在下面几章的探讨中,对国家调节劳资关系的效果,本书主要从较为宏观的层面进行了相关分析,遵循的是历史唯物主义的评价标准,即国家调节是否有利于生产力的发展、是否有利于促进生产关系的发展。

总而言之,在本章中已经构建起了分析资本主义劳资关系与国家调节的理论分析框架。接下来,就需要在理论框架的基础上,以资本主义上百年的历史作为背景,分析劳资关系演变的基本脉络以及其中的国家调节,这将是下一章论述的主要内容。

第 3 章
资本主义劳资关系模式的历史演进与国家调节

3.1 劳资关系矛盾运动下的模式分析

劳资关系是包含本质与现象的范畴,在不同的阶段下,劳资关系在现象上会呈现出相对稳定和特定的状态,我们称之为"劳资关系模式"。不同的劳资关系模式作为劳资关系在具体环境中的体现,不仅反映了某个历史条件下劳资关系的特殊性与多样性,同样也内含着劳资关系的一般性。在总结分析历史上劳资关系的不同模式之前,我们首先需要回答一个非常重要的问题,即引起这种模式演变的内在动力是什么?我们知道,劳动与资本作为矛盾统一体,从来不是静止的,劳资关系之所以不断变化并在某一时期呈现出特定模式,正是作为矛盾双方的劳动与资本在运动中同一性与斗争性共同作用的结果。

对于劳资矛盾双方同一性与斗争性的分析,一般来说理论界有三种倾向。第一种倾向,从资本的一极入手,认为劳动只是被动接受和适应资本的客体。例如当代西方法国调节学派、美国社会积累结构学派,他们主要围绕资本的积累过程,分析了资本主义劳动过程为适应资本积累需要而发生的历史阶段变化,并重点关注了资本主义社会制度环境的变化,全面阐释了资本积累的社会结构与积累体制的演进。第二种倾向,从劳动一极入手,认为劳动对于资本来说具有自主独立性,认为工人阶级的斗争是资本主义社会发展和社会演变的主导力量,资本相对于劳动来说是为了适应劳动阶级斗争变化的客体。持有这种观点的代表学派主要是当代西方自主论马克思主义学者,这种观点颠覆了长期从资本逻辑出发分析劳资关系的状况,开辟了新的路径,通过分析阶级构成、解构和重构所组成的"阶级周期",有利于更加深入的研究工人阶级状况。

可以发现,这两种倾向都只是从矛盾的一极出发,分别从资本积累的决定作用与劳动自主性的作用来分析运动的发生与过程,虽然取得了很好的成绩,但局限性也较为明显,最关键的是缺乏整体性。劳资关系作为矛盾统一体,不管忽略哪一方,都不可能全面深刻的认识运动中的劳资关系。为此,需要综合这两种倾向,把握住矛盾运动的整体性与全面性,同时关注矛盾运动的两极,[1]用整体性的视角来考察劳资关系在运动中的不同模式,这就是第三种考察倾向。接下来,我们从劳资关系矛盾的两极入手对劳资关系进行整体考察。

首先,劳资关系斗争性的表现:从资本一极来看,作为人格

---

[1] 综合劳动与资本两极的考察,迈克尔·A.莱博维奇在《超越〈资本论〉》中有过详细论述,他认为马克思《资本论》是一部未完成的著作,更多的是从资本的逻辑对劳资关系进行分析,而从劳动阶级的逻辑出发仅仅散见少许,因此,他着力从矛盾两极,用整体性的视角来考察劳资关系,对工人阶级的政治经济理论进行延伸,力求补充《资本论》。

化的资本本性是追求无止境的剩余价值,资本增殖是资本家的目标,而资本增殖又是劳动者通过劳动完成的,为了实现这个目标,资本家需要从工人身上进行压榨剥削。从劳动一极出发,工人阶级抗拒被剥削和压迫的命运,同时,工人需要争取更多的自由时间以获得自身的一些发展,也就是需要争取"个人受教育的时间,发展智力的时间,履行社会职能的时间,进行社交活动的时间,自由运用体力和智力的时间"。① 由此,资本与劳动之间就产生了冲突斗争。这种斗争促进了劳资关系的运动,一方面对于来自资本的压榨,劳动者在工作场所之内或者工作场所之外,采取各种形式包括怠工、破坏、罢工等方式,进行着温和的、或者激烈的抗争。另一方面,对于劳工的抵制,资本家可以主动地通过技术革新等方式,不断地改变管理手段及技巧,主动或者被动的化解工人反抗的力量,分化工人阶级。正是他们之间的相互斗争让劳资关系不可能处于一种静止或者永恒的状态之中,劳资关系的斗争性推动了劳资关系运动的持续,促进劳资关系模式的变化。

其次,劳资关系统一性指的是劳动与资本之间的相互依存。马克思指出"不论生产的社会的形式如何,劳动者和生产资料始终是生产的因素。但是,二者在彼此分离的情况下只在可能性上是生产因素。凡要进行生产,它们就必须结合起来。"②但是,在资本主义社会,生产资料是掌握在资本家手中,"工人若不受雇于资本家就会灭亡。资本若不剥削劳动(力)就会灭亡,而要剥削劳动

---

① 马克思:《资本论》第1卷,人民出版社2004年版,第306页。
② 马克思:《资本论》第2卷,人民出版社2004年版,第44页。

(力),资本就得购买劳动(力)。"接着,马克思形象的比喻这种依存关系,"断言资本的利益和工人的利益是一致的,事实上不过是说资本和雇佣劳动是同一种关系的两个方面罢了。一个方面制约着另一个方面,就如同高利贷者和挥霍者相互制约一样。"[①]在资本主义制度下,劳资之间的相互依存合作是同一性的表现,劳资双方的同一性让矛盾双方的斗争保持在一定的限度之内,并让矛盾整体持续存在。

最后,劳资运动不会因为达到相对稳定的某个状态而停止,矛盾双方之间的斗争会持续进行,双方斗争结果的走向,关键取决于双方的力量对比,当这种对比的悬殊达到一定程度后,将打破"劳资关系模式"相对平衡的稳定状态。只要劳资双方的矛盾斗争没有造成资本主义关系的破裂,解构后的"劳资关系模式"又将进入新一轮的探索中,进行重组,再次经历从探索到相对稳定的一系列新的轮回。资本主义劳资关系的发展历史正是在不同"劳资关系模式"的更替演变中不断前行。

那么,劳动与资本之间的对立统一,具体表现出来的正是劳资关系的冲突与合作。基于此,对劳资关系模式的演变历程进行总结,从劳资关系的矛盾运动出发,可以将劳资关系模式概括为三种类型:(1)第一种类型,对立型劳资关系模式。这种模式类型的特点是劳资关系之间以斗争和冲突为主导,甚至直接的暴力冲突,阶级双方采取激烈的斗争态度。在对立型劳资关系模式中,对立冲突的程度是处于动态变化之中。(2)第二种类型,合作型劳资关系模式,主要通过社团谈判与阶级合作来进行劳资协调,化解劳资

[①] 《马克思恩格斯选集》第 1 卷,人民出版社 2012 年版,第 344 页。

纠纷,故称为合作型。(3)第三种类型,排斥型劳资关系模式,这是介于冲突与合作中间的位置。与冲突型的劳资关系模式相比,排斥型劳资关系模式更多表现为面对资本的强势进攻,工人阶级的妥协与屠弱,而冲突型则表现为工人阶级的斗争性与团结;与合作型的劳资关系模式中劳资力量势均力敌相比,排斥型劳资关系中劳动与资本的力量已经发生了明显倾斜,资方变得强大,而劳方弱小,并且面对资本的强势进攻,劳方选择沉默与退让。[①] 这三种劳资关系模式,正是资本主义历史上先后出现的劳资关系模式。下面,我们将结合资本主义发展的不同历史阶段来分析劳资关系模式的形成、发展与更迭,以及这个过程中国家的调节。

3.2 劳资关系模式与国家调节的历史演变

3.2.1 对立型劳资关系模式

1. 对立型劳资关系模式形成的历史背景

14世纪左右,在封建社会的内部已经产生了资本主义生产关系的萌芽。15世纪末的地理大发现,让资本主义在原始积累的作用下有了很大的发展,但强大的封建势力却阻碍束缚了资本的进一步前行。16世纪末期,具有历史意义的英国资产阶级革命敲响了封建王朝的丧钟,标志着人类社会开始进入资本主义时代。资产阶级革命为资本主义生产的发展扫除了障碍,工场手工业得到

---

① 来源于何自力、张俊山、刘凤义:《高级政治经济学——马克思主义经济学的发展与创新探索》中所提出的资本主义三种类型的劳资关系型式,冲突型、协调型、离斥型,经济管理出版社2010年版,第157页。

了快速的发展。18世纪发生在英国的第一次产业革命,标志着资本主义工业化的开始,资本主义生产力得到了空前的提升,也让资本主义从工场手工业过渡到了机器大工业,资本主义生产方式真正确立起来。对于资本主义生产方式的历史进步性,马克思曾经给予过非常高的评价,他说:"资产阶级在它的不到一百年的阶级统治中所创造的生产力,比过去一切世代创造的全部生产力还要多,还要大。——过去哪一个世纪料想到在社会劳动里蕴藏有这样的生产力呢?"[1]可以说,第一次产业革命所造就的巨大技术变革,真正粉碎了封建残余的力量。从那时起,资本主义制度最终确立。在看到资本主义取得巨大历史进步性的同时,也需要看到资本主义制度对封建制度的取代,实际上不过是一种私有制战胜了另一种私有制,或者说一种剥削战胜了另一种剥削。产业革命在带来财富积累的同时,另一个重要结果便是导致了工业无产阶级的形成与壮大,社会逐渐分化为了两大对立的阵营,即资产阶级和无产阶级。

在资本主义经济空前繁荣的背后,资本主义的固有矛盾开始渐渐暴露。一边是社会生产力的不断壮大,资本家财富的日益膨胀;另一边是日益穷困的工人阶级,贫富差距越来越大,这也为之后一直困扰资本主义发展的生产过剩经济危机埋下了种子。到了19世纪初,周期性的经济危机开始爆发。1825年,处在工业革命完成阶段的英国就爆发了第一次生产过剩的经济危机。自那年起,每隔十年就爆发一次经济波动。如果说在19世纪中叶之前的经济危机还只是一国范围的震动,那么,19世纪中叶之后,经济危

---

[1] 《马克思恩格斯选集》第1卷,人民出版社2012年版,第405页。

机就已经超越了一国的范围。到了 1857 年,第一次世界性的经济危机从美国开始,蔓延波及到了欧洲。这次危机导致美国破产企业达到 5000 家,英国损失达到 25000 万英镑—30000 万英镑,法国 1856 年—1858 年破产事件达到 12030 起,危机和之后的萧条持续了五年。[①] 可以说,19 世纪 60—70 年代,自由竞争资本主义发展到了顶峰,随着第二次产业革命的爆发,资本主义开始向私人垄断资本主义发展迈进。到了 20 世纪初,各主要资本主义国家生产和资本集中达到了很高的程度,形成了这一时期资本主义经济中起决定作用的私人垄断组织。然而,这一阶段中,生产的急速发展并不能掩盖资本主义制度的缺陷,贫富差距更加扩大,社会矛盾日趋尖锐,最终在 1929 年—1933 年间爆发了资本主义发展史上最为严重的一次经济大危机,危机让大批工场倒闭、工人失业,加剧了本已恶化的劳资矛盾。

在这个过程中,作为无产阶级革命导师的马克思与恩格斯,为无产阶级的解放提供了强大的理论武器,1917 年十月革命的爆发以及第一个社会主义政权的建立,让全世界的工人阶级开始觉醒,也让资产阶级感到了惶恐。

2. 对立型劳资关系模式的分析

随着工人苦难生活的加剧与资本剥削的加深,资本主义社会中的劳资冲突不断加剧,而工人阶级队伍的壮大和力量的增强,也让这个阶段的劳资关系更多以激烈冲突的形式表现出来。因此,我们把从 18 世纪到 20 世纪 40 年代之前的这个阶段的劳资关系

---

① 张彤玉:《嬗变与断裂——如何认识资本主义发展的历史进程》,中国人民大学出版社 2004 年版,第 233 页。

模式,统称为对立型劳资关系模式。其特点是劳资关系之间主要表现为斗争和冲突,甚至很多时候是激烈的暴力冲突,其斗争的内容从最开始的经济斗争,发展到后来的政治斗争,甚至提出了推翻资本主义剥削制度的历史要求。对立型劳资关系模式是对这个阶段的不完全归纳统称,是相对于合作来说的突出表现,而对立的程度在这个阶段的不同节点来说是不一样的。

接下来,我们通过构成劳资关系内容的五个主要方面(所有制、交易关系、生产关系、分配关系、阶级关系)来具体分析对立型劳资关系模式:

(1) 所有制基础

所有制是生产关系的基础,对立型劳资关系模式的所有制形式,经历了从私人资本所有制,到私人垄断资本所有制的发展。私人资本所有制是资本主义所有制关系发展的历史起点。所谓单个私人资本所有制形式,是指由一个出资人创建企业所形成的所有制形式,不管这笔资本是个人还是家庭所有,资本所有权是单一的,并且资本所有权和使用权统一在一起,资本家既是所有者又是经营者。18世纪下半期到19世纪初,纺织机和蒸汽机的发明推动了生产力的发展,个人和家族式私人工厂得到了普遍发展。但是,随着科技革命的应用推广,私人资本所有制的局限暴露了出来。当机器大工业占据资本主义生产的主要地位之后,私人资本就很难胜任大规模的工业投资和新技术管理的要求,更难以驾驭越来越社会化的生产力。于是,资本集中就成为坚持并发展资本主义私有制形式的有效途径,股份资本是资本集中的适当形式,从而推动了股份公司的普遍发展。按照竞争的一般规律,总是大资本战胜中小资本,生产越来越集中到大资本家手中,由此垄断成为了发展的必然。

19世纪末20世纪初,私人垄断资本所有制开始发展起来,并逐渐占据了社会经济生活的统治地位。私人垄断资本是在工业资本和银行资本形成的过程中,两者融合而成的一种垄断资本形式,这是新一轮的更高程度的资本集中。其特点是金融资本的控制形态,资本的所有权与控制权发生了分离,控制权和经营权发生了分离。从规模来说,私人垄断的金融资本支配的是公司组成的大型公司,是股份公司的多次方。私人垄断的产生并没有消除竞争,而只是改变了竞争的条件和方式,竞争开始向世界范围发展。随着资本的强势扩张,资本在经济社会中的主导地位越来越得以巩固。为了获得更高额的垄断利润,私人垄断资本主义公司的非理性发展,再加上社会生产的无政府状态,从而导致了20世纪30年代整个资本主义世界的大危机。垄断资本的膨胀,激化了资本主义的各种矛盾,社会阶级矛盾尖锐化,最终爆发了第二次世界大战。

(2)交易关系

劳资关系在交易领域表现为了交易关系。第一次工业革命冲击了传统的农业和传统手工业,丧失生产资料的劳动力不得不外出谋生,大量的农村劳动者和破产的手工业者转移进入了新兴工业聚集地。技术进步和机器大工业需要充足的劳动力,而随着机器大工业的普及,对工人技艺的要求逐渐降低,工人的招用对象不仅仅限于成年的男工,还扩大到了妇女与儿童。据统计,1839年女工儿童人数占到英国工厂人数的一半以上,其中未成年的工人人数占到总人数的40%左右。第二次工业革命之后,工业化的发展步伐加快,越来越多的劳动力从农业中转移了出来,加入了无产阶级的队伍中。我们从下面一组数据(见表1)来看,这是1856

年—1913年英国的劳动力就业结构,农业的劳动力从业人数比例直线下降,这部分的劳动力转移到了工厂,在采矿、运输业、煤气电力等部门的劳动力是越来越多。随着庞大劳动力涌入了城市,无疑为资本主义提供了"过剩人口"。可以说,这个阶段的西方劳动力市场是非常不完善,表现在很多方面,其中突出的表现是,劳资之间的契约关系没有形成规范的流程,甚至很多时候,只是一个口头上的契约签订,缺乏法律的保护,这样的结果无疑是深化了本就不平等的交易关系。

表1　1856—1913年英国从业人数占劳动力百分比的变化对比①

年	农业	采矿业	煤气电力	运输业	商业	服务业
1856	29.6	3.6	0.1	4.1	20.8	5.3
1873	21.4	4.1	0.2	5.6	24.7	5.7
1913	11.5	6.5	0.6	7.8	28.5	8.1

(3) 生产关系

在这个阶段的生产领域中,工人生存状况是极其恶劣的。其一,劳动强度大,劳动时间过长。当时的工作时间一般来说是每天14小时,某些地方甚至达到了18小时。例如,1844年英国工厂视察员桑德斯在一份工厂报告中写道:"在女工中,有些人接连好多星期,除了少数几天休息以外,都是从早晨6点干到深夜12点,中间只有不到2小时的吃饭时间,因此,一星期当中有5天,都是每天24小时中只剩下夜里6小时给她们上下班和睡觉。"②其二,工

---

① 数据资料来源于:丁建定:《从济贫到社会保险:英国现代社会保障制度的建立(1870—1914)》,中国社会科学出版社2000版,第25—26页。
② 《马克思恩格斯全集》第32卷,人民出版社1998年版,第258页。

作中没有必要的劳动保护,工作生活环境非常差。恩格斯在《英国工人阶级状况》中描述了当时的场景:"城市人口本来就过于稠密,而穷人被迫挤在一个狭小的空间。他们不仅呼吸街上的污浊空气,还被成打地塞在一间屋子里,他们在夜间呼吸的那种空气完全可以使人窒息。给他们住的是潮湿的房屋,不是下面冒水的地下室,就是上面漏雨的阁楼。为他们建造的房子不能使污浊的空气流通出去。给他们穿的衣服是坏的、破烂的或不结实的。给他们吃的食物是劣质的、掺假的和难消化的"①。其三,对童工的残酷剥削。在当时童工是一个非常普遍的现象,大量六七岁左右的贫寒家庭儿童已经被迫工作,他们出现在纺织业、采矿业的工厂中,身心遭受了极为严重的摧残。英国历史学家 E. P. 汤姆逊认为:"对儿童如此规模和如此程度的剥削是我们历史上最可耻的事情之一。"②

随着资本家对剩余价值的狂热追逐,他们试图通过各种办法尽可能多的生产剩余价值。二十世纪初,美国工程师泰罗提出创建科学管理理论体系,用以提高企业生产效率,这套被称为"泰罗制"的科学管理理论在工厂中日益盛行。一方面,科学的管理理论代替了传统的经验管理,各种明确的规定、条例、标准使企业管理更加科学化、精细化,从而提升了劳动生产率和企业效率。但是,另一方面,这也成为了资本家加大工人工作强度的方法。我们知道,在电影《摩登时代》中,卓别林饰演了一位生活在 20 世纪 30 年代的普通的工人,他的工作任务就是日复一日

---

① 《马克思恩格斯文集》第 1 卷,人民出版社 2009 年版,第 410 页。
② [英]E. P. 汤姆逊:《英国工人阶级的形成》,译林出版社 2001 年版,第 403 页。

的在流水线上工作,由于长时间的机械重复,完全无喘息的机会,最后在他的眼睛里唯一能看到的东西就是流水线上一个个的螺帽。虽然电影以夸张幽默的肢体语言来诠释这个过程,但它的背后却讲述了那个阶段中工人的血泪历史。根据当时美国官方调查资料计算,在 19 世纪末 20 世纪初的剥削率一直在提高,以美国加工业为例,1889 年的剩余价值率为 71%,1899 年为 85%,到了 1909 年达到了 91%。[①] 面对如此残酷的剥削,恩格斯这样说道:"如果人们被置于只适合于牲口的环境,那么他们除了起来反抗或者真的沦为牲口,是没有其他道路可走的。"[②]

（4）分配关系

劳资关系在分配领域表现为分配关系。在早期资本主义阶段,工资的形式多采用计件工资和计时工资,工人的社会保障基本是没有,社会保障制度产生于 19 世纪 80 年代,但在当时的发展中社会保障内容和形式仍是相当单一。可以说,高强度的剥削并没有给工人带来收入的提升,与资产阶级获得巨大垄断利润相对比,工人阶级的收入连温饱都不能满足,生活极端贫困。例如,1909 年美国工业关系委员会调查报告中提供的数据表明,工人中有一半甚至到三分之二的家庭生活在一般水准以下,约有三分之一的家庭一直处在赤贫的状态。

（5）阶级关系

劳资关系归根到底是以阶级关系表现出来。从工人阶级的数量来说,随着资本主义的发展,很多小资本家被挤进了无产阶级的

---

① 数据来源于陈如祥、杨培雷:《西方发达国家劳资关系研究》,武汉大学出版社 1998 年版,第 80 页。
② 《马克思恩格斯文集》第 1 卷,人民出版社 2009 年版,第 442 页。

队伍中,无产阶级逐渐壮大。例如,英国在1851年无产阶级人数是410万人,到了1901年达到了1190万人;美国无产阶级人数也由1850年的140万人,发展到了1901年的700万人,法国无产阶级人数由1848年的250万人发展到了1900年的500万人;德国由1850年的90万人增长到了1900年的600万人。[①] 随着无产阶级人数的增多,工人之间的联合越来越加强。

面对资产阶级的残酷剥削,工人阶级的态度由最初的防卫转变为了主动的、激烈的斗争。在自由资本主义时期,西欧各国频繁爆发工人斗争,但由于此时工人阶级对资本主义的认识只限于各种片面的现象,认为是机器的广泛采用排挤了广大工人,从而让自己陷入苦难的深渊。于是,捣毁机器成为了他们斗争的主要形式,在英国、法国和德国就曾出现过很多捣毁机器的运动。在斗争的过程中,工人认识到团结的重要性,逐渐从分散的行动变为了有组织的联合斗争运动,早期的工会组织开始诞生。这一时期最著名的罢工斗争,包括1831年法国里昂纺织工人起义,1844年德国西里西亚织工起义和19世纪30到40年代的英国宪章运动。列宁对于英国的宪章运动曾给予过很高的评价,认为这是世界上第一次广泛的、真正群众性的、政治性的无产阶级革命运动,是第一次将斗争的矛头指向了资产阶级的政治统治。

19世纪中期后,资本主义社会进入到了垄断资本主义阶段,社会阶级矛盾在这一时期表现得更加激烈,工人运动风起云涌、不断高涨。我们可以看看当时一些主要资本主义国家的工人运动情

---

① 数据来源于[苏]季莫费耶夫:《资本主义总危机的新阶段和工人运动》,世界知识出版社1962年版,第26页。

况：1877年在美国发生了历史上第一次全国性的大罢工，即铁路工人为了反对资方降低工资而举行的罢工。1886年美国工人为争取八小时工作制举行了大规模总罢工，其罢工参加人数达到了34万人，涉及到了一万多家企业。在1886年到1914年期间，美国每年的罢工达到了1000次以上，每次参加罢工的人数有10万人之多，尤其是在十月革命之后的1919年，曾爆发过有400多万工人参加的大罢工，出现了美国工人运动史上空前未有的罢工高潮。20世纪20年代美国劳动运动进入了短暂的低潮，到了30年代，大规模的劳工运动又再次兴起。在经历了(1929—1933)美国有史以来最为严重的经济大危机之后，1934年是美国劳工运动史上最有意义的一年，共发生罢工次数1856次，参加罢工工人有150万人，而大多数的罢工原因是要求资方承认工会；在英国，1911年英国煤矿工人的罢工曾经坚持了六个月。1919年英国参加罢工的人数超过250万人。1926年由于矿主拒绝接受之前签订的集体合同，英国工人集体大罢工人数达到了600万人，并组织了纠察队，建立了行动委员会；在法国，1919年的罢工人数达到了120万人；在意大利，1919年罢工人数达到了150万，1920年增至220万，甚至在某些地方工人还展开了夺取工厂的斗争。1924年意大利50万工人在共产党的领导下，举行了反法西斯同盟罢工。[①]

　　冲突的另一极，狂妄的单个资本家在面对无产阶级的反抗斗争时，并没有收敛自己的行为，反而采取了不妥协的暴力残酷的镇压方式。除了在生产领域强化控制以外，还采用各种方式瓦解工

[①] 数据来源，徐崇温：《当代资本主义新变化》，重庆出版社2004年版，第548—550页。

人之间的联合、镇压工人运动。美国劳工史学者曾概括的说,在罗斯福新政以前"一般说采取两种方式:一是严厉镇压工会运动;二是自己尝试改善工人处境。许多公司两种方式兼用,而且肯定地说,他们改善工人处境的原因之一,是为增加工人对公司的忠诚,以便对付工会。个别公司或同业工会则通过庞大公共关系计划,运用工人间谍、黑名单、黄狗契约(工人与雇主订立的为取得和保持工作,宣誓不参加工会的契约)、破坏罢工者、工贼以及……催泪弹与军火武器以对付试图组织工会的工人等办法,严厉打击劳工组织。对许多董事、总经理来说,工人是像机器一样的商品,他们对待工人也就像对待商品一样。"①

综上所述,对立型劳资关系模式体现着两大阶级之间的冲突矛盾,阶级分野明显,双方斗争对抗激烈,劳工不仅用罢工、游行示威等方式,甚至拿起武器从政权上对资本主义制度发起了严峻的挑战。而从阶级力量的对比来看,劳工通过相互团结,力量从最开始的弱小到日益增强,阶级意识逐渐高涨。尤其19世纪中期马克思主义诞生之后,工人阶级拥有了属于自己的理论武器,通过广泛的联合形成了强有力的工人组织,在无产阶级政党的领导下,从经济、政治、思想领域展开了一系列的斗争,越发沉淀的力量赋予了工人阶级极强的斗争性,并勇于与资产阶级周旋抗衡。但值得一提的是,这种模式的主要表现是冲突与斗争,但并不意味着两大阶级在这个阶段中就没有合作,只要还在资本主义制度的范围之内,只要资本主义生产还在继续,这种合作是存在的,只是在这个阶段

---

① Albert A. Blum. *A history of the American labor movement*. Whashington,1972: 13.

中,劳资冲突斗争是最为明显的特征。

3. 对立型劳资关系模式中的国家调节

资本主义早期所面对的任务,主要是在理论上清算中世纪国家的管制势力。与这一时期相适应的是对自由放任思想的强化,因此,主张自由竞争、自由贸易的经济理论相继产生并得到很好的发展。在自由竞争资本主义阶段,西方资本主义国家普遍采用的是自由放任的思想主张,认为经济生活存在着一种自然秩序,人为的干预经济会造成对自然秩序的破坏,只有自由竞争才是最好的经济政策,自由竞争有利于实现个人利益,利己主义动机会驱使经济人在追求个人利益的同时,不自觉的就实现了社会利益。而国家如果试图干预资源配置,效果将会适得其反,国家在市场经济中只能充当"守夜人"的角色。可以说,自由放任的思想信念在资本主义社会中长期存在。到了19世纪末,工业革命已经在主要资本主义国家完成,这一时期的西方主流经济学新古典经济学在继承了斯密自由放任思想的基础上,通过引入边际分析、效用分析和均衡分析来进一步论证市场机制的完美,同样,他们的思想也是经济自由主义,反对国家的干预。当然,在这个阶段中,也存在着主张国家干预的经济理论,例如以李斯特为代表的德国历史学派,强调国家有能力和责任为人们的整体利益对经济进行干预,即使牺牲部分私人利益也是必要的。但此时的国家干预主义理论与经济自由主义理论相比,是处在边缘和非主流的境地。总而言之,自由放任的思想作为当时主流经济理论深入到了资本主义社会经济的各个部分。

在劳资关系中,资本主义国家正是以自由放任思想作为总的指导思想。国家需要管理的仅仅只是资本产权不受侵犯,国家遵从"看不见的手"会自行调整劳资领域中的所有问题,反对工会的成立,并认为这是有碍于经济发展的。然而,值得思考的一个问题是,为什么在这个阶段中国家会选择采用自由放任的思想呢?

首先,自由放任思想的产生不是偶然的。在当时,自由的竞争有利于资本主义市场机制的形成,这个时期资本急切的需要从各种束缚中解放出来,国家作为资产阶级的国家,需要为资本扫清封建残余,之后,更是需要为资本营造一个快速发展的环境。资本主义的扩张需要"市场力量"发挥作用,因此,国家采用自由放任的思想是有利于资产阶级寻求资本增值的需要,所允许的是资本的自由,资本的放任。其次,这个阶段劳资双方的力量对比上,无疑是强势的资方与弱小的劳工,尤其是在自由竞争的资本主义阶段初期,劳工的力量在急速增长的资本力量面前,显得微不足道。虽然在 19 世纪末 20 世纪初,劳工的力量开始增强,但相对于资本的力量来说,还是比较弱小。劳资力量的对比决定了国家对于公共职能的执行程度,因此,在这个阶段中国家更加偏向于政治职能的履行。最后,劳资对立的状况虽然严重,但就资本主义国家来看,并没有危及到资本主义制度的存亡,新古典经济学家企图采用粉饰太平的态度,来描绘资本主义市场机制的完美。总而言之,对于劳资关系的种种问题,国家所采用的漠视消极态度,仅仅只是国家针对劳工的消极,对资方来说实则是一种认可,是对资方剥削的一种合法性保护。

需要说明的是,资本主义国家在这个阶段的劳资领域中所采用的虽然是放任自由的经济思想,但并不意味着国家完全不参与调节劳资关系。这里所指的是在劳资关系中国家干预尽可能的实现最小化,也就是国家的公共职能履行最小化。

那么,在这一阶段中,国家调节劳资关系的主要内容有哪些呢?由于国家在自由放任思想的指导下,并不主动积极的参与到劳资领域之中,国家对劳资关系的调节并没有形成一个完整的体系,调节的内容也比较单一,主要体现在生产领域和分配领域。

在生产领域,国家最重要的调节内容是针对工作日。正如前文所说,在18世纪末期,工厂主为了压低工资而使用了大量的童工与女工,并且用延长工作日的方式来追求剩余价值,"不仅突破了工作日的道德极限,而且突破了工作日的纯粹身体的极限。"[①]工作日竟延长到了14小时、16小时甚至18小时。一方面在工人运动的压力下,国家迫于压力不得不进行调节。另一方面,国家作为总资本家,也会考虑到劳动力持续的问题,因为从当时的劳动力状况来说,"劳动力由于被夺去了道德上和身体上正常的发展和活动的条件而处于萎缩状态,而且使劳动力本身未老先衰和过早死亡。"[②]因此,英国政府于1802年颁布了《学徒健康与道德法》,明文禁止使用9岁以下儿童,并规定18岁以下的学徒每天劳动时间不能超过12个小时,但这种出于人道主义的规定并没有得到很好的实施。在随后1844年的《工厂法》规定了13岁以下儿童工时减为6个半小时。1850年矿场和煤矿法规定绝对不允许雇佣10岁以下的儿童在地下工作,并增加了监督检查制度,包括对矿山和煤矿厂安全、照明的检查。1878年的工厂和工作车间规定了标准工作日一天为10小时,星期六为6.5小时,每周共计56.5小时。1908年的煤矿法规定将工人在地下工作的时间限制为8小时。

[①] 马克思:《资本论》第1卷,人民出版社2004年版,第306页。
[②] 马克思:《资本论》第1卷,人民出版社2004年版,第307页。

不得不说,这个阶段的劳资关系立法,几乎都是经过工人长期艰苦的斗争而获得。马克思针对资本主义国家对于工作日的调节,说道:"正常工作日的确立是资本家阶级和工人阶级之间长期的多少隐蔽的内战的产物。斗争是在现代工业范围内开始的,所以它最先发生在现代工业的发源地英国。英国的工厂工人不仅是英国工人阶级的先进战士,而是整个现代工人阶级的先进战士"[①],"工人阶级必须把他们的头聚在一起,作为一个阶级来强行争得一项国家法律,一个强有力的社会屏障,使自己不致再通过自愿与资本缔结的契约而把自己和后代卖出去送死和受奴役。"[②]

在分配领域,早期阶段的资本主义国家并不直接参与调节,认为分配关系完全是雇主与工人之间的事情。例如,从国家对贫困的态度就可以说明,社会倾向于认为贫困是懒惰的结果,国家不认为自己有责任去救济穷人,贫穷是个人的事情。即使国家参与救济贫困,也主要依靠暴力和宗教收容,并在极强的监督和歧视下进行。然而随着工业化所带来巨大财富的同时,两极分化加剧贫困问题已经不容忽视,并引发了一系列的社会矛盾。在向私人垄断资本主义过渡的历史阶段下,尤其是19世纪中期开始频繁的经济危机,以及之后出现的劳工风潮,面对一系列社会问题,西方资本主义国家开始通过立法实施社会保障政策。在实际的操作中,虽然这些立法存在很多问题,例如实施不力、经费不足、内容贫乏以及约束力不够,但此时,国家已经意识到调节收入分配对于缓和劳资冲突的重要性,而现代意义的社会保障制度正是从19世纪中后

---

① 马克思:《资本论》第1卷,人民出版社2004年版,第346页。
② 马克思:《资本论》第1卷,人民出版社2004年版,第349页。

期开始。

接下来,我们以英国为例来看一下国家在收入分配中的调节变化。英国在1813年废除了最低工资制的管理,工人的最低收入没有了任何保障。直到1909年,英国贸易委员会建立了行业的法定团体管理工资,在全国性的煤矿工人大罢工之后,于1912年的煤矿法才确立了最低工资标准,这意味着国家从法律上恢复了最低工资的原则,虽然它还只局限于区域性的范围内。在失业救济方面,国家为了避免因失业引起的社会动荡,开始承担提供就业机会和维持失业生活的责任。例如1909年颁布的《劳动流动法》,提出了建立劳工介绍所;1911年颁布的《国家保险法》规定了为失业工人提供每周7先令总共15周的失业救济金。根据1920年的劳埃德·乔治的失业保险法,国家扩展了1911年的国家保险法计划,1921年进一步扩大了失业救济金的范围。在济贫和救济政策方面,虽然早在16世纪英国就对救济贫困进行过立法,但是,这个立法的内容十分苛刻,经过政府认定属于懒惰的穷人,还会实行严酷的手段进行惩罚,这个时候的救济主要出于对流民的恐惧,带有明显的施舍、歧视。到了1765年,英国开始实施斯品汉姆兰制,这一制度的特点是基本工资由食品价格决定,对于不能达到的由政府补贴,这一法案最大的优势在于实行了济贫院院外救济。但马尔萨斯、边沁对这个制度提出了批判,认为这会导致人口无节制的增长,加速贫困。其实,这只是侵占了资产阶级很少的一部分利益,因而招到了反对没能继续。于是,在1834年通过了《济贫法(修正)》,称为新贫困法,取消了对工人及其家庭的户外救济,改为受救济者必须是在收容所或者济贫院从事苦役的贫民。而收容所生活条件极其恶劣,济贫院更是被称为劳动者的"巴士底监狱",更何况这种带有人性侮辱和限制人生自由的救济,让穷苦的贫民望而却步。不得不说,这种救济只是针对贫困成为既定事实之后,而不是针对如何防御贫困,因此,当面对工业社会复杂化多样化的贫困问题时,济贫法的作用越来越小,重要性越来越降低。可见,贫困政策的制定彰显了资本主义国家调节劳资关系的本质目的,这个政策从根本上并不是为了救助贫困劳动者阶级,只是害怕贫困会导致被统治阶级的反抗,从而阻碍资本的发展。

总的来说,国家在劳资领域中采取的自由放任思想,明为让市场来解决劳资领域的种种问题,实为对资本的保护,对劳工剥削境遇的无视。国家这种默许资本残酷剥削的态度,进一步催发了劳资对立的加深,随着工人阶级力量的逐渐增强,国家如果再选择放任资本的贪婪,那将会毁掉整个资产阶级的利益。因此,从最开始无视劳资领域的种种矛盾慢慢过渡到了适度的干预。可以说,国家态度的转变,是工人经过长期斗争而得来,也是国家作为总资本家对于资本持续发展的一种保护,尤其是第一个"社会主义政权"的产生,给资本主义沉重打击,在内外交困之下,西方资本主义国家慢慢转变自由放任的思想,向着下一个阶段迈进。

3.2.2 合作型劳资关系模式

1. 合作型劳资关系模式形成的历史背景

20世纪30年代,西方资本主义国家经历了前所未有的大危机,这场危机带来的影响足以酿成资本主义的一次"灭顶之灾",危机蔓延的深度与广度已经深刻说明了私人垄断资本主义生产关系已经成为了生产力的桎梏,资本主义社会开始向国家垄断资本主义阶段发展。

这个阶段与自由竞争和私人垄断阶段不同的是，国家和垄断组织之间建立了新的关系，试图共同拯救已经千疮百孔的资本主义大厦。于是，国家采用各种方式干预经济，以此保证垄断资本可以获得最大限度的垄断利润。而以德、意为代表的一些资本主义国家，在经济危机之后，把视野放到了世界市场，进行疯狂的扩军备战，让其国民经济走上了全面军事化的轨道。二战期间，国家垄断资本主义得到进一步发展，各交战国普遍建立了战时经济管理机构，全面控制国民经济的生产与分配。以美国为例，战争期间，美国政府财政预算支出占国民收入的一半以上，整个战争期间，美国政府共创办了1600个国有企业，到战争结束，美国政府已经成为世界上最大的国家垄断资本的所有者。而其他资本主义国家垄断资本主义也得到了很大的发展。国家直接作为经济主体参与发展，一方面是由于危机之后经济遭受破坏，另一方面又是战争军事的需要。正如列宁所说："战争与经济破坏逼迫各国从垄断资本主义走向国家垄断资本主义。"① 但战争时期的干预，毕竟带有临时性和不稳定性。二战结束后，强大的社会主义阵营随之出现，这对资本主义国家构成了无形的压力和威胁。在这种情况下，资本主义各国希望通过促进劳资合作来维护社会稳定，恢复战后的发展。

2. 合作型劳资关系模式的分析

合作型劳资关系，是指第二次世界大战之后的三十年，其特点是劳资双方通过相互谈判与阶级合作来进行协调沟通，并形成了以劳、资、政三方为核心的劳资关系模式。这一时期，劳资双方都已经不同程度的组织了起来，经过上一个阶段工人阶级的抗争，各

---

① 《列宁全集》第32卷，人民出版社1985年版，第364页。

发达国家的劳资双方之间先后于20世纪30年代到40年代达成"和平"协议,国家从法律上认可了工会的权利,涉及劳资关系领域的立法也纷纷出台,国家从形式上拉开了与资本的距离,形成了劳、资、政三方相互影响、相互制约的格局,三方性原则获得普遍承认,各国建立了各种形式的三方性机构,曼德尔把这种趋势称为"制度化的阶级合作的趋势。"①

可以说,合作型劳资关系模式的主要特点之一,就是国家全面参与了劳资之间的协调沟通。接下来,我们通过构成劳资关系内容的五个方面,来具体分析合作型劳资关系模式与国家调节。

(1) 所有制基础

第二次世界大战后,国家垄断资本主义所有制形式得到了全面的发展。所谓国家垄断资本所有制,指的是资本主义国家政权与垄断资本的结合,有三种主要形式,即国家直接调节经济、国私合营企业和国有企业。国家垄断资本所有制的形成原因比较复杂,但根源上还是在于资本主义基本矛盾的深化。20世纪40年代以来,以电子技术为标志的第三次科技革命推动了生产力的高速发展。随着社会生产力规模的空前扩大,技术的不断进步和社会化程度的不断提高,对运输、能源、通讯等基础设施和公共工程提出了新的要求,而这些基础性工程是保障当时整个资本主义进一步发展所不可或缺的一般条件。然而,虽然通过私人垄断金融资本可以集聚巨额数量的资本,但关键在于基础设施领域的利润较低、并且投资巨大、周转速度很慢、回报时间过长,因而私人资本

---

① [比]厄里斯特·曼德尔著,孟捷译:《权利与货币:马克思主义的官僚理论》,中央编译出版社2002年版,第197页。

并不愿意承担过大的风险来涉足这个领域。马克思说资本"总是只寻求自己价值增殖的特殊条件,而把共同的条件作为全国的需要推给整个国家。资本只经营有利的企业,只经营在它看来有利的企业。"①与此同时,私人垄断金融资本在经济危机的冲击下,已经再难以承受庞大的金融风险,发展受到了抑制。所以,国有垄断资本主义的发展从根本上是为了适应生产力的社会化,这是在资本主义制度范围内的又一次重大调整,在性质上包含着对私人资本所有制的扬弃,是资本社会化的高级形态。

国有资本与私人资本、股份资本、金融资本和法人资本形态的区别在于,由于资本归资本主义国家所有,而资本主义国家又代表资产阶级的总体利益,它追求的目标不再只是快速的价值增殖,而是保证资本主义的统治地位,以及资本主义社会再生产的持续进行,从而为整个资产阶级的利益最大化创造条件。简言之,资本主义国家在性质和职能上的二重性正是通过国有资本形态表现出来。即便如此,国有垄断资本的出现仍然让很多私人资本家感受到了威胁。所以,国有化在资本主义社会中并不会乐观的发展下去,它只是这个阶段所采取的一种有效的所有制形式,20世纪70年代末期开始的私有化浪潮就是很好的证明。事实上,国有经济成分的提高并没有触动生产资料私有制占主体地位的本质。

(2) 交易关系

二战后,欧洲各国政府希望通过增加就业的方式,保障劳动力的生产和再生产,实现社会稳定发展。所以,充分就业的目标从英国开始发端,并广泛被其他资本主义国家采纳。1944年英国丘吉

---

① 《马克思恩格斯全集》第30卷,人民出版社1995年版,第529页。

尔政府发布了一个被称为"首倡的和有远见的"《就业政策白皮书》，该白皮书序言的第一句就指出："政府将在战后维持高而稳定的就业水平，并以此作为其首要的目的和责任。……只要对一个国家的产品和服务的总需求被保持在一个高水平上，这个国家就不会经受大量失业。"①

瑞典在1944年的《工人运动战后纲领》中把"充分就业"定为战后社会发展的三大目标之一，并在1966年进一步明确表达了其充分就业的目标，即"劳动力市场政策是经济政策的重要组成部分。其目标是保持充分的、生产性的和自由选择的就业。这个目标不能一蹴而就。只有不断地适应需求状况变化的措施才能保持充分就业。给人们提供有意义的就业机会已经成为雄心勃勃的目标，为实现这一目标必须做出进一步的努力。"②

在充分就业的目标下，各国政府纷纷建立相关的劳动力管理机构，保障劳动力的供需平衡，各国劳动力市场管理开始走向系统化和规范化。为了减少失业率，国家还设立了相关就业服务机构，提供相关就业信息，提高就业的积极性，从而减少失业。例如，英国就业服务机构的主要职责就包括：一般就业服务及就业训练；为雇主提供适当的雇员；为残疾人提供就业服务；为青年提供就业服务；为妇女提供就业服务；就业登记及统计的编制；志愿从军人员登记；代办保险支付及国民救助金支付等。③ 同时，国家通过劳

---

① [美]彼得.霍尔著，刘骥等译，《驾驭经济：英国与法国国家干预的政治学》，江苏人民出版社2008年版，第57—58页。
② 沈全水：《失业的出路：瑞典就业政策及其对中国的启示》，中国发展出版社2000年版，第27页。
③ 王益英：《外国劳动法和社会保障法》，中国人民大学出版社2001年版，第112页。

动力市场中的就业培训,提升劳动力质量供给,以适应新技术对高素质劳动力的需求。从内容上看,各国劳动力管理机构在这个阶段获得了充分的发展,几乎已经涵盖了劳动力需求与供给管理的各个方面。也正是因为如此,这个阶段主要资本主义国家几乎都保持着较低的失业率。可以说,战后三十年,是西方资本主义国家就业的"黄金"时期。

(3) 生产关系

经历大危机与战争之后,资本家迫切的需要一个相对稳定的生产环境。所以,这个阶段中,工人的工作条件得到了很大的改善,国家从立法的层面,对工人的工作环境给与了保护。同时,在企业管理的理念中,从过去本质上排斥工人参与管理的理念,转向了行为科学管理理念,这种新的管理理念逐渐成为工人参与管理的思想基础。在西方资本主义国家,行为科学与经济民主论相结合,发展成为了工业民主理论。工业民主化运动即工人民主参与管理不断扩大,最明显的特征是工人可以在一定范围内参与管理决策、参与利润分配。企业可以从其自身人事需要,来进行员工关系的管理,强调工人的目标和需要,并在企业内实施利益分享计划、雇员代表制、晋升奖赏机制及各种其他的福利计划。甚至有些资本主义企业在管理内部采取"共享"的形式,把工人的利益和资本家的利益连接在一起,让工人对企业有归属感、依赖感,从而调动工人的劳动积极性。

这一阶段中,最突出的是集体谈判和集体合同制度的发展。二战之后,国际劳工组织力量得到了加强,对于工人的集体谈判非常重视。1944年第26届国际劳工大会在《费城宣言》中提出"切实承认集体谈判权利"的要求,1949年国际劳工大会通过了《组织权利与集体谈判公约》(第98号),1951年劳工组织通过了《集体协议建议书》(第92号),具体地规定了集体谈判和集体合同的程序、定义、效力、监督等内容。① 国际劳工公约对于各国进一步推进集体谈判制度起到了积极促进作用。可以说,集体谈判与集体合同制度把两大阶级的对抗变为了阶级间的合作对话,国家名义上拉开了与资本之间的距离,作为"中立者"的身份,与工会、资方组成三方协调机制,就相关劳动条件进行集体谈判、签订集体协议。国家在集体谈判与签署中,其参与的内容主要是制定一个规则,并进行监督。许多资本主义国家在这个阶段通过法律法规明确了有关集体谈判的责任、范围、组成、程序,规定了集体协议的形式、期限、内容和适用范围等。例如,1949年日本《工会法》规定:工会和资方或其他团体签订的关于劳动调价及其他事项的劳动协议,需以书面形式,由双方当事人署名或记名盖章方可生效;劳动协议的有效期不能超过三年;劳动合同中违反劳动协议劳动条件及其他待遇所规定的标准部分,视为无效。可以说,通过集体谈判的形式,有利于工人改善劳动条件,同时也缓和了劳资矛盾,避免罢工或闭厂这样激烈的冲突。例如,在美国大部分集体协议的一个特征是,在双方签署集体协议以及集体协议期间,双方放弃罢工或闭厂等活动。简言之,集体协议在这个阶段涉及的内容非常广泛,立法也趋向于完善,集体谈判成为了资本主义国家调节劳资关系的一种非常有效的方法,这对于战后的稳定生产至关重要。

---

① 刘燕斌:《国外集体谈判机制研究》,中国劳动社会保障出版社2012年版,第7页。

(4) 分配关系

在这个阶段中,资产阶级的态度由过去强硬敌对,变为了缓和、合作。为了提升工人的积极性与消费力,资产阶级开始允许工人阶级在日益增大的蛋糕上多分一些利益。因此,在这段时期,各个资本主义国家工人的实际收入有了较大的提高。据统计,1947年美国非农业部门平均工资实际上为每小时4.87美元,1960年为6.79美元;1973年达到8.55美元,在1947—1973年间,美国非农业部门工人的实际收入平均增长37.9%。① 美国在1948—1970年间每小时的实际工资每年递增2.5%,英国2.8%,法国在1949—1973年每周平均工资年均增长4%,日本在1955—1975年人均每小时工资每年递增7.9%,联邦德国在20世纪50年代每年递增6%。收入的增加导致了消费水平的提高和消费观念的更新,住宅、汽车等消费大幅度提高,这为资本主义再生产创造了条件。② 但是,收入的增加和生活的改善,并没有改变雇佣工人对资本的隶属关系,只是这种隶属关系采用了比较缓和的形式。与此同时,福利制度的推行(下面小节中具体谈到),更进一步缓和了上一个阶段的劳资对立,让劳资之间合作加深。

(5) 阶级关系

从工人阶级来看,工会已经被纳入了国家法制之内,工会的力量得到增强并影响到了国家的政治、经济和社会生活。这一时期的工会工作不再是组织罢工起义,而是进行集体谈判和集体协议。在早期,除非雇主同意以集体方式进行交涉,否则总要通过工人罢

---

① 张彤玉、丁为民:《嬗变与断裂——如何认识资本主义发展的历史进程》,中国人民大学出版社2004年版,第217页。

② 靳辉明、罗文东:《当代资本主义新论》,四川人民出版社2005年版,第58页。

工或雇主关闭工厂这种纯粹的力量碰撞来解决劳资问题。后来，随着西方国家有关劳资法律政策的颁布，工会得到了国家的承认与保护，通过代表工人与雇主进行谈判，成为了西方国家协调劳资关系的主要方式之一。劳工的力量经过上一个阶段的累积，在这个阶段得到了加强，其影响不仅表现在工作场所之中，更是体现在了竞选与政治立法中。例如，美国的劳工组织积极参与支持竞选，虽然民主党并非劳工组织的正式党，但劳工组织却是民主党的主要支持力量，一些劳工运动的积极分子提出的政治目标是"使民主党成为名副其实的普通美国人的政党"①。而其他西方资本主义国家的劳工组织在这一时期也得到很好的发展，工会从立法上为工人阶级争取权利，例如更好的医疗卫生、最低工资保护、公共就业计划以及职业卫生和保险等等，这些立法对于工人阶级来说是非常有利的。

从资产阶级来看，经过上一个阶段对立型劳资关系模式的发展，劳资间的激烈斗争已经影响到了企业自身的持续生产，他们似乎意识到强硬对立的作风只能导致两败俱伤，一些明智的企业家改变了自己的经营理念与管理方式，强化了合作意识。然而，即使工人阶级整体状况有所提升，但并不动摇资本对劳动的剥削实质。这个阶段的剥削形式与之前相比更加社会化，这是由国家与垄断资本相结合所致，国家利用自己独特的优势为垄断资产阶级服务，并与垄断资本一起剥削无产阶级，其剥削程度并没有减弱。据统计，美国制造业的剩余价值总额与剩余价值率在 1950 年分别为

---

① Brody, David. *Workers in industrial America: essays on the 20th century struggle*. New York: Oxford University Press, 1980:229.

264亿元、111%;1960年为549亿元、122%;1970年为1133亿元、141%;1980年为3479亿元、161%。另统计,美国整个物质生产部门的剩余价值率,1950年为236.7%;1960年为249.3%;1970年为289%;1977年为325.3%。[①] 剩余价值率是资本主义条件下工人受剥削程度的表现,可见,在这个阶段,资本对劳动的剥削同样深刻,只是与之前阶段相比,采取了另外一种形式。

总而言之,在合作型劳资关系模式中,通过国家的全面干预调节,劳资关系发展的总体态势是趋向稳定协调的,劳资之间激烈的斗争大为减少,有些地方激烈的产业冲突可以说基本消失,取而代之的是日常的、规范的、有组织的行为,如集体谈判制度、劳动争议处理制度等等,这段时期的主流趋势是劳资之间的合作。

3. 合作型劳资关系模式中国家调节的指导思想

在国家垄断资本主义阶段中,国家采用的是阶级合作的经济思想。凯恩斯主义理论取代了新古典经济学,成为这个阶段主流的经济理论。1936年,在资本主义经济大危机之后,凯恩斯发表了《就业利息和货币通论》。在书中揭示了资本主义不能实现充分就业的原因,并提出了比较完整的国家干预经济的政策主张。凯恩斯批判了新古典经济学家的就业理论,否定了"供给创造需求"的萨伊定律,用总量分析代替个量分析,从经济理论上对资本主义社会中大规模失业现象进行了解释,从经济政策上否认了自由放任的思想,提出了通过国家干预经济来消除失业走出衰退的具体政策主张,并成为各主要资本主义国家制定经济政策的理论

---

① 数据来源于胡连生、杨玲:《当代资本主义双重发展趋向研究》,人民出版社2008年版,第87页。

依据,这在经济思想史上被称为"凯恩斯革命"。凯恩斯主义在战后兴盛一时,究其原因在于他的理论适合国家垄断资本主义的发展,适合二战之后资本主义国家的需要。相比自由放任的传统经济学,较为真实的反映了垄断资本主义的某些现实,他比较注重经济管理、经济效益和经济政策的研究,凯恩斯的理论思想对于摆脱经济大危机的阴影,维持资本主义社会的相对稳定,并再次推动资本主义的发展是有效的。

与此同时,针对上一个阶段劳资间的激烈冲突,一种新的思潮在二战前开始蔓延于欧洲各国,即民主社会主义。这种改良主义思潮普遍以凯恩斯主义为其主要的经济理论,基本思想是强调遵循民主的途径来实现社会主义的目标,反对无产阶级革命,主张渐进和改良。当然,资本主义国家绝对不会让社会主义成为其目标,因为他们的理论家所倡导和标榜的是资本主义制度的永恒,因此,这种思潮的原则是在维护资本主义的前提下,对资本主义制度提出相应的一些改良措施。二战之后,很多西方资本主义国家选择它作为自己的政治纲领,并纷纷成立了民主社会主义政党。这种思潮在战后广泛流行的原因,是因为各个西方资本主义国家通过实施凯恩斯主义政策,注重社会福利制度之后,工人阶级的处境较之战前有所好转。随着战后经济的恢复与发展,阶级开始呈现复杂化趋势,工人阶级分化较为严重,再加上战争的阴影仍旧存在,所以,这一时期许多人并不主张实行暴力革命推翻政权,而是主张对社会进行改良,改良主义思潮开始占据上风。与其他思潮相比,改良主义思潮更看重对于劳动者权益的维护。安东尼·吉登斯曾对20世纪70年代前的民主社会主义有过总结,"国家普遍而深入的介入社会生活和经济生活;国家对公民社会的支配;集体主义;

凯恩斯式的需求性管理,加上社团主义;限制市场的作用;混合经济或社会经济;充分就业;强烈的平等主义;多方位的福利国家,保护公民'从摇篮到坟墓';线性式现代化道路;低度的生态意识;国家主义;属于两极化的世界。"①在民主社会主义的影响下,国家力图呼吁阶级合作,缓和劳资关系,维护资本主义社会的稳定。

那么,关于这个阶段中国家的态度,就如前文在谈到国家公共职能执行程度时所说,工人阶级力量逐渐增强时,国家执行公共职能会相对增加。当双方力量达到比较对等的时候,国家会暂时处于中间作为第三方来协调劳资关系。国家采用阶级合作的经济思想处理劳资关系的问题,通过实施一系列改良措施,使得工人阶级的生活得到了进一步改善,就业有了保障、社会福利有了提高。但是,不能因为国家在劳资领域中公共职能的增大,就忽视了国家的政治职能。正是因为上一个阶段频繁爆发的劳资冲突,让资本主义制度受到了致命的威胁。所以,作为资产阶级利益的总代表,为了保证资本主义再生产的顺利进行,需要扩大公共职能范围,通过国家大规模的干预和调节经济,以缓解危机、扩大就业、缓解冲突。尽管国家公共职能得以扩大,但其本质并没有发生变化,从根本上说,仍是为了总体资产阶级利益服务的,特别是大垄断资本利益集团。实际上,国家垄断资本主义阶段的国家政治职能不仅没有减少,反而在公共职能扩大的基础之上,资产阶级利益由于得到了更有效的保障,劳资关系变得更加稳固,让隐藏的阶级职能逐渐增强。因此,国家在这个阶段选择阶级合作,并非出于对工人阶级的好意和同情,国家本质不曾改变,只是面对工人阶级的斗争和生产

---

① [英]安东尼·吉登斯:《第三条道路》,北京大学出版社2000年版,第8页。

力的发展,以及当时战后的现实需要,资产阶级不得不做出的妥协和让步。从历史发展来看,这种阶级合作的模式迟早会被打破,而资产阶级及其国家也不会打算让它持续下去。

4. 福利制度的实施与评价

正如前文所谈到,在合作型的劳资关系模式中,国家参与到了劳资关系的方方面面。对于分配领域的调节,最重要的是国家加大了福利分配的份额,并陆续制定了一系列相关政策,这对资本主义社会产生了极大的影响。西方国家福利制度正是从此时兴起并发展起来。

(1) 西方资本主义社会福利制度的实施

由于经济危机与战争遗留的问题,大批工人失业,社会动荡不安,为了缓和阶级矛盾,维护资本主义再生产的顺利进行,垄断资产阶级不得不借助国家的力量推行社会保险、社会福利和劳动保障措施。20世纪40年代后,国家垄断资本主义进入了迅猛发展时期,西欧国家福利制度也开始蓬勃兴起。以英国为首的西方国家,就委托曾任伦敦学院院长和劳工介绍所所长的贝弗里奇,于1942年起草了《社会保险和有关福利问题》的报告,后来被称为"贝弗里奇报告"。该报告提出了英国政府需要建立一个社会保险制度来惠及所有居民。贝弗里奇的提议得到了英国政府的批准,并在此基础上,英国通过三年的时间,制定了一系列的社会保障法,其中重要的有1944年的《教育法》,1945年的《家庭津贴法》,1946年的《社会保险法》《国民健康服务法和工业伤害法》,再加上之后的一些法案,构成了英国社会保障体系。英国保障计划的实施和社会保障体系的建立,影响并带动了西方其他资本主义国家福利制度的建立。

这个阶段,西方国家社会福利制度的基本内容大体上包括社会服务和社会保障两大类。社会服务主要旨在提高劳动者享受、改善劳动者的生活状况。社会服务的特点在于涉及到了每一位社会成员,也就是说,公民无论是否参加社会保险或者家庭收入如何,均可按照规定条件获取,而支出来源主要是国家财政拨款。例如,由国家进行的医疗保健,以及为体弱者、精神障碍者、残废者、为需要保护的人群举办的公益事业,国家举办的公共教育、职业培训等等。再如,英国实行普遍的津贴制度,对子女年龄在16岁以下的家庭发放家庭津贴,对完全丧失劳动能力者发放严重残疾津贴,凡是年满80岁而无资格领取养老金者可以享受老人年金和高龄老人津贴。在享有"福利国家橱窗"美称的瑞典,社会服务更是涉及广泛。例如,在教育方面,瑞典实行中小学教育完全免费,高等教育实行部分免费,国家还对学生给予各种支助。

社会保障是由社会保险、社会补贴和社会救助组成。二战后的社会保障体系逐渐系统化、规范化,在社会中也越来越普遍化。主要表现在:一是社会保障的内容日益扩大。从下表(2)可以看出,社会保障的各种具体制度在世界各国的扩散动态,各项具体保障制度的逐年增加在一定程度上说明了这点。二是社会福利和保障的规模扩大。这部分的费用支出在各国财政支出的比重是逐年增多,例如,从国家公共财政支出占国民生产总值的比重来看,美国在1950年、1960年、1970年分别为23.1%、27%和32.2%,其数值逐年提高。第三,社会保障制度在法律上表现为由一系列有关的法令法规所形成的法律体系。例如,英国政府在此期间通过了一系列社会保障法案,其中最重要的有:《社会保险法》(1946),《国民健康服务法》(1946),《家属津贴法》(1945)、《工业伤害法》(1946)、《国民救济法》(1948)、《国民保险法》(1944),这六项立法及其相应的措施,构成了战后英国社会保障法规体系。第四,社会保障功能从战前的侧重"治疗",变成战后侧重"防御",并且越来越有计划性和预测性。例如,欧美国家开始对未来的失业、老龄化、人口健康素质、工伤事故进行预测性研究,并试图把它纳入到社会保障的考量之中。

表2 社会保障制度在世界各国的扩散①

项目/年份	1940	1949	1958	1967	1977	1985
有任何一种保障	57	58	80	120	129	142
有老年伤残、遗属保险	33	44	58	92	114	132
有疾病和生育保险	24	36	59	65	72	83
有工伤保险	57	57	77	117	129	136
有失业保险	21	22	26	34	38	40
有家属津贴	7	27	38	62	65	64

总而言之,在战后的三十年中,西欧各主要资本主义国家通过扩大福利份额,已经基本达到布鲁斯在《福利国家的来临》一书中所总结的现代社会保障的五项标准:1. 保障每个人在任何情况下的体面生活;2. 保障每个人的基本生活不受意外事故的影响;3. 帮助发展家庭;4. 把健康和教育当作公共的事业,从而普遍地提高物质和文明的水平;5. 发展和改善公共设施,如居民住宅、城市环境等等。②

---

① 资料来源于美国社会保障署编著:《全球社会保障制度》,华夏出版社1996年版。
② 周弘:《欧洲社会保障的历史演变》,《中国社会科学》,1989(1)。

（2）对国家实施社会福利制度的评价

西方资本主义国家的社会福利制度是资本主义发展到一定阶段上，对其分配关系的调整。其历史进步性主要表现在资本主义工人阶级的生活状况得到了非常明显的改善，工人阶级的地位有了很大的提高。福利制度的推行保障了劳动力再生产，保证了社会化大生产对具有较高素质劳动者的需求。同时，社会福利制度还通过刺激需求，促进了社会资本再生产的顺利进行。最后，通过福利制度的实施，阶级矛盾得到了缓解，劳资对立的状态得到了很大的改善，合作成为了这个阶段劳资关系的主旋律，这为资本主义的发展创造了一个稳定的环境，维护了社会再生产外部条件。但是，我们在肯定其历史进步性的同时，往往容易忽视隐藏在福利制度背后的实质。

那么，资本主义社会福利制度的实质到底是什么呢？

实际上，福利制度绝非是资本主义国家的终极目标，它只是这个阶段所采用的一种方式，是阶级调和的产物。国家干预调节收入分配，创造机会，改善环境，都是在资本主义制度的框架之内进行的，资本主义私有制与工人被雇佣的本质并没有改变。所以，这种调整只是在资本主义生产关系所允许的范围内采取的改良措施，只要资本主义制度没有改变，其劳资关系的实质也不会改变。只是当这一切披上迷人的外衣之后，就难免使人产生迷惑与错觉。因此，我们在肯定福利制度的同时，更需要透过现象看到福利背后的本质。

第一，社会福利费用并非资本主义国家的恩赐，也非资本家施舍，而是来自于劳动者自己的劳动所得。资本主义国家社会福利的开支主要来源于三个方面：其一，来自职工交纳的保险费或者社会保险税(美国称为工资税),这是通过直接从劳动者的工资中扣除;其二,是雇主交纳的社会保险费,这一部分费用形式上看是由资本家支付,但实际上仍然是从劳动阶级所创造的剩余价值中扣除,而且资本家往往会把这部分支出作为生产费用的一部分,通过提高产品价格等办法最终转嫁到劳动人民身上;其三,是来自政府的财政拨款,这一部分经费从表面上来看是统治阶级给予的恩赐,但实际上是资本主义国家通过赋税而筹集的,其中大部分来自于占人口绝大多数的劳动者,福利越高,劳动人民交纳的赋税也就越重。例如瑞典作为福利国家的窗口,其工资收入的大约50%要用来交税和社会保险费,管理阶层则要用工资的60%左右来交税。可见,西方资本主义国家的社会福利金,只不过是把原来由工人自己安排和支配的一部分,换了一种形式,变为由国家来统一安排。即使国家福利支出大于从劳动者身上征得的税,那也只是说明了资本主义国家承担了保证劳动力再生产的任务,但实际上,国家福利支出本身都属于劳动者创造的价值,"羊毛出在羊身上"的道理在这里是适用的。

第二,社会福利制度绝非是消灭贫困和剥削,实现阶级同化的"收入革命",它不能从根本上改变劳动者被剥削的地位。虽然这个阶段的分配关系已经超出了简单的劳动力价值的基本内容,使工人阶级的收入除了传统的由劳动力价值决定以外,还分享了部分由工人自己创造的剩余价值。但国家实行福利最终是有一定限制的,这是由资本主义制度所决定,其最大限度不可能超出资本增值所允许的范围。简言之,生产资料所有制是社会生产关系的核心,它起着决定作用,决定着分配交换消费等各个环节。如果不能实现生产资料的公共享有,仅仅局限于结果的共享福利是很难持续的。而西方资本主义国家福利制度的实施,是在生产资料资本主义私有制的前提下进行的,因而无法根本上改变这个制度本身所造成的工人受压迫剥削的命运,可以说,正是资本主义制度本身局限了福利制度的进一步发展。

因此,在资本主义制度下,国家实行福利制度有着深刻的现实性,是出于缓和阶级矛盾的需要,是资产阶级有限度的妥协结果。一方面,我们需要肯定福利制度给工人带来的好处,看到福利制度在资本主义发展中的历史进步性。但另一方面,我们也需要清楚的看到,福利制度并非资本主义的本质目的,它只是这个阶段的一种方式,福利制度从根本上并没有消除工人阶级被雇佣和被剥削的命运。相反,它却慢慢减弱了工人阶级的联合团结,这也为下一个阶段面对资本的强势进攻,劳工表现出的孱弱无力,埋下了伏笔。

3.2.3 排斥型劳资关系模式

1. 排斥型劳资关系模式形成的历史背景

西方资本主义国家在经历了二战后的黄金发展阶段后,到了20世纪70年代中期,尤其是1973年的石油危机之后,世界经济陷入"滞涨"的危机,即经济增长停滞与通货膨胀并存,发达资本主义国家纷纷被卷入了经济衰退的漩涡中。例如,以国内生产总值的增长率来看,1973年到1983年十年间西方主要资本主义各国年均增长率非常低,美国为1.1%,法国2.5%,联邦德国2.1%,日本4.3%,意大利2.2%,增长率远远低于70年代之前。从消费物价上涨水平来看,1951—1973年间,发达资本主义国家平均年上涨率为3.4%,而在1974—1981年间,平均年上涨率则达到9.9%,其中英国、法国和意大利的物价年均上涨率超过10%,分别为15.4%、11.4%和15.9%。① 滞涨的局面导致资产阶级利润的快速下滑,上个阶段实行的福利政策很难再继续维持,因为在利润下降的同时还保持高福利,无疑会严重侵蚀到资本的根本利益。在经济滞胀的背景下,资本家下降的利润被上涨的工人工资所侵蚀,劳资之间在上一个阶段形成的"共识""合作"开始动摇。正如戴维·柯茨所言:"在'黄金时代'期间,核心资本主义国家出现的一些制度——美国的劳资协定,日本的就业体制,西欧的福利资本主义等等,现在到处都面临着挑战。"②

而此时,随之而来的信息技术革命与经济全球化为资本打开了更加广阔的空间。通讯技术改变了人与人之间相互作用的方式,信息技术的广泛推行为资本提供了更多的管理方式,赋予了资本高度的流动性与灵活性,为资本走出国门提供了技术基础和手段。例如,将劳动密集或成本较高的生产环节转移或外包给发展中国家;与中小公司签订外包合同等等,这些方式的调整,都进一步消弱了工人阶级的力量,推动了上一个阶段劳资关系的解体。相比资本的全球化流动,劳动力全球流动明显受到很大的局限。在经济全球化的推动下,资本力量越来越强,并且借助信息革命引发了劳资关系的重组,劳工的力量被不断的分化,以至于现在很多人并不谈及阶级的概念。同时,20世纪90年代初发生的苏东剧变,世界社会主义阵营被瓦解,国际政治格

---

① 世界银行:《1985年世界发展报告》,中国财政出版社1985年版,第177页。
② [英]戴维·柯茨著,耿修林等译:《资本主义的模式》,江苏人民出版社2001年版,第290页。

局与二战后相比发生了根本性的逆转,资本主义制度失去了竞争的压力。此时,资本的攻势已经很明显了,在逐渐强化自身力量的同时,发起了一场对劳工的反击,然而,被分化后的劳工阶级,似乎还沉浸在一个阶段的合作光影中不愿走出。

2. 排斥型劳资关系模式的分析

排斥型劳资关系模式的特点,表现为资本的进攻与劳工的沉默退让。在这个阶段中,劳资力量对比发生了明显的逆转,他们之间呈现出的是一种资本对劳工的排斥。所谓排斥,指的是在资本的强势攻击下,劳动阶级不再选择斗争抗衡,所表现出来的是沉默屈弱的态度。故此,我们把20世纪70年代之后的劳资关系模式称为排斥型劳资关系模式。接下来,我们对排斥型劳资关系的主要内容进行具体分析:

(1) 所有制基础

这个阶段资本所有制的形式主要为国家垄断资本所有制、法人资本所有制、以及国际垄断资本所有制。国家垄断资本所有制形式在上一个阶段的发展中,对生产力起到了重要推动作用。但是,由于资本主义固有矛盾的存在,以及国家垄断资本主义政策自身的缺陷,20世纪70年代资本主义经济出现了普遍的"滞胀"现象。经济出现新的衰退,为反凯恩斯主义、反国家干预的新自由主义提供了发展的机会,70年代后期以来保守主义重新抬头,国家资本主义所有制形式一定程度受到了削弱,西方各国掀起了私有化的浪潮。例如,1979年—1985年英国政府将100亿英镑、占全部国有资本1/3以上的国有企业股份出售给私人。1987年法国的14个经济部门就有1080多个企业被私有化,这股浪潮席卷了美国、加拿大和日本等主要资本主义国家。[①] 国有资本开始下降的原因主要是由于信息科学技术的发展,传统产业部门的支配地位被新兴科技产业所替代。但是,国有资本主义所有制形式仍然是这个阶段资本主义所有制的重要实现形式之一。

上一个阶段发展起来的法人资本所有制,在进入 20 世纪 80 年代之后开始加速发展。法人资本是指拥有一定独立资产的法人经济组织通过购置和持有其他工商企业的股份所形成的一种资本形态,是在股份资本基础上发展起来的一种高级的社会资本形态,是私人资本社会化的新发展。当经济组织作为法人进一步股东化以后,股份公司的股东发生了性质上的变化,法人取代个人或家族成为公司股份的主要持有者,股份公司的资本并不是直接来源于私人投资者的财产,而主要来源于法人组织的集体性财产。法人资本所有制的形成和发展包含着资本所有权关系的深刻变化,是在资本主义制度范围内为了适应越来越社会化的生产力,私人资本所有制所做出的重大调整。

随着资本主义生产的全球化趋势,国际资本空前活跃。走向世界是资本固有的内在要求,而信息技术为资本的国际化提供了技术手段。在发达国家普遍出现资本积累率下降的背景下,过剩的产能必须通过国际市场的扩张加以缓解。所以,20 世纪 80 年代以来,以跨国公司为主要载体的国际垄断资本主义开始兴盛起来,它是资本主义生产关系的国际化,是资本在世界范围内集聚和集中的必然结果。资本全球化的动力是为了追求更高的利润率,

---

① 张彤玉:《嬗变与断裂:如何认识资本主义发展的历史进程》,中国人民大学出版社 2004 年版,第 132 页。

如布哈林所言,正是因为国内比较低的利润率,驱使商品与资本愈益远离它们的"祖国"。[①] 国际垄断资本主义多采用产权重组的跨国并购形式,资本的国际化,不论形式如何变化,其仍然彰显着资本的本性,承担着资本的使命,在世界范围内最大限度的实现资本的价值增殖。

(2) 交易关系

面对20世纪70年代中期的滞涨危机以及出现的大规模失业,各国纷纷放弃了凯恩斯的就业理论,二战之后形成的劳动力政策也受到了冲击。在劳动力市场方面,面对失业率逐年上升的情况,各国减少了政府的直接干预,纷纷放松对劳动力市场的管制,减少了对劳动力流动的限制,试图强化劳动力市场的自主性,希望加大市场调节的方式来实现劳动力资源的配置。同时,各国纷纷也放弃了二战后提出的"充分就业"目标,资本主义各国根据自身的经济和产业情况,在劳动力政策方面都进行了很大程度的调整,并呈现出了多样性的劳动就业政策。这些多样性的劳动就业政策主要包括,以英美等国为代表的新自由主义劳动就业政策、以瑞典等北欧国家为代表的合作主义劳动就业政策、以丹麦等国家为代表的灵活安全性劳动就业政策等等。

(3) 生产关系

这一时期在生产领域中,信息技术的发展使生产过程中操作复杂的生产工艺和流程由计算机控制完成,操作变得越来越简单,生产效率得到空前提高,对劳动过程中工人劳动技能的要求反而

---

① [俄]尼·布哈林:《世界经济和帝国主义》,中国社会科学出版社1983年版,第61页。

是越来越低,导致了工人"去技能化",从而加深了劳动对资本的依赖,这又进一步重复了机器大工业时期工人阶级对资本从形式隶属到实质隶属的转变。因此,我们可以看到,信息技术的广泛推行为资本提供了更多的管理方式,扩大了资本管理和控制劳动的选择空间,提供了资本在全世界范围内经营的可能,这些方式的调整,都进一步消弱了工人阶级的力量,信息化革命的深入发展不仅没有大大改善工人阶级的境遇,反而导致了强资本弱劳动的局面,资本主义基本矛盾进一步加深。[①] 实际上,技术革命对于生产过程的改变,从而引发雇佣劳动关系的变化,马克思早在一百多年前就已预见到。

(4) 分配关系

资本的全球化扩张,意味着它不再局限依赖于本国劳动力,它有了更多增殖的方式和可能。这一时期配合资本的强势前进,新自由主义政策获得了支配地位。新自由主义几乎反对任何形式的政府干预,包括宏观调控和社会福利政策,工人的保障和福利被大幅度削弱,许多国家工人的实际工资出现了下降趋势,贫富差距越来越大。从1979年至2007年美国不同收入群组家庭的平均税前收入中可以看出,除了最富的20%家庭以外,剩余的80%家庭的税前收入几乎没有增长。相反,越是富人收入增长得越快。在这近30年的时间里,全社会所有家庭的平均收入增长了51%,最富的20%的家庭收入增长了89%,最富的10%的家庭收入增长了116%,最富的5%的家庭增长了146%,而最富的1%的家庭增长

[①] 李慎明:《时间不在资本主义一边——高新科技在革资本主义的命》,《红旗文稿》,2013(3)。

了241%。① 绝大部分国家的情况也与美国相似。法国经济学家托马斯·皮凯蒂在《21世纪资本论》一书中,运用了翔实的历史统计数据和实证方法客观地证明了马克思的结论,资本收入增长快于劳动收入增长是一个客观趋势,因而财富分配的两极分化是资本主义的必然趋势,而财富分配不平等状况的缓和则是资本主义的偶然现象。

（5）阶级关系

面对20世纪70年代后西方发达资本主义国家劳资关系整体态势的变化,许多学者做过概括总结。例如哈里·玛格多夫指出:"20世纪的最后1/4的时间里,美国的阶级斗争是单方面的,资本不断向劳工进攻,并且取得了一个又一个的胜利。"②迈克尔·耶茨认为:"资本主义富国从20世纪70年代初期开始向工人阶级发起凶猛进攻,工人屡屡挫败。"③菲利普·A.奥哈拉说道:"在过去的25年中,工人阶级的力量已经受到了严峻的挑战。新自由主义政策的推行,严重经济衰退的出现,公司规模的大幅削减,以及新技术被使用本身,这些都是资本主义企业降低工人阶级对工资谈判结果和生产状况变化的影响能力的手段。美国的经济环境从工人拥有相对较高权利的状态,变成目前资本家手中握有优势权利的状态。"④具体来说:

---

① 朱安东、蔡万焕:《新自由主义泛滥的恶果》,《红旗文稿》,2012(12)。
② Magdoff, Fred and Harry Magdoff. Disposable worker: today's reserve army of labor, *Monthly Review*. VoL. 55, No. 11, April 2005:18-35.
③ [美]迈克尔·耶茨著,郭樊安译:《工人阶级仍然是最重要的政治力量》,《国外理论动态》,2004(11)。
④ [美]菲利普·A.奥哈拉著,刘英摘译:《关于世界资本主义是否进入长波上升阶段的争论》(上),《国外理论动态》,2005(1)。

第一,从工人阶级来看。上一个阶段中工人生活改善的同时,劳工阶级团结联合的斗争性逐渐降低。因此,在面对当今资本的强势进攻,劳工的联合团结今非昔比,具体表现为工会力量的削弱。杰里米·里夫金谈道:"到了1981—1982年经济衰退期间,工会首先开始丧失阵地。仅在1982年,超过49%的加入工会的工人经过劳资谈判接受了工资冻结或削减的条件,为整个80年代开创了先河。到1985年,三分之一的工人按照新的劳动协议同意了工资冻结或下调的要求。"①

对于当代资本主义工人力量的评判,也就是工人阶级的联合程度,我们可以通过几个指标进行衡量。其一,工会密度。工会密度有两种测定方法,一种是按照工会会员占全体劳动力的百分比,称为工会密度Ⅰ;一种是按照工会会员同全体非农雇员人数相比较得出,称为工会密度Ⅱ。② 其二,是罢工次数。罢工次数的多少直接反映了工人阶级团结程度的强弱。我们从(表3)英国在20世纪80—90年代工会运动的基本数据可以看出,1980年英国工人罢工的次数是1330次,到1991年急剧减少至357次,参加罢工的人数也由83万人降低到17.5万人。而从(表4)主要发达资本主义国家的工会密度可以看出,美国、加拿大、日本、欧盟、英国、德国、法国等西方资本主义国家,工人阶级的联合程度逐年降低,这表明了西方发达资本主义国家工人阶级以集体力量维护自身利益的能力逐年下降。

---

① [美]杰里米·里夫金著,王寅通等译:《工人的终结——后市场时代的来临》,上海译文出版社1998年版,第194页。
② 在文中凡提到"工会密度",没有特别指明的地方主要是指工会密度Ⅰ。

表3 英国工会运动的基本数据(1980—1991)

年代	英国职工大会会员人数(万)	组织程度(%)	劳资斗争 罢工数	参加罢工人数(万)	损失工作日(万)
1980	1217.2	53	1330	83	1196.4
1981	1160.1	53	1338	149.9	426.6
1982	1100.5	51	1528	210.1	531.3
1983	1051.0	50	1552	57.3	375.4
1984	1008.2	47	1206	143.6	2713.5
1985	985.5	46	840	60.3	637.2
1986	958.5	45	1053	53.8	192
1987	924.3	43	1004	88.4	354.6
1988	912.7	41	770	75.6	370.2
1989	865.2	38	693	72.7	412.8
1990	840.5	37	620	28.5	190.1
1991	819.2	37	357	17.5	76.1

资料来源：转引自：张世鹏，《当代西欧工人阶级》第162页。原文出处：赖因哈德·比斯平克等主编《欧洲劳资协议政策与制度》，第157页。

表4 主要发达资本主义国家的工会密度(%)

年份	美国	加拿大	日本	欧盟	德国	法国	英国
1970	23.5*	31.6	35.1	37.8	32.0	21.7	44.8
1980	19.5▽	34.7	31.1	39.7	34.9	18.3	50.7
1990	15.5	32.9	25.4	33.1	31.2	10.1	39.3
1995	14.3	—	24.0	30.4	29.2	9.0	32.6
2000	12.8	28.1	21.5	27.3	25.0	8.2	29.7
2003	12.4	28.4	19.7	—	22.6	8.3	29.3

资料来源：Union Membership Statistics in 24 Countries. Table 3. *Monthly Labor Review*, January 2006.（表中带*数据为1973年数据，带▽数据为1983年数据）

值得说明的是,随着上一个阶段工人福利工资的提升,在工人阶级队伍中出现了知识化、脑力化、白领化的趋势,尤其是20世纪80年代的科技革命,工人阶级中的新兴"中产阶级"发展了起来。法国学者雷蒙·阿隆指出:"人们习惯于用旧中产阶级和新中产阶级这样的词语,前者用来指独立经营者,后者用来指工业社会的被雇佣者或管理人员,即达到资产阶级或小资产阶级生活方式的工薪阶层。"[1]实际上,对于"中产阶级"的界定,学术界还没有一个严格的界定,大多时候是从年收入来划分,也有从职业、权力、声望、自我意识、社会化作为划分的依据,[2]由此,也造成了对现在"中产阶级"的概念界定模糊化。对于阶级的划分标准,我们在第二章中已经进行了分析。按照马克思主义来说,阶级的划分是以生产资料所有制为标准。所以,有学者就认为现在"所谓的中产阶级,这是一个界限极不确定、概念极为模糊的社会集团的总称。它除了一部分是'传统的'小资产阶级(包括小商人、小农场主、小业主等)之外,主要是指'新的'中等阶层,在西方各国劳动力中约占1/4—1/3。它是由于生产发展和科技进步所带来的生产经营过程的日益复杂以及资本积累到一定程度,资产阶级脱离管理劳动而形成的。这一中等阶层中的大部分不占有生产资料,靠从事专业、技术或管理劳动的工资收入为生。小部分如经理阶层,尤其高级经理,则是资本家的代理人,他们握有管理企业、支配职工的权利,多拥有股票,而且收入远远高于工人。因此,这一中等阶层实际上包

---

[1] [法]雷蒙·阿隆:《阶级斗争——工业社会新讲》,译林出版社2003年版,第132页。
[2] [美]丹尼斯·吉尔博特、约瑟夫·埃·卡尔:《美国阶级结构》,中国社会科学出版社1992年版,第394页。

括两部分,大部分是工人阶级属性,小部分则有资产阶级属性,它不能构成一个独立于资产阶级和无产阶级之外的中间阶级。"①所以说,中间阶级中的大多数属于工人阶级,但不得不说,正是因为所谓"中间阶级"的发展,或者说工人阶级中脑力劳动与体力劳动的分离,导致工人阶级内部的分化分散。

第二,从资产阶级来看。这一个阶段随着全球化的发展趋势,随着信息技术的推进以及跨国公司的日益壮大,资本迅速地走向了世界,随之而来的是资本家阶级的变化,在民族资本家阶级中出现了全球资本家阶级。正如美国学者威廉·罗宾逊所言:"世界范围内的主流资本家阶层正在形成一个跨国资本家阶级。……我们仍可以清晰地从众多资本家集团中确认跨国资本家分支的崛起以及这些分支的优越性。""跨国资本家阶级是新的世界统治阶级。"②全球资本家不再局限于地区劳动力资源,可以在全世界范围内寻找劳动力,因而打破了上一个阶段形成的工会制约,以及劳、资、政三方协调的限制。

由此可见,这个阶段在多种因素的作用下,劳资力量又发生了根本性逆转。可以说,这个阶段的劳资关系模式是对上一个阶段"合作型"劳资关系模式的否定,具体表现为资本向劳工单方面的进攻,这似乎回到了二战之前。因为"排斥型"劳资关系模式与"对立型"劳资关系模式确有相似之处,在劳资关系的力量对比上,都是强资本与弱劳工,都表现为劳资关系之间的矛盾。但两者之间最重要的差别在于,面对资本的强势,"对立型"劳资关系模

---

① 程恩富:《现代政治经济学》,上海财经大学出版社2006年版,第329页。
② [美]威廉·I.罗宾逊著,高明秀译:《全球资本主义论》,社会科学文献出版社2009年版,第60—61页。

式表现的是工人阶级的联合团结,并通过斗争来获取自己的权益,而"排斥型"劳资关系模式则表现为工人阶级的孱弱、无奈与退让。

3. 国家调节的主要思想

在排斥型劳资关系模式中,劳资力量的倾斜让资本主义国家在态度上慢慢偏离了阶级合作的思想。在上一个阶段中,国家干预的各项措施在对资本主义经济产生积极性的同时,也积累了很多负面效应,国家频繁采用公共投资拉动需求的手段,以及欧洲各国实行的福利制度,在经济危机发生时,财政收入盈余根本补偿不了庞大的社会福利造成的亏空,这样一来,国家财政负担加重,赤字急剧增加,进而引发严重的通货膨胀。凯恩斯主义经济理论在面对滞涨所带来的经济问题时变得束手无策,主张经济私有化、市场自由化、国家干预最小化,以及社会福利弱化的新自由主义开始蓬勃兴起,并逐渐取代了凯恩斯主义成为了西方的主流经济学。新自由主义在经济理论方面,继承了古典自由主义经济理论的自由放任经济思想。与早期经济自由主义相比,新自由主义承认市场失灵的存在,但他们认为这并不是市场机制自身造成的,而是国家过渡干预所致,认为过渡干预导致市场机制的功能不能正常发挥,市场机制不能自由运行,进而认为消除市场失灵唯一的办法就是加强市场机制的作用,减少国家的干预,并提出了"政府失灵"的概念,政府作用被削弱,政府对经济调控能力下降。

在劳资关系领域,资本主义国家在这个阶段,同样遵循着新自由主义的经济思想。究其原因,除了"滞涨"危机之外,更重要的是资本借助全球化和信息技术的强势回归,劳资力量的显著对比,让资本主义国家在公共职能方面开始减弱,其阶级职能开始显现。

国家从上一个阶段所谓中立的协调者,转变为资方的袒护人,并以20世纪80年代撒切尔夫人出任英国首相,和里根出任美国总统为其标志性信号。例如,里根上台后面对美国航空调度员的罢工,所采取的措施是把所有罢工者全部解雇,并列入未来联邦政府禁止雇佣的黑名单,撤销他们的工会。又如英国煤矿工人大罢工,也由于英国保守党政府总理撒切尔夫人的暴力镇压而失败,这"宣告了一个使英国职工大会处于守势的劳资关系新时代的到来。"[1]对于国家在劳资之间的这种立场转变,一位美国学者结合国家的作用有过很好的说明,"最近几届政府都曾有效地遏制了工人和工会的权利。工人工作条件在逐年恶化,工时不断延长,而且每个家庭需要有更多的成员就业才能满足他们的基本生活需要。在过去20年中,工作安全性在下降,就像工厂里工人权利在下降一样,而且生产监督人员和直接生产工人的比率已经出现了显著的增长。最终造成的结果是,美国工人相对富人来讲收入越来越少,稳定性越来越差,拥有的权利也越来越少。美国自20世纪70年代以来出现的工人生存条件逐渐恶化的现象与50年代和60年代的状况形成了鲜明的对照。""美国政府只是有效实施了部分新自由主义策略。新自由主义政策在美国的主要功绩是增强了资本对劳动的控制能力。"[2]

不可否认,资本主义在新自由主义经济理论的指引下,通过强调就业需求的微观供给管理,即通过减税,来刺激资本和劳动供

---

[1] [美]曼纽尔·卡斯泰尔著,崔保国译:《信息化城市》,江苏人民出版社2001年版,第26页。
[2] [美]菲利普·A.奥哈拉著,刘英摘译:《关于世界资本主义是否进入长波上升阶段的争论》(上),《国外理论动态》,2005(2)。

给,一定程度上促进了经济发展,带动了就业增长,在20世纪80年代纷纷摆脱了"滞涨"的困扰,经济开始增加,通货膨胀率得到降低。但新自由主义本身并不是什么灵丹妙药,给资本主义带来的"副作用"更是一点点累积,最终引发了2008年金融危机的全面爆发。2008年的金融危机推动着工人阶级与资产阶级之间的关系又展开新一轮的角逐(危机之后劳资关系的发展情况将在第4章中谈到),但目前来看,资强劳弱的格局并没有改变,仍处在排斥型劳资关系模式中。

总的来说,国家作为上层建筑,其作用的发挥虽然由经济基础所决定,但并非只是被动的接受,同样,在劳资领域中国家的选择,也并非只是被动的接受来自经济基础中劳资关系的改变或安排。正如斯大林所言:"上层建筑是由基础产生,但这绝不是说,上层建筑只是反映基础,它是消极的、中立的,对自己基础的命运,对阶级的命运,对制度的性质是漠不关心的。相反,上层建筑一出现,就成为极大的积极力量,积极促进自己基础的形成和巩固。"[1]其实,国家与劳资关系之间的变动是相互的,不能够割裂开来认为国家只是被动的接受与选择。正是因为国家的上一个选择,推动促进了劳资关系走向下一个模式,而劳资关系新模式的建立,又引发了国家的重新选择。

3.3 影响资本主义国家调节劳资关系的因素总结

综上所述,从历史发展过程中我们可以看到,国家对于劳资关

---

[1] 《斯大林选集》下卷,人民出版社1979年版,第502页。

系调节的态度转变,主要源于劳资双方力量的对比。而导致劳资双方力量发生改变的因素很多,以下三个主要因素是我们本节考察的重点。

3.3.1 工会的发展

工会是劳资关系发展下的产物,是工人作为工人阶级自我意识觉醒的必然结果。在资本主义制度确立后,工人阶级作为一个完全丧失生产资料而不得不出卖自己劳动力的雇佣劳动者阶级,面对资本强势的压榨(这种压榨是资本主义制度中资产阶级不谋而合的有组织的集体行动),单个工人的个人力量显得太微不足道,有组织的联合抗争成为了工人的内在要求。关于工会的理论,从亚当·斯密开始,到马克思、恩格斯,再到韦伯夫妇,以及当代的中西方学者都进行过深入的研究,但归根到底,工会是由工人组织起来,维护自身利益的组织。

从工会的发展史来看,工会最早出现于18世纪90年代末的英国,当时的工会只是为了维护部分工人的经济利益而组建,与工人单独抗衡的格局相比,工会的组建无疑加强了工人的力量。早期的工会活动体现了劳动者的初步觉醒,但此时,各个工会之间彼此孤立,组织范围分散过小,对社会影响不大,因而力量非常有限。这一时期,几乎所有的资本主义国家出于对资本剥削的保护,纷纷打击这种联合。例如,英国颁布了《劳动结社禁止法》,法国的《勒夏普里埃法》也禁止同行业工人结社,在美国雇主常常请求法院宣布工会的非法性,并借助国家来摧毁工会积攒的力量。因此,在19世纪初的西方资本主义国家,劳工自行组织工会是不被允许的,工会也是被国家明文禁止。随着产业革命在西方资本主义国家的全面推进,有组织的工人运动纷纷登上历史舞台,一方面源于劳动与资本的对立日益明显,另一方面,交通的便利为更广大的劳动者联合提供了条件。19 世纪中期之后,全国性的工会在职业性地方工会的基础上开始发展组建。例如,美国 1850 年由印刷工人组建了覆盖全国性的工会,1886 年美国劳工联合会成立。全国性工会的发展加强了工人的团结,劳动者阶级的力量作为一个整体被唤醒,他们通过工会的领导有组织有规模的与资方进行周旋、抗衡,争取较好的工作条件与劳动报酬,这个阶段的工会角色不再仅仅只是停留在为部分工人争取微薄的经济利益,而是逐步发展到通过政治斗争,维护整个工人阶级的利益。特别是马克思主义的出现,使工人阶级从自在阶级发展成为了自为阶级。马克思恩格斯指出,"不管工会的最初目的如何,现在它们必须学会自觉地作为工人阶级的组织中心、为工人阶级的彻底解放的最大利益而行动。"[①]随着工人阶级的逐渐庞大,在劳资力量的博弈中,国家不得不作出某种让步,到了 19 世纪末,原本被禁止的工会,逐渐得以承认。例如,英国 1871 年通过的《工会法》和之后的《合作与财产保护法》,国家从法律层面认可了工人阶级保护自身利益的合法性。到了 20 世纪,工会开始走上制度化,美国《华格纳法案》的颁布是一个很好的说明,这项法案赋予了工人自由组织或参加工会的权利,并提出了新的方式即通过集体谈判来进行劳资协商,这时的资本主义国家已经改变了态度,并且作为协调人的身份开始出现于工人与资方的集体谈判之中。但二次世界大战之后的几十年,工人运动慢慢处于低潮,在合作型的劳资关系

---

① 《马克思恩格斯全集》第 21 卷,人民出版社 2003 年版,第 273 页。

模式中,工人沉浸在与资本的合作之中,工人之间的联合反而下降,很多国家的工会参与人数比例降低已经表明工人的阶级意识逐渐淡薄,其结果就是劳工力量被消弱。工人力量的减弱,也导致了工会的一些权利开始受到限制。以英国为例,与之前工会在工党时期发展迅猛相比,在撒切尔政府上台之后工会受到了诸多限制。资产阶级通过立法限制工会的活动,或者通过分化工会并收买工会领导,导致工会的作用越来越成为了社会矛盾的缓冲器,而不是为了维护工人阶级的利益,这与工会的初衷不吻合。这个阶段的工会组织与二战前相比,力量明显孱弱了许多。

简言之,工会力量主要体现在维护工人阶级的经济利益与争取政治利益。而工会对于劳资关系来说,其力量的大小直接反映了劳动者阶级的强弱,当工会表现为强大的时候,劳资关系中工人阶级的力量就强,当工会表现为孱弱的时候,劳资关系中工人阶级的力量就弱。那么,衡量一个国家工会力量的大小,有哪些标准呢? 我们可以借鉴以下几种指标:[1]一是"入工会率"或称"工会密度"。但单看这个尺度并不是完善的,因为有些国家虽然工会密度低,表现出来的团结性却很高,总的来说,工会密度高的地方,工人的经济利益诉求情况会相对更好一些。二是"罢工发生率",因为罢工是工人阶级最强有力的手段,这种手段使用的频率可以看出劳工运动强弱的程度。三是,是否有属于工人阶级自己的劳工政党,这是工人阶级的政治力量的体现。

---

[1] [美]迈克尔·D.耶茨著,张文成译:《美国工人失业和工会组织现状》,《国外理论动态》2004(12)。

3.3.2 产业革命及其技术进步

对于技术进步的较早理论研究,很多人认为是奥地利学者约瑟夫.熊彼特。但实际上,马克思已经在一系列的著作中对技术进步有过深入的讨论。例如在《资本论》中,从劳动价值理论到剩余价值生产,从资本有机构成分析到资本积累,技术进步的思想贯穿其中。马克思虽然没有对技术做过专门讨论,但却通过分析技术进步对生产力、生产关系乃至整个上层建筑所带来的影响而展开。技术进步对于劳资关系产生的影响,正是通过作用于生产力上,通过生产力的变化进而影响着劳资关系的变化。

回顾资本主义社会的三次产业革命,不难发现,技术进步在给资本主义社会带来空前繁荣的同时,也深刻的影响和改变着劳动与资本之间的力量对比。第一次产业革命,通过纺织机械的大量兴起,以蒸汽机的发明和应用为标志的第一次技术革命在英国率先出现,技术进步推进了生产力巨大飞跃,英国快速崛起,资产阶级和无产阶级开始真正作为社会中的两大阶级登上了历史舞台。在生产中,资本占据了绝对的优势,劳动者成为了机器的附属物,具体表现为劳动对资本的隶属。第二次产业革命,发电机和发动机的问世成为了标志。随后,电话、电报、电灯、电车等相继出现,从此,电力代替了蒸汽机。在生产力得到急速发展的同时,也加速了生产的集中,国家的生产与资本的集中达到了前所未有的高度,资本主义生产关系进入了垄断发展阶段。技术进步最后导致了劳资关系发生了深刻的变化,资本的集中不仅表现在工业资本上,也表现在银行资本上。列宁在《帝国主义论》中谈到,银行资本和工业资本已经融合起来,在这个"金融资本"的基础之上形成了金融寡头。以金融寡头出现的资本力量与之前资本的力量相比更强了,巨大的资本不仅操纵着国家的经济,甚至国家的政治。而劳动的力量,在此时也得到了增强,正如马克思所言,"这种联合由于大工业所造成的日益发达的交通工具而得到发展,这种交通工具把各地的工人彼此联系起来。只要有了这种联系,就能把许多性质相同的地方性的斗争汇合成全国性的斗争,汇合成阶级斗争。"① 但与资本的空前集中相比,技术进步对资本力量的加强作用更大。第三次产业革命发生在二战后,以电子、微电子技术为手段,人类开始初步进入信息时代,并进一步促发了社会经济结构等各方面的变革。生产力的极大丰富带来了多元化的物质生活资料,工人阶级的生活状况得到了改善,劳资矛盾在一定程度上得到了缓和,但工人阶级受剥削的本质是没有改变的,只是技术的进步为资本所用时,为其提供了更多隐秘的方式,也让剥削剩余价值的手段更加文明化。

可见,技术进步在社会发展的过程中,积极的一面是显而易见的。但与任何事物的发展都有两面性一样,技术进步也有消极的一面。值得注意的是,这种消极,并不是说技术进步本身,而是技术进步所产生的异化效应。马克思明确指出了在资本主义社会中,"一个毫无疑问的事实是:机器本身对于工人从生活资料中'游离'出来是没有责任的。……同机器的资本主义应用不可分离的矛盾和对抗是不存在的,因为这些矛盾和对抗不是从机器本身产生的,而是从机器的资本主义应用产生的!因为机器就其本身来说缩短劳动时间,而它的资本主义应用延长工作日;因为机器

---

① 《马克思恩格斯选集》第 1 卷,人民出版社 2012 年版,第 409 页。

本身减轻劳动,而它的资本主义应用提高劳动强度;因为机器本身是人对自然力的胜利,而它的资本主义应用使人受自然力奴役;因为机器本身增加生产者的财富,而它的资本主义应用使生产者变成需要救济的贫民"。① 可见,马克思在论述中,批判的是技术的异化,技术在资本主义的应用,但绝对不是技术、技术进步本身。西方马克思主义学者也看到了科学技术对社会的作用,例如法兰克福学派的霍克海姆、阿多尔诺和马尔库塞等人,将科学技术与意识形态相结合,分析了这种结合的消极功能,但他们过于强调这种负面效应而忽视了科技本身积极的另外一面。因此,尽管技术异化具有消极作用,但是马克思认为科学技术所谓的"原罪",并不是科学技术本身具有对人控制的性质,而是技术使用的资本主义方式使它变成了控制人的工具。

因此,技术的进步给资本主义劳资关系带来的影响是两面性的:一方面,极大的推动生产力的提高,丰富了各个阶级的物质生活,促进了社会经济结构调整,也推进了文明的进程。另一方面,科学技术在资本主义社会中也成为了资产阶级对无产阶级专政的武器和统治的手段,强化了资本的力量,并与工人对立,工人最终成为了机器的附属物,这样的结果,无疑是工人地位的下降。

3.3.3 全球化趋势的影响

经济全球化是以资本、技术、信息、劳务等生产要素在全球范围内流动和配置为主要特征,各国经济相互联系和相互依赖的一体化过程。随着全球化进程的不断推进和快速发展,对传统的劳

---

① 马克思:《资本论》(第1卷),人民出版社2004年版,第508页。

资关系格局产生了前所未有的冲击和影响。

经济的全球化让资本突破了地域国界的限制,这符合了资本与生俱来的全球扩张的欲望,世界市场蕴藏着巨大的潜力,让西方资本主义国家的资本家欣喜不已。以资本自由为目的的全球化,无论以何种方式在何处投资,其目的都是为了实现利润最大化。经济全球化正是资本冲破地域的束缚走向国际的表现,是资本追求价值增值的本性所致。马克思早在《政治经济学批判》中就指出:"资本……要力求摧毁交往即交换的一切地方限制,征服整个地球作为它的市场。"① 因此,马克思早就预测了全球化是资本主义发展的必然趋势。虽然全球化也有利于劳动力的全球流动,但与资本流动的活力相比,受到的限制和制约太多。伊曼纽尔的《不平等的交换》中把资本能够自由流动,而劳动力不能自由流动当做国际间不等价交换的主要根源。这个观点,虽然从逻辑和经验出发存在一定的弊端,但从当前的现实来看,的确存在这样的情况。资本主义发达国家推行的是商品与资本的自由流动,而对于劳动力的流动却设置了种种障碍,可见,劳动力市场的全球化远远落后于资本与商品的全球化。在全球化趋势的影响下,一方面给资本提供了全新舞台,使其主动性及其活力得以充分施展,资本的主导地位日趋明显,力量越发增强。但另一方面,却对工会力量和工人阶级利益产生了负面影响。以跨国公司内部的劳资关系为例,劳资问题在不同的国家中存在不同的情况,这种情况的差异让工人相互之间的联合团结受到了抑制。信息的不对称,让工会谈判的难度增加,尤其是国与国在劳资问题上政策的不同,国际市场中缺

---

① 《马克思恩格斯文集》第8卷,人民出版社2009年版,第169页。

乏统一的劳资关系的规范。简言之,全球化从某种程度上促进了资本在世界的无国界联合,然而劳动力的无国界联合却障碍很多,由此,强资本与弱劳工的格局随着全球化的展开会越发明显。

　　总的来说,经济全球化促进并深化了资源要素在世界范围内的组合与配置,劳动与资本之间的关系向着国际化的趋势发展,劳资关系市场化程度日趋提高。从世界市场来看,发达资本主义国家强资本与发展中国家弱劳动的对比越发明显,这给工会提出了新的要求,工人联盟之间的国际合作成为了提升劳工弱势地位的必然方向。同时,这也对民族国家的调控能力提出了新的要求,民族国家对劳资关系的调节,如果没有跟上全球化的速度,对劳资关系调节能力的弱化,可能会进一步助长资本在各国之间的延伸、流动和扩张。经济全球化如同科技革命一样,是一把双刃剑,在促进全球生产力提高的同时,对劳资关系的负面影响主要是资本力量进一步增强,工人地位明显下降。

第 4 章
当代资本主义劳资关系的主要模式与国家调节

4.1 当代资本主义国家劳资关系的多样性发展

资本主义劳资关系的发展是统一性与多样性的发展,统一性主要是指劳资关系在不同历史阶段下所呈现的一致性,以及不同空间中所具有的劳资关系本质特征的共性。而共同的经济规律并不否认历史阶段的多样性,以及每一个国家在劳资关系中所呈现的空间性差异,即国别差异。马克思认为,资本主义在遵循共同发展规律的同时,"并不妨碍相同的经济基础——按主要条件来说相同——可以由于无数不同的经验的情况,自然条件,种族关系,各种从外部发生作用的历史影响等等,而在现象上显示出无穷无尽的变异和彩色差异,这些变异和差异只有通过对这些经验上已存在的情况进行分析才可以理解。"[1]由此,马克思提出"资产阶级社会是最发达的和最多样性的历史的生产组织。"[2]本章主要探讨劳

---

[1] 马克思:《资本论》第 3 卷,人民出版社 2004 年版,第 894—895 页。
[2] 《马克思恩格斯选集》第 2 卷,人民出版社 2012 年版,第 705 页。

资关系的国别差异,这种从横向来看的劳资关系,是作为资本主义劳资关系在不同国家的具体实现形式。

4.1.1 关于当代资本主义国家劳资关系多样性的探讨

当代资本主义国家劳资关系从空间上来看,每个国家发展情况是不同的。但为了更好的认识和研究空间差异,理论界从不同的角度出发,试图把不同国家的劳资关系归纳为几个主要的模式或主要类型。对于劳资关系的多样性研究,又是与资本主义多样性的研究紧密地联系在一起的。从20世纪80年代开始,国外理论界对资本主义多样性的研究逐渐增多。例如,米歇尔·阿尔贝尔在《资本主义对资本主义》一书中,强调了在不同的国家中存在着各种真实的资本主义,他认为不存在唯一的资本主义模式,他依据对待效率与公正的关系态度,把当代资本主义划分为了两种模式:一种是盎格鲁·撒克逊模式,这是以美国、英国为代表的,也称为"新美国模式";一种是莱茵模式,以德国为代表的。在对这两种资本主义模式的对比中,劳资关系的比较分析是非常重要的一部分。英国研究学者戴维·柯茨在《资本主义的模式》一书中,把资本主义分为了三种模式,劳资关系也相应的存在于三种模式之中,即以美国为代表的市场导向资本主义模式、以日本为代表的政府导向型资本主义模式和以德国为代表的谈判或协商资本主义模式。罗纳德·多尔从公司管理的视角,具体分析了日本模式与德国模式下雇佣关系的不同特征。拉左尼克在《车间的竞争优势》里,通过考察车间层面的劳资关系,对美国、日本和英国的劳资关系进行了纵向和横向的比较,揭示了资本家与工人之间的合作关系对于保持竞争优势的重要性。美国学者丹尼尔·奎因·米尔斯在《劳工关系》中,比较了美国与其他贸易国家(日本、德国等)的劳工关系,并就美国私人部门中劳资关系的不同模式及公共部门的劳资关系的特点做了分析。约翰·W.巴德将效率、公平和发言权作为雇佣关系的核心目标,对工业化市场经济体系中劳资关系制度的形式在不同国家的表现进行了比较分析。总而言之,资本主义劳资关系模式的上述研究,对于我们分析当代资本主义是有重要借鉴意义的。

国内学者从20世纪90年代开始,从不同的视角出发,开始对当代资本主义的不同模式进行研究。(1)从经济体制构成要素出发对不同模式进行的一般性比较,例如,陈建的《政府与市场——美、英、法、德、日市场经济模式研究》,刘嗣同、郭晶等编著的《世界市场经济模式》等。(2)针对某个国家具体模式进行的研究,如白景明《美国:自由主义的市场经济》;沈越《德国社会市场经济评析》等。(3)从政治经济学的角度进行的研究,如徐崇温《当代资本主义新变化》,靳辉明、罗文东的《当代资本主义新论》等等。理论界还有很多学者对劳资关系的国别差异进行过深入探讨,在此就不一一列举。

简言之,上述相关研究成果表明,国内外学者非常重视对于资本主义劳资关系多样性问题的探讨。但严格来说,其实每一个资本主义国家的劳资关系都有属于自己国家的独特性,也就是有自己的发展模式。因此,从不同的研究视角出发进行归纳就出现了的各种不同模式。本章是从政治经济学的视角出发,希望从横向层面探讨当代资本主义国家劳资关系模式的发展以及其中的国家调节,但本章的关注点并不是仅仅停留在资本主义劳资关系不同模式中的具体调整上,更重要的是探讨不同模式形成的原因?不同劳资关系模式为什么能够并存发展,以及它们的发展趋势是什么？接下来，我们就结合美国、德国、日本这三个比较典型的发达资本主义国家，对当代资本主义劳资关系不同模式的成因、特点、发展以及国家调节，进行分析探讨。

4.1.2 资本主义劳资关系多样性的成因

资本主义在同一个历史阶段下，劳资关系不仅呈现出统一性，同时也具有多样性。因为劳资关系的具体实现形式总是与具体国情相结合，由于不同的国家中影响劳资关系的具体因素及其相互构成的不同，这就导致了劳资关系模式在空间上的多样性。导致空间多样性的原因可以归纳为如下几个方面：

1. 生产力基础的不同

从二战后形成的生产力基础来看，美国生产力水平是最高的，欧洲各国在二战中都不同程度遭到了破坏，而德国、日本作为二战的战败国，其生产力更是遭受到了严重的影响。相反，战争军备竞赛刺激了美国科学技术的进一步发展，所以，美国在战后的科技革命中始终走在前沿。在新一轮的信息技术革命与全球化的攻势下，美国企业有足够的实力在生产竞争中取得优势。因此，美国反对国家干预，反映在劳资关系领域中，是因为强资本有足够的力量获得发展的空间，国家只需要为它提供一个保护的环境即可，其他的干预就似乎变成了资本的束缚，这也是形成美国劳资关系模式的一个重要原因。相反，战后的德国与日本，资本匮乏，在这样的生产力基础上要发展起来，必需借助国家的力量，这就形成了战后德国与日本劳资关系模式中所表现出来的国家干预思想。

2. 指导理念的不同

资本主义社会中，在主流的经济理论指导下，每一个国家还会根据自己国家的具体情况形成独具特色的指导理念,不同的指导观念构成了劳资关系多样性发展的又一重要因素。在当代资本主义社会中,新自由主义是美国的国家意识形态和主流价值观,被美国资产阶级作为普世的价值观在世界范围内推行。这一思想认为劳资双方是具有理性的经济人,劳资关系是一种自由、平等的交换关系,市场力量不仅能使企业实现效率最大化,而且能让雇员得到合理的待遇,可以说,美国的劳资关系政策深受这一思想的影响。德国是实行正统多元论最典型的国家,该学派主要关注经济体系中对效率的需求与雇佣关系中对公平的需求之间的平衡,认为雇员对公平和公正待遇的关心,与管理方对经济效率和组织效率的关心虽然存在冲突,但这种冲突仅仅限于诸如收入和工作保障等具体问题,并且可以通过双方协商解决,因为根本利益是一致的。因此,德国劳资关系模式中所表现出来的阶级妥协和阶级合作深受多元论学派的政策的影响。对于日本来说,虽然日本文化传统在日本劳资关系模式的形成中占据举足轻重的地位,但是作为一个二战后兴起的资本主义国家,日本模式的形成也是在向西方发达资本主义国家学习的过程中发展起来的,其中西方管理主义学派对日本劳资关系模式的形成有重要影响。该学派更关心员工在就业关系中的动机以及员工对企业的认同。在该学派看来,员工和企业的利益基本上是一致的,解决雇主和员工之间冲突的关键是维持雇主对雇员的管理关系,以及雇员对雇主的服从关系,如果雇主采用"高度认同"的管理战略,雇主和雇员将会保持和谐的劳资关系,这种劳资合作的模式能使雇主和雇员实现双赢。

3. 形成的阶级基础不同

劳资关系归根到底是一种阶级关系,阶级关系的国别差异也是导致当代发达资本主义国家劳资关系多样化的重要因素之一。随着全球化和信息技术的发展，当代资本主义社会中的阶级结构发生了很大的变化，虽然基本的阶级结构主要是工人阶级、资产阶级，但它们的内部结构却发生了新的变化，表现为各个阶级成员在数量、收入、职业等方面的明显区别，这种变化的程度与形式在各个国家是不同的，从而导致了其阶级关系的国别差异。例如，美国阶级结构比较复杂，两大阶级和中间阶层的分化程度很高。工人并不愿意参与到工会中去，甚至认为工会的存在对于就业、增长等是有负面影响的。美国相比其他国家来说，工会力量相对弱小，工人并不愿意选择阶级行为的处理方式。而二战后，德国社会阶级结构也出现了新的变化，橄榄球型结构代替了金字塔形结构，表现为中间阶层的壮大，处于社会两端的人数变少，一方面，中间阶层成为资产阶级和无产阶级矛盾的缓冲地带，在维持阶级关系的稳定中发挥举足轻重的作用；另一方面，以德国为代表的欧洲国家，有着悠久的工人运动历史，工会力量很强大，工会地位很高，能够与资本进行对话，因此德国的劳资关系模式带有明显的阶级之间的对话合作性质。日本在二战以前阶级对立明显，但50年代以来的经济高速发展以及随之而来的产业结构的变化，使日本中产阶级的规模迅速扩大，由于收入与生活水平的迅速提高，社会各阶层间的收入差距较小，所以，日本社会范围内或企业内部的阶级对抗意识并不明显，这也促进了日本劳资利益一致型模式的形成和发展。

4. 传统文化与价值观念的不同。

传统文化对于一个国家来说影响是很大的，这种根深蒂固的思想有意无意的延伸到了各个领域，这同样也成为了当代资本主义劳资关系差异性的原因之一。在美国的文化传统中，个人主义是其文化价值观的核心,正如冈纳·缪尔达尔指出:"在美国,'个人主义'最初是唱着对资本主义和自由主义民主的颂歌而出现的。它成了一种具有巨大意识形态意义的象征性的口号,表达了包括在天赋权利学说、自由企业的信念和美国之梦中的不同时代的所有理想。"①这种强调个人自由主义的思想文化在劳资关系领域中得到充分体现,在主流的个人主义与传统自由竞争价值观的影响下,"在美国工人当中不存在大多数德国工人具有的无产阶级社会主义所独有的对立意识。"②与美国相比,日本的传统文化是不同的,传承着东方文化尤其是儒家文化的日本,在劳资领域更多的强调集体主义的团结精神。例如,被称为"日本现代企业之父"的涩泽荣一就曾号召企业家应看《论语》,并提出义利合一。而日本传统文化中的家族意识和集团意识相结合,形成了员工与企业的长期劳资关系。对德国而言,德国、瑞典等国家显然带有欧洲价值观的传统,这种价值观中隐含着对国家的尊崇,他们相信国家能够生产秩序,弥补市场的缺陷,保障公平的分配等,德国模式中的共同决策制度、集体谈判制度都是这一价值观的体现。

4.2 当代资本主义劳资关系的主要模式与国家调节分析

4.2.1 美国自由多元型劳资关系及其国家调节

美国自由多元型劳资关系模式源于"盎格鲁—撒克逊模式"

---

① 转引自[英]卢克斯:《个人主义》,江苏人民出版社2001年版,第24页。
② [德]维尔纳·桑巴特著,王明璐译:《为什么美国没有社会主义》,上海人民出版社2005年版,第31页。

(Anglo-saxons),又称为"自由资本主义模式",或者"市场导向的资本主义",该模式以美国为代表,而英国、加拿大、澳大利亚、新西兰等国均属于这种模式。

纵观美国劳资关系模式的发展,在不同的历史发展阶段,为了克服资本主义各种矛盾与危机,生产关系自身进行了不断的调整革新。正如上一章所介绍,每一个历史阶段都有属于那个阶段的特点,但不论如何发展,这种模式的基本内核和框架是保持不变的,在当代所形成的"新美国模式"更是延续了自由放任的精神实质。美国之所以被称作为自由市场经济的代表,有其生存的特殊土壤。正如马克思所说:"有些国家,例如北美的发展是在已经发达的历史时代起步的,在那里这种发展异常迅速。……可见,这些国家在开始发展的时候就拥有老的国家的最进步的个人,因而也就拥有与这些个人相适应的、在老的国家里还没有能够实行的最发达的交往形式"[1]。维尔纳·桑巴特指出:"美利坚合众国是资本主义的乐土。资本主义要完整且纯粹地得到发展,所需要的一切条件都最先在这里得到满足。除此之外,其他任何国家和民族都没有赋予资本主义这样的条件,允许它发展至其最高阶段。""资本主义之外的任何一种谋生方式在美国都好像是不为人所知的,而欧洲国家所不曾有的一种纯粹的经济理性主义满足了这种攫取利润的欲望。"[2]资本的贪婪在美国的乐土中得到繁衍生长,在资本得天独厚的条件下,作为总资本家的国家只需要为它提供一个安全稳定的环境,其他一切就交由市场去处理完成。这种自由放任的思想

---

[1] 《马克思恩格斯选集》第1卷,人民出版社2012年版,第205页。
[2] [德]维尔纳·桑巴特著,王明璐译:《为什么美国没有社会主义》,上海人民出版社2005年版,第5、7页。

也贯穿到了劳资领域中,形成了独具特色的美国劳资关系模式。

在美国崇尚经济自由、放任,强调个人的环境中,国家的干预被限制在了很小的范围之内。尽管二战后,美国奉行了国家干预政策,但相较于其他国家来说,这种干预的程度和范围都是比较低的,美国一直是经济自由化程度最高的国家。总的来说,在该模式中国家履行公共职能方面遵循两个基本原则,范围最小化与方式间接化。国家的出现更多是以一个裁判员和服务员的角色出现,为社会经济的运转提供服务,为了市场的正常运行提供保障,为国民经济发展提供一个稳定的环境。从某种意义来说,该模式下的国家调控和干预是在市场失灵下不得已的一种被动的选择。

接下来,从以下五个方面来看美国劳资关系模式以及国家调节的具体情况。

1. 从所有制结构来看

各种资本主义国家模式都建立在私有制的基础之上,但不同的模式中所有制的结构和特点也存在着差异。美国模式的所有制是资本主义国家中私有化程度最高的。其一,私人部门在美国经济中占有主导地位,国有经济的比重非常小。据统计,在美国国民生产总值中,私人部门占有3/4以上,美国政府及其国营企业在国民生产总值中所占的比例仅为1.5%左右,国营企业雇员占全部就业人员的比例仅为9.7%—16%。相比于其他发达国家,美国在电力、石油、煤气、航空、钢铁、造船等重要工业部门,国有化程度也都是最低的。[①] 在美国"联邦政府一级以上几乎没有任何公有资

---

① [美]斯蒂格利茨:《政府为什么干预经济》,中国物资出版社1998年版,第35页。

产,比如发电厂和配电器,以及一些教育和医疗保健机构。更多的公有资产在地方和市一级,包括交通、能源、医疗保健、教育和水务。"①其二,私人资本集中程度高,私人垄断资本的力量很强大,跨国公司增长非常快。尽管战后以来美国股份公司股权分散化的趋势不断加强,股票持有现象十分普遍,但企业的控制权仍然掌握在少数大股东和高级管理人员手中。② 其三,金融资本在美国发展迅速。美国是金融化程度最高的资本主义国家,金融化让资本完全摆脱了物质形态的束缚,获得了最大自主的灵活性、自由性。正如列宁曾经所言:"金融资本的统治,是资本主义的最高阶段,这时候,这种分离达到了极大的程度。金融资本对其他一切形式的资本的优势,意味着食利者和金融寡头占统治地位,意味着少数拥有金融'实力'的国家处于和其余一切国家不同的特殊地位。"③

2. 从交换领域来看

在劳动力市场上,美国实行的是"高度自由的雇佣劳动制度",企业可以根据劳动者的工作能力、工作表现以及工作业绩,决定是否雇佣以及雇佣的时间和工资,劳动者也可以根据自己的意愿,随时选择职业、更换工作。也就是说,当企业觉得工人不再符合自己企业需要的时候,他们会被解雇,而当别的企业条件更能吸引工人时,工人也会跳槽。据美国劳动部统计,美国每月的劳动周转率为4%,④其中职工被解雇和自己辞职各占一半。这种劳动力

---

① [德]魏伯乐主编:《私有化的局限》,上海三联书店,上海人民出版社2006年版,第308、309页。
② 靳辉明、罗文东:《当代资本主义新论》,四川人民出版社2005年版,第234页。
③ 《列宁全集》第27卷,人民出版社1990年版,第374页。
④ 徐崇温:《当代资本主义新变化》,重庆出版社2004年版,第143页。

的不稳定性,在美国模式中,被认为是劳动力自由流动和市场运行良好的表现。同时,美国模式在处理劳资关系争议方面,采取多元化的处理机制,由各种劳资争议处理机构自行制定程序处理,一般来说,解决劳资争议的基本出发点是企业内部自行协商解决。

3. 从生产领域来看

在生产领域方面,国家倾向于不用任何计划来约束垄断资本。对于处在资本市场发达的美国企业来说,实行的是自由企业制度。这种自由化的企业,首先体现在企业股东至上,企业所有者的变化速度很快,来去自由。不管是个人还是机构投资者,他们关注的只是企业的利润,这是他们选择买不同公司股票的动机,对于公司的治理以及长远发展情况,并不是他们最感兴趣的。股票价格的高低,决定了他们的去留。为了迎合股东,美国企业始终坚持股东利益至上,股东利益优于雇员利益。在企业的管理机制上是典型的资本雇佣劳动的关系,公司管理者的绝对地位权力与其高收入相辅相成。但是,为了更好的提升劳动者积极性,雇员参与管理和决策的空间开始有所增加,20世纪60年代初由美国学者路易斯·凯尔最早提出职工持股计划,从1973年开始美国国会陆续通过鼓励职工持股,并建立相关法律,这项计划的推行,有效的发挥了社会"减震器"的作用,对调动员工的工作积极性、主动性起到积极功效。

4. 从分配领域来看

在当今的美国模式下,对于收入分配的调节主要通过税收来进行,但调节是在不损害企业家积极性的前提下进行。在社会保障问题上,美国并没有一个普遍性的保障制度,医疗公共卫生方面的支出与西方其他发达国家相比几乎要少一半,很多美国人都是根据自己的收入情况加上一项私人医疗保险,但据统计,约有

3500万人被排斥在任何一类医疗保险之外。虽然美国也发展福利事业,但与西欧一些福利国家那样包罗万象的项目相比,很多内容还是利用市场机制来调节。该模式虽然也强调平等,但他们所说的主要是机会和程序的平等,而把结果的不平等认为是个人的问题,并认为这种不平等会成为个人奋斗的动力和经济增长的推力。在美国劳资关系模式下两极分化的不平等性被合理化了,人们认为不平等有利于刺激竞争和努力,可以强迫人们"品行端正"和努力工作。反之,向富人索取越多,就会减少资本投资的积极性,给穷人支助越多,也会减少劳动的积极性。因而,认为贫困不是国家应该负担的,而是伦理和慈善应该关注的问题。"在那里,社会公正的观念似乎被看做是一种颠覆性的、近乎下流的观念,唯一可以代替的办法是利用慈善手段进行的'反贫困斗争'。在这个国家里,普及社会保障制度似乎被说成是一种对领导阶层的惩罚判决。"[1]因此,以美国为代表的这种模式,所导致的结果便是两极分化非常严重。例如"日本总裁的收入是本国基本工资的17倍,英国总裁的收入是本国基本工资的35倍,而美国的总裁的收入是本国基本工资的109倍。"[2]当今美国收入分配的不平等性,也正如约翰·格雷所言:"收入的降低损害着就业的大多数人,对在职的穷人中的大多数损害尤甚。美国的生产率在过去的20年里稳步上升,而大多数人,即10人中有8人收入停滞或下降。这种经济不平等的增长是有史以来空前的。……美国国内不平等的

---

[1] [法]米歇尔·阿尔贝尔:《资本主义反对资本主义》,社会科学文献出版社1999年版,第27页。

[2] [英]乔纳森·查卡姆:《公司常青:英美法日的公司治理的比较》,中国人民大学出版社2006年版,第164页。

程度与拉丁美洲国家相似,而且超过任何一个欧洲国家。"①

5. 阶级关系

从美国的工人阶级来说,由于金融化在美国高度发展,导致了制造业等实体工业比重下降,产业工人数量急剧减少,对比产业工人较为容易结成联合来说,服务与金融业的工人组织起来不太容易,这也进一步削弱了美国工人阶级的集体联合力量。与此同时,美国是个人自由主义至上的国家,工人之间关系并不紧密,美国工会的组织系统也是比较松散的。当前,美国最大的全国性劳工运动工会组织是劳联—产联,它是由当时最大的两个工会组织劳联和产联于1955年合并而成,主要的工作是协调全国产业工业地方工会的活动,处理重大劳资纠纷,它的宗旨是改善工人生活。美国工会名义上是独立组织,但实际上与资本主义是一种共生关系。20世纪90年代以来,美国工会热衷于公开参与支持政党竞选,特别是美国主流工会成为民主党的重要支持力量,这让人们开始质疑当今美国工会是否真正代表美国工人的利益,美国工会的独立性也开始受到质疑。正如大卫·诺斯在《经济危机与美国阶级冲突复苏》中谈道:"1979年克莱斯勒宣布将关闭一家大的生产企业,联合汽车工会(UAW)不顾普通工人提出的采取行动以保卫工作的要求,接受了这一决定。工人的反对活动被扼杀,工厂在毫无反抗的情况下关闭。联合汽车工会官僚决定在工资和工作条例上给予克莱斯勒重大让步,这就开始了工会与资方合作的模式,扫清了接下来对所有美国工人阶级的工作、工资、工作条件和权益进攻

---

① [英]约翰·格雷:《伪黎明:全球资本主义的幻想》,中国社会科学出版社2002年版,第139、3页。

的道路。经过十年的阴谋破坏,美国劳联—产联、汽车联合工会等只在名义上是工会,它们不再作为以任何方式与保卫工人阶级利益相联系的组织而存在。相反,它们却服务于上中阶级阶层的金融和社会利益。以后,美国劳联—产联官僚认可了政府和资方破坏罢工的浪潮。20世纪80年代间并不缺乏罢工,但是,所有罢工都被美国劳联—产联隔离并击败。由资方控制的工会对工人阶级产生了影响,最有力的证据是美国的罢工从1990年起实际上消失了。"①

可以说,在金融化、信息化的推动下,当前美国资产阶级的力量越来越强,而美国工会却缺乏统一的指导思想和制度约束,再加上工会过于分散,美国劳动阶级的力量被割裂分化得更加弱小,在资强劳弱的大背景下,劳动者很难通过集体联合的方式来维护自身权益。近十年来,美国罢工的人数和次数逐年减少,这表明即便在金融危机之后,美国排斥型的劳资关系模式并未发生实质性的转变。在劳资双方力量如此悬殊的情况下,美国选择采用了最小范围的市场干预,实则是对资本的保驾护航。

4.2.2 德国社会市场经济劳资关系及其国家调节

德国劳资关系模式源于"莱茵模式",又称为"谈判或协商资本主义"或者"社会市场经济模式"。该模式以德国为代表,其他欧洲国家包括荷兰、瑞典以及法国等国均可划为这种模式之中。

二战之后,德国实行的是一种特殊形式的资本主义自由经济,

---

① 转引姜辉:《当代西方工人阶级研究》,中国社会出版社2015年版,第218页。大卫·诺斯是社会平等党(SEP)全国主席,这是他在2009年5月19日在世界社会主义网站、社会平等党和争取社会平等国际学生地区大会"世界经济危机,资本主义的击败,社会主义的论据"中所做的报告。

即社会市场经济模式。该模式是经济自由主义、民主社会主义的综合体。第一个提出社会市场经济模式是"实用主义的新自由主义"的代表阿尔马克,他针对德国当时的具体情况,指出德国只有实行"社会市场经济"的政策,才能确保社会经济的高速发展。因为"社会市场经济不是自由放任的自由市场经济,而是被有意识地加以调节的、而且是由社会进行调节的市场经济。"[1]可见,社会市场经济是一种介于自由放任和集中管理经济之间的混合系统。纵观德国模式的发展历史,从这种模式产生开始,其经济政策就一直在不断的变化之中,从自由主义思潮在社会市场经济模式中占据主导地位,到凯恩斯主义在德国的普遍化,再到新自由主义的兴起,乃至"第三条道路"的确立。尽管有这些变化,但德国一直保持既严格遵守市场经济自由竞争的原则,又注重从社会政策的角度对经济加以指导。德国模式批评极端的个人利己主义价值观,并强调在追求个人自由的同时,国家应该具有社会责任和社会义务。在马尔·马克和路德维希·艾哈德看来:"社会市场经济构想的基本原则应该是:社会市场经济中的'社会'首先应该在于通过经济增长和增加全体德国人民的福利来消除社会紧张关系。要靠发展经济来获得福利,而发展经济要靠竞争来实现,竞争则要靠正常的市场秩序。"正因为德国自由主义者强调秩序,所以他们认为在坚持自由竞争的原则下,实行国家有限适度的调控和干预是必要的。在德国劳资关系模式中,"社会国家"一词由来已久,后来作为"民主的、社会的联邦制国家"在德国的基本法中得到认同。

---

[1] [德]海因茨·笛特·哈德斯等:《市场经济与经济理论——针对现实问题的经济学》,中国经济出版社1993年版,第17页。

"社会国家原则上要求以人类的尊严和社会公平为标准来评价经济关系和有经济决定的关系。如果放任不管,即使是最有效率的市场体制,也会导致极大的不公平。"[①]

因此,德国模式以自由竞争为基础,在履行公共职能方面,由于德国工会自身比较强大,与美国模式相比,履行公共职能的程度大很多,国家扮演着创造和维护"竞争秩序"的角色,通过直接干预与间接干预参与到劳资领域中进行适当调节,以保障社会与经济协调发展。接下来,从以下五个方面来看德国劳资关系模式及其国家调节。

1. 从所有制结构方面

德国所有制是以私人占有制度为基础,主张实行多种所有制并存的经济制度。在德国存在大约八种所有制,私人垄断所有制、非垄断性的资本主义所有制、小私有制、国际私人垄断所有制、合作社所有制、工会所有制、国家垄断所有制和国际垄断所有制,其中起决定作用的是私人垄断所有制和国家垄断所有制。[②] 在德国,所有制的基本政策是保护私有制,但也并不排斥其他形式的所有制,多种所有制"各司其职",在强调维护私有制的同时,也重视禁止"滥用"私有财产,国家在所有制变动问题上采取基本稳定的政策,试图尽力设法达到各方面的"社会平衡"。

2. 从交换领域来看

在劳动力市场方面,最突出的是德国的职业培训,德国一直把劳动力的培训作为国家的重点之一,相对于其他发达资本主义国

---

① [德]克劳斯·格林著,冯文光、裘挹红译:《联邦德国的社会市场经济构想.发展.问题》,中央编译局1994年,第490页。

② 裘元伦:《联邦德国经济:所有制形式与政策》,《西欧研究》,1987(4)

家的非综合性培训来说,德国模式的培训有几个特点:一是普及到大多数的人,在德国只有 20% 的就业人员没有任何职业培训的毕业证书。二是职业培训制度较为平等,与美国精英式的职业培训相比,德国模式下的职业培训是建立在中等水平培训的基础之上的群众性运动。三是职业培训通过联邦政府补贴和企业资助来完成。这种系统性的培训有两条路径,其一是劳动力市场中由半日制专业学校进行,这为大多数的年轻劳动力提供了两种类型的资格证书,即普通培训和技能培训;另外一种路径是在企业工作中进行。正是由于出色的教育培训,促使了德国的工人素质普遍较高。同时,这种教育培训系统,有助于知识技能从学校向劳动力市场需要的方向转化,从而创造出大量合格劳动力,可以更多的为企业提供符合标准的雇工。在德国模式下,国家采用多方面的就业措施来创造就业机会,包括职业介绍措施、工作职业咨询措施、促进职业变动与培训的措施、获得与维护就业机会的措施等等。德国劳动力市场是一个相对比较稳定的劳动力市场,这为德国二战后的经济腾飞起到了非常重要的作用。

但是,在 20 世纪 80 年代之后,德国模式在新自由主义以及全球化、信息化的冲击下,德国全球竞争力开始下滑,劳动力市场也受到冲击。表现为失业率增高,我们通过下面一组数据来看,德国在 1970 年时,失业率为 0.5%,1980 年时失业率为 2.8%,1990 年为 5%,1998 年为 9.3%,2000 年为 7.8%,2005 年为 11.2%,2007 年为 8.7%[①],失业率的增加一直困扰着德国模式。然而,2008

---

① 数据来源于姜辉:《当代西方工人阶级研究》,中国社会出版社 2015 年版,第 103 页。

年金融危机之后,德国模式又再次显现出它的优势,它是资本主义国家中经济较快恢复的国家,失业率甚至比金融危机之前有所下降。

3. 从生产领域来看

从德国企业的目标来看,企业除了利润的追求之外,更被赋予了一定的社会责任。正如上文所谈到,职业培训不仅是国家非常重视的项目,同样企业也非常重视员工的培训,在劳动力的职业培训费用上,企业要与联邦政府共同承担起提供资金支助的使命。同时,德国的企业赋予了职工较大参与管理决策的空间,在企业管理上采用了共同决策制度,所谓共同决策制度就是企业内的所有者、管理者、工会代表等共同参与企业的重大决策,这种共同决策制度决定了德国的企业雇员在知情权、建议权和共同决策权等方面都享有很大的权力,参与权实际上涉及包括社会福利、人事和其他经济活动等一切企业事务,这些权力是通过法律形式固定下来。而"双层董事会"制度作为共同决策的一种治理机制,在德国公司广泛运用。所谓"双层董事会"也就是由股东代表和雇员代表共同组成的监督委员会,和在此基础上选出来的管理委员会一起,共同构成了公司中相当于董事会的机构。而作为最高权力机构的监督委员会,职工席位可以占到一半,这股力量对于公司来说是不容忽视的。可见,实行共同决策制度,工人有了更大的权力和责任,有助于职工与企业的目标走向一致,增强职工的归属感,使之把企业当成真正的伙伴集体,有利于企业合作效果。

与企业内的共同决策相适应,对于生产过程中的劳资争议与冲突,德国往往通过社会范围内所采用的集体谈判来解决。例如工作时间、休假天数、加班费、职业培训、生产保护等等问题都是属于劳资谈判协定的内容。而作为劳资争斗的重要手段,罢工与其他国家相比是相对较少的。原因是德国有具体的劳资契约,有与法律相联系的和平义务,劳资双方都有自己的组织以及他们的责任感,合作中解决冲突往往成为他们的主要谈判结果。① 总之,德国模式的集体谈判,是在严格按照法律程序的基础上,兼顾双方利益的原则而展开。国家对于劳资关系的各方面均作了比较详细的规定,同时,由于这些法律都是事先劳资双方谈判的产物,所以能够共同遵循。德国模式下的这种集体谈判,与美国集体谈判的分散化不同,他们是以合作竞争为基础,利益集团之间的谈判是建立在寻求合作双赢模式上的集体谈判。美国学者罗纳德·多尔对此谈道:"如果存在这么一个范围,以'对抗'作为一端,而'合作'作为另一端,那么我们就可以很自信地将德国人的态度和行为放在比英国人或美国人更能接近'合作'的那一端。在经济领域,德国人从来都不迷信这么一种观点,即自由竞争会使经济效率得到提高。"②

4. 从分配领域来看

在收入分配领域,德国模式一方面注重效率,认为"任何有效的社会救助只有在充裕的和不断增长的国民生产总值,也就是在高效经济的基础上才有可能性",但另一方面,该模式更加注重结果的公平,认为"提高经济生产效率绝不是目的。只有在生产率增长的同时,物价也下降,因而实际工资有可能真正提高,这才是完

---

① 陈凌:《德国劳动力市场与就业政策研究》,中国劳动社会保障出版社 2000 年版,第 168 页。
② [美]罗纳德·多尔:《股票资本主义:福利资本主义——英美模式 V.S 日德模式》,社会科学文献出版社 2002 年版,第 193 页。

整的社会市场经济。"①可见,该模式强调的是经济效率与社会公平的有机统一,个人自助与社会互助的有效结合。马尔·马克说过:"社会市场经济是按市场经济规律行事,但辅之以社会保障的经济制度,它的意义是将市场自由的原则同社会公平结合起来。"②因此,以德国为代表的德国模式拥有比较完善的社会保障制度,社会保障体系几乎囊括失业、教育、医疗、养老等各个方面,这些措施有效的改善了劳资关系,保障了公平。其结果是收入差距与美国模式相比,明显要小很多。然而,全球化所带来的国际竞争,让德国在面对庞大的福利保障开支中竞争力日益下降,在经济、科研、国际竞争力方面落后于美国,虽然福利危机的出现,导致实行德国模式的诸国调整了其社会保障制度,但其社会保障的范围和水平仍要高于其他国家。

德国收入分配强调公平性还体现在工资自治方面,也就是由劳资双方通过集体谈判来协调双方的利益,各方利益的得失正是工会联合会和雇主联合会双方力量较量的结果。而这个时候,当双方力量比较势均的时候,国家更多的作为第三方维护"秩序",工资或薪金协议作为集体谈判的劳资协定的一类,通常在短时间内修订并签订一次。国家以立法构建了劳资谈判的框架,规定了谈判的条件,但它不确定某部门中具体工资数额,这得由劳资双方代表,即工会和雇主联合会自行商讨决定,但前提是必需符合法律条款的规定,例如法律对于工资的规定是有最低底线的,雇主所提供的工资不能低于底线标准。

---

① [德]路德维希·艾哈德:《大众的福利》,武汉大学出版社 1995 年版,第 182、155 页。
② 转引自周茂荣:《德国的社会保障制度》,载《世界经济》,1998(7)。

5. 阶级关系

德国的工人阶级相对来说比较团结。德国企业中不设工会组织,工会是以行业来划分的,其中最大的工会组织是德国工会联合会,它是由八个行业工会组成的全国性联合会。集体谈判是工会最重要的工作,在德国的劳资关系体系中,已经形成了较为规范和严谨的相关法律体系,在法律体系的框架中,劳资双方都习惯用法律谈判的方式来解决纠纷,破坏性的罢工较少出现。而且在德国的法律中,严格规定了罢工是需要由工会来组织,这才是合法的罢工,而工人自行组织的罢工无论目的如何,都被视为非法。可见,法律框架内的行动,一方面提升了工会的法律效力,缓和了劳资冲突;另一方面也从某种程度上限制了工人的联合。进一步说,德国工会是否能够真正代表工人的利益,这一点与美国工会面临的困境一样,或许只是程度不同。相对于美国来说,由于德国工人阶级联合较强,德国工会的代表性比较强。德国工会不隶属于任何一个党派,但德国工会与社会民主党之间关系是比较复杂的。在上个世纪70年代之前,工会与社会民主党之间的关系非常亲密,但是社民党在新自由主义的逻辑下,推出了一系列有利于资本家的政策,削减社会福利,取消谈判自主权等等,这也让德国工会和社会民主党慢慢的分道扬镳。然而,这背后却说明了一个不争的事实,从纵向来看,德国工会的力量已经有所减弱,在与雇主的谈判中屡屡退让,工会会员逐渐流失,可见,在德国同样形成了资强劳弱的阶级格局。正是因为如此,一向看中依靠工会力量的政党也改变了之前的方针策略,转而谄媚于资本,显现出了本来的面目。

总的来说,德国政府在德国劳资关系中起到了比较重要的作用。戴维·柯茨曾经对德国政府的独特作用概括如下:"关于德国政府的经济角色和贡献有两种有特色的形式,一种强调像德国这样的晚期工业化国家从一开始就依赖一个比英国,甚至美国(在贸易保护主义、国家对投资的重点管理、发展教育、研究与开发以及可能的福利保护方面)更积极的政策,并在这一过程中,不断巩固积极产业政策的政府传统和在管理与雇用阶层培养一套相关态度,这样的政策和态度在美国和英国都是没有的。另一种认为,近年来西德的成功拥有先天的和特别的战后遗产:在社会市场经济表面下政府的积极参与以及协商和各阶级合作主义的意愿(甚至是狂热追求)(也就是一种要把福利待遇、工人权利和工会写入法律的意愿)。"①

4.2.3 日本政府导向型劳资关系及其国家调节

日本模式又称"政府导向资本主义"。日本模式是在特殊的经济政治环境中发展起来的,既具有西方资本主义的特点,又具有东方社会的明显特征,顾名思义,日本模式是以日本为代表,一些亚洲国家,诸如韩国、新加坡等也可以纷纷纳入这种具有东方特色的资本主义发展模式中来。

日本作为一个后起的资本主义国家,因为资本积累不足,从一开始,国家就在经济发展中占据了主导地位,战后的日本经济虽然转入了市场经济,但市场秩序的维持很大程度上依靠国家的指导与扶持。日本在市场机制不完善的情况下,为弥补市场发育的不

---

① [英]戴维·柯茨著,耿休林、宗兆昌译:《资本主义的模式》,江苏人民出版社2001年版,第81、82页。

足以及防止市场竞争的盲目性,通过国家与产业界密切配合,对经济进行积极和广泛的干预。"政府在战后日本经济增长中扮演了一个十分重要的促进发展的角色,这一角色对1973年前的大赶超冲刺来说更是举足轻重。""在日本产业资本最初的技术和经济赶超的冲刺中,日本政府承担了许多战略规划的角色。"①

接下来,从以下五个方面具体分析日本劳资关系模式以及其中的国家调节:

1. 从所有制结构方面

"日本模式"也是以私有制为基础的所有制,主要以法人垄断资本所有制为主。虽然日本也存在国有经济,但国有企业是在战后才又重新形成发展的,在整个国民经济中比重很小。据统计"在日本116个主要国有企业中,有89个,占77%都是集中在非生产领域的企业。"②在日本,私人垄断资本的力量是非常强大的,在国民经济中私人所有制占有很大的比重。日本模式与美国模式在所有制上的不同之处在于所有制实现形式上的差别。在美国模式中,私人垄断资本之间更加突出相互之间的竞争关系,而在日本模式中,法人垄断资本使企业之间有稳定的合作关系,具体表现为日本特有的企业集团化和系列化。但企业集团在美国却遭到冷遇,企业集团的成立通常会遇到重重障碍。日本的企业集团一般是产权基础上的一种大企业的横向联合,集团成员在法律上保持独立的法人地位,并处在复杂的合作和竞争关系中。企业系列是指大企业和中小企业之间基于承包关系的一种纵向经济联合。这种企

---

① [英]戴维·柯茨著,耿休林、宗兆昌译:《资本主义的模式》,江苏人民出版社2001年版,第258、261页。
② 丁冰:《资本主义国家市场经济研究》,山东人民出版社2000年版,第260页。

业集团或者企业系列在日本非常强大，对于不在其中的非成员企业来说往往形成了一个相对封闭的系统。有资料显示，在东京的股票交易中，78%的股份都归于"经济团体联合会"成员名下，大多数大公司都有自己的卫星和附属公司网络。大公司一直在不断的增长，仅东芝公司在日本就有200家相关公司，在它们的下面还有600家"孙公司"。大的日本公司的股权大约是美国公司股权集中程度的2倍，在股权稳定程度方面比美国高4倍。[①] 因此，在日本法人持股比例很高，法人垄断资本占据了统治地位。

日本的法人垄断资本与银行之间有着非常紧密的联系，也因此被称为"主银行制"。"主银行制融合了银行与企业、企业之间以及银行与监管机构之间的相互关系。几乎每一个日本企业都与某一个特定银行保持着紧密的联系。这些联系包括贷款，但也涉及债券发行支持、股权投资、支付结算账户以及各种不同的信息和管理方面的服务。"[②]在日本几乎所有的企业都有主银行，主银行制是日本金融界与企业之间形成的一种惯例，对日本战后的高速增长起到了重要作用。然而，银行与企业之间的过度借贷也蕴藏着巨大的金融风险，这也为20世纪80年代末期日本经济危机的爆发埋下了伏笔。

2. 交易关系方面

日本的劳动力市场政策主要包括职业介绍、劳动力供给事业、劳动派遣三个方面。其一，日本的职业介绍主要是政府开办的职业介绍事业和民营的职业介绍事业。根据"职业安定法"的规定，

---

① 徐崇温：《当代资本主义新变化》，重庆出版社2004年版，第146页。
② 青木昌彦、钱颖：《转轨经济中的公司治理结构——内部人控制和银行的作用》，中国经济出版社1995年版，第95页。

政府举办职业安定所,免费进行职业介绍,以便求职者找到与其能力相适应的职业,为招工者补充所需要的劳动力。其二,劳动力供给事业。日本法律允许合法的工会举办免费的劳动力供给事业,就是当某一企业的雇员多余时,由工会组织将他们介绍到另一企业去工作,派出的工人依然属于原企业工会,对方企业同派出工人的工会签订供给契约。其三,劳动派遣事业。根据日本法律,私营的劳动力派遣公司可以从事派出劳务的工作。在日本模式下,由于企业组织和管理制度导致了日本的劳动力市场的流动性较小,例如,日本劳动力的年周转率只有3.5%,也就是说日本员工在一年内的岗位调动比美国一个月的岗位调动还要少,这种劳动力市场的较低流动性一方面表明了日本企业界雇佣关系的稳定,另一方面也说明日本劳动力市场的灵活度不高。

3. 生产领域方面

日本企业目标与德国模式下的企业目标比较相似,企业在追逐利润的同时,被赋予了更多的社会责任。相对于短期利润来说,他们更关注企业在长期内最大限度的发展与资本增殖。正如 W. 卡尔·凯斯特在《日本接管者:全球争夺公司控制权》一书中所说:"公司的目标是发展和长存,赢利的重要性远远地排在第三位,在需要厂方代表其权益的顾客名单中,独立的股东们名字排得比较靠后。""日本的管理者是整个股东联合体的代理人,而不是股东们个人或其他任何一个团体的代理人。"[①]因而,日本的管理是一种建立在东方"家文化"基础上的企业管理体制,管理思想是在

---

① 凯斯特:《日本接管者:全球争夺公司控制权》,哈佛商学院出版社1991年版,第21、79页。

集体主义基础上的合作精神。日本企业中最具特色的企业管理制度,应该是劳资关系中的"终身雇佣制"。所谓终身雇佣制,按照青木昌彦和奥野正宽的观点,指的是在大型企业中的雇员从学校毕业到退休一直在同一企业工作的雇佣状况。这种雇佣状况通常被认为是日本企业所特有的,但实际上其他发达国家也存在这种雇佣制度,但与其他一些欧洲国家的区别在于,这种终身制在日本是一种不成文的习惯和价值观,而不是一种法律的约束。在企业员工晋升制度的设计上,晋升中的工作年限是很重要的因素,这就与美国明星式的晋升体制不同,日本企业内部雇员的晋升显然要缓慢很多。① 既然内部晋升是员工升迁的惯用途径,所以,大部分员工对公司具有很强的向心力,终身雇佣制度保持了雇员与企业长期稳定的关系。

4. 分配领域方面

年功序列工资制度是日本模式在收入分配领域的一个特点。在日本企业,员工薪水取决的重要指标是他的工作年限和工作业绩。所谓年功序列工资,是指随着在一个企业工作年数的增加,该劳动者领取的工资也就越多,表现出来的是成递增函数的工资曲线,这与美国单纯依靠边际贡献给报酬的思路是不同的。同时,这也与美国模式和德国模式下的总体年功序列工资不同,总体年功是与过去所有职业经历的累积有关,而日本模式下的年功,则是指单就企业内的职业经历累积,也就是在学历、能力和贡献基本相同的条件下,本企业的连续工龄是决定工资的重要依据。

---

① [日]青木昌彦、奥野正宽著,魏加宁等译:《经济体制的比较制度分析》(修订版),中国发展出版社 2005 年版,第 91—93 页。

在对待收入分配的效率与公平上,以儒家思想为基础的日本模式同德国模式较为接近,有学者指出"建立在工人的积极参与和相对稳定的工作职位之上的德国而后日本模式,不仅比建立在灵活和收入不平等之上的美国模式具备更高程度的社会公平,而且具备更强的竞争力。"[1]日本模式强调效率优先,但也非常注重社会公正,"日本经济模式是以内部团结一致为前提的。社会各阶层之间的收入差距比较小,捐献来自社会各个阶层。从经理阶层获得的部分要比从下层职业获得的部分更多。……日本模式从内部公正性来讲要优于美国模式。"[2]例如,我们从(表5[3])下面某一年的各国收入不等程度的比较,就能够看出来,日本模式、德国模式与美国模式相比,不平等程度要小很多。

表5 各国收入不平等程度比较
(收入最高的20%人口与收入最低的20%人口的平均收入之比)

模式	国家	收入不平等状况
美国模式	美国 英国	5.3 6
德国模式	德国 瑞典	3.5 2.6
日本模式	日本 韩国	2.6 3.7

资料来源:1997年《OECD经济展望》;1995年世界银行《世界发展报告》。

---

[1] [法]阿莱茵·李佩兹:《后福特主义的运气和不幸》,载《资本主义的发展阶段:繁荣、危机和全球化》,经济科学出版社2003年版,第39页。
[2] [德]格罗·詹纳:《资本主义的未来——一种经济制度的胜利还是失败?》,社会科学文献出版社2004年,第3、4页。
[3] 引自靳辉明、罗文东:《当代资本主义新论》,四川人民出版社2005年版,第241页。

5. 阶级关系

日本的工会不像其他资本主义国家是按产业部门或者职业系统组织工会，日本是按企业组织工会。因为在日本，企业负责人几乎都是在本企业内由普通职工晋升而来，他们非常重视企业内部的和谐，即便出现劳资冲突，也不希望企业以外的工会介入本企业，这就使得日本的工会更多的是按企业来进行组织。1956年开始，日本工会就工资方面的问题与资方展开公开、统一的谈判活动，即"春斗"。"春斗"是工会会员提高工资和改善劳动条件的主要手段。随着近年来日本工会密度的下降和经济的不景气，"春斗"的性质和作用也发生了改变，其对于国内工资商定的重要性已经降低，而工资协商的焦点也开始转移到了企业层级的协商上了。

在日本模式中，政府导向主要体现在三个方面：一是制定宏观经济计划。日本在1955年就成立了经济企划厅，主要是协调经济利益、计划经济发展方向。其二，通过产业政策来推动工商业的发展。其三，通过财政金融政策等宏观调控指导经济社会发展。在财政金融资金的使用上，日本政府有许多优惠的补贴或者贷款项目，减轻企业负担，促进经济发展和产业升级。日本政府的干预调节，虽然方式程度与其他模式不一样，但本质都是代表了资本主义的总体利益。由于战后财阀型集团的复活使日本资产阶级重新获得了生机，日本政府和日本财阀之间保持着紧密的联系，政府的作用就是要协调财阀之间的利益关系，并为初生的大企业资本保驾护航。这一模式有效地推动了战后日本经济的快速发展，但它的弊端在全球化的冲击下却凸显了出来。值得一提的是，日本模式下国家的干预与德国模式下国家用法律制度的干预约束不同，很多时候日本并不是在法律的框架下约束企业或雇员的行为，而是一种集体主义的习惯来约定。

4.3 当代资本主义劳资关系主要模式的比较分析

4.3.1 不同模式各有所长

当代资本主义劳资关系的三种模式都各具自身特色,这些劳资关系模式的发展过程并非是一帆风顺,但每一种模式都或多或少的推动了经济社会的发展。因此,存在于资本主义模式中的合理内核是值得关注的。

美国模式的合理内核就在于充分发挥了市场竞争的优势。正如罗纳德·多尔所说:"尽管美国社会有很多弊端,美国公司董事薪水是那么过分,但就竞争力而言的所有方面,模式就是美国。"应该说多尔的这一评论揭示出了美国模式的优势。[1] 由于国家对经济的干预始终保持在非常有限的范围内,这为以企业为核心的各种社会组织提供了较多的自由宽松的环境,而追崇个人主义的氛围,明星式的晋升方式,让企业中雇员的创造性可以获得很好的激励与发挥。自由竞争的市场规则所赋予的竞争性、创造性和灵活性,让美国经济和社会发展获得了充分活力。尤其在 20 世纪 80 年代末兴起的经济全球化的浪潮,以及信息革命的爆发,美国模式在经济竞争力方面显现出了巨大的优势,资本在世界范围内得到了更大的扩张。当然,正如米歇尔·阿尔贝尔所提出的,美国模式有其特殊性。美国拥有得天独厚的条件,让资本追逐利润的本性

---

[1] 刘凤义:《当代资本主义多样性的政治经济学分析》,《教学与研究》,2009(2)。

能够发挥得如此彻底,而其他国家很少具备这样的条件。

德国模式的合理内核是既强调竞争的优越性、又注重社会公平,是关注市场自由原则和社会平衡原则的结合,它"成功地把资本主义和社会民主主义结合在一起。最引人注目的是它保持了平衡,同时,效率也丝毫不差。"[1]德国模式非常注重阶级合作,而这种阶级合作与日本模式的不同之处在于,更加强调劳动者的权力和地位,并通过正规法律制度作为其保障。正如德国前总理施罗德指出:"与美国和南亚相比,欧洲的社会福利制度给了欧洲一套完全不同的伦理标准,只有欧洲保持着经济、社会、文化和环境上的平衡。欧洲不是地理标准,它代表着一种特殊的文化和生活方式。"[2]德国模式中的优越性是值得肯定的,而正是其合理内核让德国创造了二战后举世瞩目的经济奇迹,也成为在2008年金融危机之后能够快速恢复的资本主义国家。在德国模式中,比较注重把劳动者自身的发展与经济增长相结合,显然是有很大的进步意义。

日本模式是通过一种集体主义的价值思想,用一种约定俗成的方式让政府与企业、企业与企业、企业与员工之间形成一种合作关系,汇成了经济发展的凝聚力,并且将市场经济融入到共同协作的竞争模式之中,竞争与合作融合在一起,彼此贯通,特别适合后福特主义的生产体制,"丰田模式"也被看作是取代"福特模式"的生产经营模式,而被广泛关注。同时,日本模式中的三大法宝,终身雇佣制、年功序列制、企业性工会,把劳动者与企业的命运紧紧

---

[1] [法]米歇尔·阿尔贝尔:《资本主义反对资本主义》,社会科学文献出版社1999年版,第106页。

[2] 徐崇温:《当代资本主义新变化》,重庆出版社2004年版,第195页。

的拴在了一起,形成一种较为稳定的劳资关系,这种"劳资命运共同体"激发了劳动者的主人翁意识和积极性。我们可以看到,日本的失业率一直以来都是各国较低的,即使是在20世纪90年代之后,日本经济长期陷入低迷,日本的失业率也是长期保持在4.5%以下。而日本政府在市场经济中发挥的计划引导作用,对于市场秩序的建立,弥补市场失灵,保护国内市场,维护成长中的企业发挥了重要作用。日本战后的三十年,经济发展极为迅速,这种发展劲头一直持续到20世纪90年代。可以说,日本模式的合理成分对于日本经济在战后的崛起作出了重要贡献。

4.3.2 不同模式所面临的困境

任何事物的发展都具有两面性,当代资本主义劳资关系模式同样如此。这些资本主义劳资关系模式一方面促进了经济社会快速发展,另一方面也因模式本身的弊病使这些国家的未来发展面临困境。

对于美国模式来说,其缺陷主要表现在:其一,自由市场本身所存在的弊病。例如市场竞争的不完全性、市场机制对公共物品的失灵、市场机制的功能性缺陷等等,这些无政府状态必将导致整体社会生产的盲目性、无序性和短视性,使得美国模式下的自由市场力量越来越不可控制。其二,股东利益至上的美国模式,让企业更加关注短期利益,导致各种金融衍生品交易和股市交易恶意膨胀,在不受政府干预的情况下,只会催生越来越多的泡沫,并埋下越来越多的隐患。2008年从美国开始的金融危机,正是这一模式弊端的体现。其三,社会贫富分化问题。在美国模式中收入差距越来越大,一边是财富的累积,一边是贫困的累积,正如约翰·格雷所指出："在美国，收入的降低害着就业的大多数人，对在职的穷人中的大多数损害尤甚。""自由市场还削弱或毁坏了维系美国社会凝聚力的其他制度，它创造了长期的经济繁荣，但大多数美国人却很难从中受益。美国国内不公平的程度……超过任何一个欧洲国家。"①

德国模式的弊病，随着20世纪70年代石油危机的爆发开始逐渐暴露，在全球化席卷下，该模式弊端进一步展现，主要表现在以下几点：第一，庞大的福利开支已经成为社会沉重的负担，在全球化的竞争面前，德国模式的竞争力有所下降。同时，在实际运行中，这种保障公平的政策以及高福利有可能产生"奖懒罚勤"的消极效应，也会在一定程度上降低劳动者的工作积极性。第二，全球化浪潮中德国模式中的集体主义传统受到新自由主义思潮的冲击，缺乏有效的应对。全球化不仅是资本与劳动力的全球流动，同样也是各种思潮的全球传播和相互碰撞，在全球化浪潮之下，新自由主义所推行的私有化、市场化、自由化的观念对德国的意识形态也产生了巨大的影响，崇尚个人自由的新自由主义已渗透到了德国的思想领域，正如德国政治学家奥尔夫刚·贝格多尔夫说的："与20年前相比，今天每个人都更加努力加强他们的自我意识，并以此为出发点谋求自我发展。至于自我约束和履行义务的愿望正在急剧下降。"②因此，德国模式中建立在集体主义思想基础之上的共同决策制开始受到质疑。第三，德国模式把很多问题都纳入

---

① ［英］约翰·格雷：《伪黎明：全球资本主义的幻象》，中国社会科学出版社2002年版，第139、3页。
② 转引自张世鹏：《二十世纪末西欧资本主义研究》，中国国际广播出版社2003年版，第272页。

了规章制度的法律框架之内,在促进稳定的同时,也缺乏一定的灵活性。例如,在竞争加剧的全球化背景下,共同决策制度从某种程度上减弱了企业对市场的应变效率。因此,在20世纪90年代之后德国劳资关系模式陷入了困境,德国经济开始缓慢下滑。

日本在1991年泡沫经济崩溃后,经济陷入萎靡衰退,一度受西方赞叹的"日本模式"一时间面临瓦解。不可否认,"日本模式"是促成战后日本经济腾飞的重要因素,但在全球化和新自由主义思潮的冲击下,这种模式也同样显示出了自身的弊端并陷入了困境。一方面,以"政府主导"为特征的"日本模式",在政、官、财"铁三角"庇护下,固然对日本经济发展起到了积极促进作用,但政府对市场领域的过度管制,却造成了日本市场的封闭性,限制了企业的活力。另一方面,在全球化和新自由主义的背景下,日本模式所提倡的一些制度显得格格不入。因为在全球化趋势之下,资本、劳动力等生产要素需要自由流动,而日本模式中的"终身雇佣制度"和"员工序列制度"等却很大程度上限制了雇员的"跳槽",这种限制劳动力自由流动的制度与当今全球化大势背道而驰,使得劳动力市场缺乏灵活性。同时,"年功"也越来越与"能力"产生矛盾,严重抑制了年轻劳动力创造的积极性,不利于竞争,也不利于创新性人才的发展。据瑞士洛桑国际管理开发研究院发表的47个国家和地区《世界竞争力报告》提供的数据显示,1999年日本人的创业精神为3.49分,位居倒数第一,远远低于47个国家和地区的平均值5.90。[①] 日本模式面临的困境,并非周期性的萧条,而是体制

[①] 转引自:许军:《巨大的反差——20世纪末的美国经济和日本经济》,商务印书馆2003年版,第166页。

与全球化时代碰撞的结果。

4.3.3 当代资本主义劳资关系各种模式的动态发展

通过对当代资本主义国家三种典型劳资关系模式的分析和比较，可以总结如下：

1. 由于存在不同的价值理念与文化传统、生产力基础、指导思想，当代发达资本主义世界产生了各具特征的劳资关系模式，即便是同一种模式，因国家采取的发展战略与政策的不同，在不同的阶段也存在差异，因此劳资关系模式的发展就呈现出多样性。但不管是纵向上历史阶段的多样性，还是横向上当代资本主义模式的空间多样性，劳资关系的本质是一样的，都是资本家无偿占有工人劳动创造剩余价值的剥削关系，根本上都是建立在生产资料私有制之上的雇佣劳动制度，都具有在这个历史阶段中资本主义劳资关系所具有的共同特征，例如以生产资料私有制为基础、以现代市场经济为特征、以追求利润最大化为目的、国家都不同程度的参与到了劳资关系中等。简而言之，劳资关系的多样化状态，是资本主义劳资关系共同特征与具体国情相结合的产物，它们之间的差异是在资本主义制度本身范围内的差异。

2. 资本主义劳资关系各种模式并非一成不变，而是动态发展的过程。在上述当代资本主义各种典型劳资关系模式中，每种模式都有促进经济社会发展的合理内核，但同时也存在令其陷入困境的弊端。各种资本主义劳资关系模式都需要随着时代和环境的变化而不断调整，否则优势终将变为劣势。从资本主义各种模式本身的发展来看，也是在不断的调整中前行，通过调整去适应新兴生产力的发展要求。例如，美国模式在全球化进程中显现出极大优势并取得了巨大生产力进步,但在2008年的国际金融危机后陷入困境,并开始调整。以效率与公平双重优势著称的德国模式,在全球化浪潮之下陷入了困境,之后采取一系列的调整措施,试图摆脱困境。而日本随着金融泡沫的瓦解和经济的衰退,曾经有助于取得经济奇迹的日本模式也开始进行结构性改革。可见,资本主义各种模式的发展是一个动态的过程,而在发展中的调整改革实际上是资本主义生产关系自我扬弃的体现。

3. 各种资本主义模式在发展中相互比较、渗透。由于同处于资本主义世界体系之中,当代资本主义各种模式为了保持自身的国际竞争力,也开始出现了相互学习、渗透的现象。美国模式在坚持自由主义模式的基础上,开始学习其他模式中的合作方法,例如在企业管理制度上,越来越承认劳动者的权力,在公司目标上,不再仅仅局限于利润的目标,同时,美国政府也开始增加公共福利,强调社会秩序。在德国模式中,也引入了美国模式中的竞争元素,例如,德国通过减税来调动雇主积极性,通过拉大工资差别来调动雇员积极性,并改变福利供给方式,让福利与效率挂钩等等。日本模式在经济下滑之后,广泛吸纳美国的自由主义思想,采取了一系列减少政府管制、开放金融市场、放松金融监管的措施。从经济运行的层面看,不同时期不同资本主义劳资关系模式之间相互借鉴,甚至采取相同的政策和管理手段,但这些变化并不意味着模式本身的改变。[①] 可以说,资本主义劳资关系各个模式之间的关系是既竞争又融合:一方面存在竞争比较。资本主义劳资关系不同模

---

① 刘凤义:《当代资本主义多样性的政治经济学分析》,教学与研究,2009(2)。

式之间的差别,体现了属于自己国家的特殊性,它们之间的关系也反映出了资本主义国家之间利益上的矛盾与政治上的分歧。另一方面是相互渗透融合。当代资本主义劳资关系各种模式同属于资本主义阵营之中,在相互融合、互相渗透中不断发展。

4.4 金融危机之后当代资本主义劳资关系模式的调整与国家调节的局限

2008年的金融危机是一场由美国次贷危机所引发的金融危机,并且以极快的速度蔓延席卷全球,发展成百年不遇的全球性经济大危机。经济危机的爆发,让美国劳资关系模式的弊端开始暴露,美国向世界传导的新自由主义神话也随之破灭。

我们首先简单回顾一下这场危机的爆发。20世纪80年代开始,美国乘着信息革命的东风,在全球化的推动下,经济获得了新的增长机会。从这一时期开始,资本主义生产方式发生了深刻变革,也就是通常所说的信息化、全球化、金融化。此时,资本的全球性扩张已经势在必行。新自由主义反对任何形式的干预,提倡自由化、私有化、市场化,更进一步解除了资本的束缚,加速推动了资本的自由流动,为资本的扩张提供了制度保障。随着资本的全球扩张,美国经济在这一时期显现出强劲的势头,从20世纪90年代开始出现了高增长、低通货膨胀、低失业率的局面,并保持年经济增长率3.5%长达十年。美国模式受到世人瞩目,新自由主义开始以普世模板向世界各地推广,各主要资本主义国家几乎不同程度的接受了新自由主义的政策主张。这一切的背后,无疑彰显了以美国为首的发达资本主义国家的本质目的,即最大限度的追求资本的增殖。

随着资本主义生产方式的深刻变化,资本主义的基本矛盾也在不断深化,并且有了新的发展。有这样几个突出的表现:第一,两极分化加剧。由于信息化和金融化的特点,用机器、全自动可以代替劳工,导致失业率越来越高。自由化和全球化,大大推动了资本的扩张积累,最明显的,就是资本对劳动的强势地位加强,劳资力量严重失衡,工会遭受打压,这一时期各个主要资本主义国家工会成员率一直处于下降的趋势。例如,德国从1960年的34.7%下降到了2008年的19.1%。日本在1960年是32.3%,2008年是18.2%。美国的工会成员率下降最快,在1960年是30.9%,而到了2008年只有11.9%。[①] 与此同时,相比上一个阶段,工人的福利保障也受到了削减,导致了劳动者的实际收入下降,贫富差距越来越大。第二,生产过剩严重。两极分化的加剧,工人实际工资的停滞,导致了生产越来越多,有效需求增长缓慢,生产能力出现相对过剩。在实际收入停滞的情况下,普通劳动者如何消费呢?此时,金融化的快速发展为普通劳动者的消费提供了很多便利和平台,许多家庭就开始大量借贷消费。第三,虚拟经济与实体经济严重脱节。过度的金融化让经济增长越来越多的依赖金融泡沫的支撑,而非商品的生产与贸易,并逐渐与实体经济脱节。然而,建立在金融泡沫之上的增长模式是不可持续的,新自由主义反对任何政府干预包括金融监管,导致了在利润的驱使下泡沫变得越来越大,最终一碰就碎。第四,由资本所主导的全球化存在很多不对称性。当今的全球化,是资本所主导的全球化,没有黄金和实物支撑

---

① 数据来源于张宇:《资本主义向何处去》,经济科学出版社2013年版,第172页。

的美元成为国际货币,流向了世界各地,世界经济一体化的趋势越来越明显。所以,当金融泡沫碎裂时就容易形成连带性的世界性经济危机。最终,这些矛盾不断的深化累积,由此引发了 2008 年金融危机爆发。实际上,究其根源,这次危机仍然是资本主义基本矛盾在新的历史条件的一次总爆发,影响之强烈,波及之广泛,是继上个世纪 30 年代经济大危机之后资本主义历史中最为严重的一次。经济危机之后,各资本主义国家开始纷纷出手救市,资本主义试图借助国家的力量对生产关系进行调整。可以说,对劳资关系的合理性规制成为了这一时期的主旋律。

毫无疑问,美国是这一次经济危机的发源地,也是重灾区。如何在资本主义生产关系的框架之内通过调整缓和危机,是当时美国新一届政府必须面对的难题。因此,"变革"成为奥巴马政府施政的中心。美国劳资关系模式的调整方向主要是扩大政府职能,加大政府监管和投资,复兴制造业,加强实体经济,平衡金融资本与产业资本,增加社会福利保障,扩大工会的影响力,提高劳动者的经济地位,缓和贫富差距的扩大,为美国经济增长提供真实的需求动力。简言之,调整的核心并不是放弃美国劳资关系模式的合理内核,而是以竞争性的市场为基础,对过度自由化的劳动力市场、金融市场进行合理回调,通过国家的有限干预适当调整收入分配格局。从政策调整上看,这些方案是针对性的结构调整,有利于扭转劳资失衡的局面。然而,当这一切看似向着二战后合作型劳资关系模式回归时,在实践中却屡屡受挫。

从 2008 年到 2010 年间,出于对危机严重后果的担忧,美国通过了 TARP 计划和 ARRA 法案,由美国财政提供资金竭力挽救大资本,同时部分财政资金用于补助失业者、创造就业以及增加政府投资。这些措施,一定程度上缓和了危机,到了2010年美国经济出现了复苏迹象。然而,国家的这些结构性调节从某种程度上已经侵蚀到了金融资本的利益,随着2010年11月共和党赢得了国会多数席位,保守势力开始再次回归。他们反对大规模的公共财政支持,提议通过减税来刺激经济,这意味着代表民主党的奥巴马政府能力受到了限制。也正是从2011年开始,美国国家财政支出大幅度缩减,而财政紧缩的背后实际上是阶级力量的较量,资本的力量又再一次占据上风。单就经济数据而言,美国从2010年开始GDP增长率开始缓慢增加,例如,2010年(2.5%)、2011年(1.6%)、2012年(2.2%)、2013年(1.5%)、2014年(2.4%)、2015年(2.4%)。虽然仍低于危机之前的平均水平,但似乎已经有经济复苏的迹象。然而,很多学者对这一轮的复苏并不持有乐观的态度。原因主要有两点:其一,本轮增长并没有带来劳动生产率的提升;其二,本轮增长并没有带来就业的实际增加。[①] 在这种无生产率的进步和无就业的增长背后,实质上更多的只是资本市场的复苏,缺乏实体经济特别是制造业的支撑。很多数据表明,美国制造业在危机之后虽有短暂的回温,但自2013年开始又陷入低潮,而美国金融业的利润率却恢复迅速良好。这意味着什么呢?本轮的经济复苏并不是去金融化得来的,政府救市的最终受益者仍是金融资本。金融资本复苏的背后是居高不下的外债和失业,普通劳动者的境况并没有改变,不平等继续恶化,资强劳弱的格局仍然没有改变。缺乏实体支持的积累复苏如同危机的前夜一样,泡沫

---

① 张晨、冯志轩:《再工业化,还是再金融化——危机后美国经济复苏的实质与前景》,《政治经济学评论》,2016(11)。

之中或许正酝酿着一场新的危机。

对于日本模式来说,20世纪80年代开始由于受困于经济的不断下滑,转而求助于美国模式,广泛的接受了新自由主义思想,试图通过此"良方"摆脱困境。无奈日本模式并没有美国模式的土壤,20世纪90年代泡沫经济破裂之后,日本经济一蹶不振。2008年的金融危机,日本经济再次遭受重创。一位日本学者指出:"日本套用基于美国个人主义价值观形成的新自由主义思想推进改革,结果导致日本丧失优良传统和产业竞争力,日本社会开始分裂。"[1]实际上,日本劳资关系模式中有其合理部分,但在20世纪80年代之后,日本在调整中却一味模仿美国模式从而丢掉了自己的优势。这次危机后,日本政府总结了前几次金融危机中的经验教训,用较快的反应速度及时介入调整,通过大规模的经济刺激计划,着力稳定金融市场、加大了民生的投入范围和程度。虽然日本政府试图强势回归救市,但毕竟是对30年来结构性的深层次调整,从目前效果来看,日本经济增速仍然极为缓慢,至今未能走出阴霾。而德国模式虽然受到美国模式的影响,但新自由主义影响的程度远小于日本,德国劳资关系模式基本能够保持自身优势,完善劳动力市场,注重收入分配公平,重视实体经济。在此轮危机中德国表现也不错,2010年德国经济总量增长为3.7%,2011年增长为3%。甚至长期困扰居高不下的失业率,在危机后的三年降到了1991年来的最低点。[2] 但是,随着希腊等国的主权债务危机爆发,也让身处于欧盟的德国经济复苏之路困难重重。

---

[1] 于青:《一个经济学家的反思》,《人民日报》,2009年3月23日。
[2] 刘凤义:《新自由主义、金融危机与资本主义模式的调整——美国模式、日本模式和瑞典模式的比较》,《经济学家》,2011(04)。

经济危机之后,工人运动在这一时期逐渐升温,各国纷纷出现了工人阶级的抗议活动。例如,2011年9月17日美国出现了"占领华尔街"行动,并迅速蔓延到美国各地,发展成为了全美民众的抗议活动;2012年11月30日发生在英国的大罢工,参加人数多达200万人。再如,2010年10月,法国爆发了公共部门的工人抗议政府削减养老金的运动;2010年6月希腊三大工会组织发起全国性大罢工;2010年2月西班牙也爆发了大规模示威等等。可以说,危机爆发后,工人之间的联合相对加强。但是,与20世纪30年代危机爆发后的工人联合有所不同,那个时候工人从对立型劳资关系模式中刚刚走来,工人联合的斗争经验非常丰富,联合力很强。而这一时期的生产方式决定了工人联合的有限性,当今的全球化更是有利于资本的全球化,资本主义国家在全球化的今天已经累积了与工人阶级抗争的各种手段。而全球劳动力市场的分割,也大大降低了工人之间的联合性。因此,工人阶级在这次危机之后的抗争运动,显得斗争经验匮乏,行动相对分散,述求比较单一。可以说,危机之后的劳资关系模式,总体格局仍然持续了资强劳弱的排斥型,资本主义国家试图通过调节缓和危机,劳资关系也正在发生着改变。然而从当前的实际情况来看,资本主义国家调节之路仍然是困难重重。正如在第2章的分析中谈到的,在劳资领域中,国家职能具有政治职能与公共职能的双重性,政治职能是目的,资本主义国家履行公共职能只能在资本的逻辑范畴之内活动,而在资强劳弱的格局中,公共职能的履行会受到更多的限制。因此,国家调节的真正局限正是在于资本主义制度本身。

第 5 章
中国劳动关系的发展与国家调节

5.1 社会主义劳动关系的本质特征

中华人民共和国成立之后,经过社会主义改造,我国确立了生产资料公有制的社会主义基本经济制度,资本主义企业中存在的资本雇佣劳动的关系被社会主义企业中的新型劳动关系所代替。劳资关系这一术语也就被劳动关系这一术语所代替,这是社会经济关系的一次深刻的革命。那么,社会主义劳动关系与资本主义劳资关系相比有什么特点呢?概括起来,有以下几点:

1. 实行生产资料公有制

在资本主义企业中,生产资料与劳动者是分离的,资本家占有生产资料,劳动者拥有劳动力所有权,它们之间通过劳动力的买卖而结合。在社会主义制度下,劳动者成为了生产资料的共同主人,所有制发生了根本性变化,实行的是生产资料公有制。当然,生产资料公共所有在原始社会已经出现,但这与社会主义制度下的公有制是不同的,原始社会因为生产力极端低下,只能通过群体的力量,集体劳动来获取更多的生存物资。而科学社会主义提出的社会主义公有制,是生产社会化高度发展的产物。因为越来越社会化的生产力具有排斥私有,要求公有的革命性,资本主义生产关系在发展中变得越来越狭隘,私有制已经严重束缚了社会化大生产的发展,资本主义基本矛盾即社会化大生产与资本主义私有制之间的矛盾逐渐加深,表现为两极分化、经济危机、劳资阶级对立等等。为了解决资本主义基本矛盾,进一步解放发展生产力,需要建立与之相适应的生产资料公有制,并在此基础上实行对整个社会有计划的合理调控。因此,社会主义生产资料公有制是基于解决资本主义基本矛盾而发展起来的。

2. 社会主义公有制中的劳动力从根本上具有非商品性

关于社会主义条件下的劳动力是否具有商品性,这是学术界长期争论的问题。传统的社会主义政治经济学理论认为,社会主义社会劳动力不是商品。道理很简单,劳动力商品是资本主义制度得以形成的关键条件,劳动力与生产资料彻底分离,劳动者需要把自己的劳动力当做商品与资本家交换,受雇于资本。而随着社会主义公有制代替了资本主义私有制,劳动力的商品属性自然消除了。1984年10月20日,十二届三中全会通过的《中共中央关于经济体制改革的决定》在承认社会主义经济是商品经济的同时,明确指出:在商品经济和价值规律问题上,社会主义经济同资本主义经济的区别不在于商品经济是否存在和价值规律是否发挥作用,而在于所有制不同,在于剥削阶级是否存在,在于劳动人民是否当家作主,在于为什么样的生产目的服务,在于能否在全社会的规模上自觉地运用价值规律,还在于商品关系的范围不同。在我国社会主义条件下,劳动力不是商品,土地、矿山、银行、铁路等等一切国有的企业和资源也都不是商品。

3. 人们在生产过程中的平等民主关系

马克思曾经把生产资料公有制中的经济关系称作"自由人的联合体",他还指出,在未来共产主义社会,"生产资料的全国性的集中将成为由自由平等的生产者的各联合体所构成的社会的全国性的基础,这些生产者将按照共同的合理的计划进行社会劳动。这就是 19 世纪的伟大经济运动所追求的人道目标。"①马克思这里所说的平等,首先意味着劳动者在生产资料占有上是平等的,不存在所有者与非所有者的区别。在公有制企业中,厂长、经理等管理人员是同其他劳动者一样的从业者,就他们作为企业生产关系的平等成员而言,他们与整个从业者联合体的其它成员从根本上是没有差别,只是分工不同。在此基础上,企业的管理职能不是资本的专利,而成为了企业全体从业者集体的职能,企业的劳动者有权按照共同的意志支配自己的劳动,对企业重大的生产经营活动进行民主管理,对企业领导人的行为进行公开的监督和控制。在社会主义公有制中,管理的民主性、参与性、平等性是内生的本质属性。

4. 实行个人消费品的按劳分配

在社会主义制度下,生产力的发展不再是少数人剥削大多数人的手段,而是满足社会成员需要的物质条件,应当"结束牺牲一些人的利益来满足另一些人的需要的状况","共同享受大家创造出来的福利。"②对于分配方式,马克思提出了在共产主义的初级阶段中,个人消费品分配中要实行按劳分配的原则,只有到了共产

---

① 《马克思恩格斯选集》第 3 卷,人民出版社 2012 年版,第 178 页。
② 《马克思恩格斯选集》第 1 卷,人民出版社 2012 年版,第 308 页。

主义的高级阶段上才能实行按需分配。所谓个人消费品的按劳分配,是在扣除了社会再生产需要的部分,以及满足社会公共需求的部分之后,按照个人劳动的付出来进行的分配。社会主义公有制经济中实行的按劳分配,从根本上突破了资本主义社会中资本至上的分配弊端,有利于社会公平和共同富裕。需要明确的是,按劳分配的原则虽然有利于社会公平正义,但并不是出于道德层面的考虑,正如恩格斯在《反杜林论》中指出:"道义上的愤怒,无论多么入情入理,经济科学总不能把它看做证据,而只能看做象征。"①社会主义实行按劳分配主要在于:一方面,生产资料的公有制意味着人们在生产资料占有上处于完全平等的地位,任何个人或集团都不是所有权的垄断者,都不能凭借对生产资料的占有获得特殊的利益,劳动成为他们获得产品的依据。另一方面,在社会主义条件下由于分工存在,劳动还是谋生的手段,不同种类的劳动还存在重大差别。因此,个人消费品的分配还要以劳动为基础,多劳多得,少劳少得,不劳动者不得,"这里通行的是商品等价物的交换中通行的同一原则,即一种形式的一定量劳动同另一种形式的同量劳动相交换。"②这种按劳分配的关系被马克思称作是等量劳动互换关系。③

5. 社会主义劳动关系本质上是一种共享型的社会关系

从阶级关系来看,随着生产资料公有制代替生产资料私有制之后,剥削与阶级对立消失,全体成员具有平等的权利。首先在生

---

① 《马克思恩格斯选集》第3卷,人民出版社2012年版,第528页。
② 《马克思恩格斯选集》第3卷,人民出版社2012年版,第363页。
③ 张宇:《中国特色社会主义政治经济学》,中国人民大学出版社2016年版,第177页。

产资料面前实现了人人平等的共同享有,这为全体成员共享的实现提供了社会基础。然后是劳动生产共同参与。恩格斯说,"社会的每一成员不仅有可能参加社会财富的生产,而且有可能参加社会财富的分配和管理,并通过有计划地经营全部生产,使社会生产力及其成果不断增长,足以保证每个人的一切合理的需要在越来越大的程度上得到满足。"①最后是劳动产品共同分享,实现共同富裕。马克思在《1857—1858 经济学手稿》中阐明了共产主义社会生产的最终目的,"生产将以所有人富裕为目的。"②可以说,科学社会主义从诞生开始,就以建立人人共享、共同富裕的社会为目标,实现全体人民共享是社会主义制度的内在要求。社会主义劳动关系消除了资本与劳动的阶级对立,本质上是一种和谐的、非对抗性的社会关系,是一种共享型社会关系。

总的来说,以上这些特点反映了社会主义公有制中劳动关系与资本主义劳资关系的本质区别。然而,仅仅只有以上的分析还不够全面。因为,这些特点只是把公有制中的劳动关系与私有制中的劳资关系区别开了,体现了公有制经济中劳动关系的一般性特征。但是,共产主义有着不同的发展阶段,在不同阶段中的公有制劳动关系除了具有一般规定外,还具有自身特殊的规定性。

事实上,任何社会形态的发展都不是一蹴而就的,需要经历一个从低级到高级不断发展的历史过程。马克思在 1875 年发表的《哥达纲领批判》中,根据社会发展程度以及生产力发展水平的高低,明确地把共产主义社会区分为低级和高级两个发展阶段。共

---

① 《马克思恩格斯选集》第 3 卷,人民出版社 2012 年版,第 724 页。
② 《马克思恩格斯文集》第 8 卷,人民出版社 2009 年版,第 200 页。

产主义低级阶段刚刚从资本主义社会中产生出来,在各方面还带着它脱胎出来的那个旧社会的痕迹,由于还存在分工,因而不能人为的取消商品生产,仍然需要大力的发展生产力,让社会财富的源泉充分涌动。只有"在共产主义社会高级阶段,在迫使个人奴隶般地服从分工的情形已经消失,从而脑力劳动和体力劳动的对立也随之消失之后;在劳动已经不仅仅是谋生的手段,而且本身成了生活的第一需要之后;在随着个人的全面发展,他们的生产力也增长起来,而集体财富的一切源泉都充分涌流之后,——只有在那个时候,才能完全超出资产阶级权利的狭隘眼界,社会才能在自己的旗帜上写上:各尽所能,按需分配!"[①]共产主义的两个阶段在马克思那里也被称为共产主义第一阶段和共产主义高级阶段。1917年,列宁在《国家与革命》中把第一阶段称做社会主义,把高级阶段称为共产主义,这就是我们今天用法的由来。那么,关于中国特色社会主义所处在的历史阶段,邓小平同志曾经有过明确的说明:"社会主义本身是共产主义的初级阶段,而我们中国又处在社会主义的初级阶段,就是不发达的阶段,一切都要从这个实际出发,根据这个实际来制定规划。"[②]所以,我国处于并将长期处于社会主义的初级阶段,这是中国特色社会主义理论和实践的出发点和立足点,是我们当前处在的历史方位。

基于以上分析,在社会主义初级阶段中,社会主义公有制中的劳动关系一方面体现了公有制经济中劳动关系的一般性特征(上文所述五点);另一方面又具有这个阶段劳动关系的特殊性,主要

[①] 《马克思恩格斯选集》第3卷,人民出版社2012年版,第364—365页。
[②] 《邓小平文选》第3卷,人民出版社1993年版,第252页。

表现为了以下两点：

第一，劳动者与生产资料结合的间接性。

在社会主义公有制中，劳动者作为生产资料的共同所有者，具有与生产资料实际结合的平等权利，消灭了资本对劳动的统治，从这个意义上说已经实现了生产资料与劳动者的直接的结合。但是，与马克思和恩格斯设想的共产主义所有制相比，由于我国处在社会主义初级阶段，社会主义公有制中劳动者与生产资料的结合具有一定的间接性。因为在分工存在的条件下，劳动者都只具有片面的生产技能，他能够从事何种具体的生产职业，从而具体利用何种生产资料，还取决于由各种先天和后天条件所决定的劳动能力状况。同时，在社会主义经济中，公有制中生产资料的使用是通过企业进行的，企业是独立的经济主体，企业劳动者的利益与社会的共同利益之间还存在着重要差别，个别的劳动力并不能自动转化为社会的劳动力。也就是说，在社会主义公有制中，劳动者与生产资料的结合并不完全是一种直接的自然而然的结合，而是一种间接的有条件的结合，要通过劳动力与企业的双向选择才能实现，这种双向选择可能成功，也可能失败。因此，社会主义公有制下劳动者与生产资料的结合具有一定的间接性。[1]

第二，劳动力根本上具有非商品的性质，现象上看却具有一定的商品性。

改革开放以后，随着市场经济的不断发展，劳动力市场也随之发展起来了，主张社会主义市场经济中劳动力是商品的观点也开始被提出。持这种观点的人认为，在社会主义经济中劳动者是劳

---

[1] 杨瑞龙等：《社会主义经济理论》，中国人民大学出版社1998年版，第55页。

动力的所有者,劳动力同样具有使用价值和价值的二重性,劳动力作为一种特殊的生产要素同样要通过市场交换才能实现与生产资料的结合。当然,如果我们脱离开生产过程而仅仅从流通关系的表面现象考察问题,那么,社会主义劳动力与生产资料的结合与资本主义企业中存在的情形却有相似之处。劳动者和企业表现为互不相干的经济主体,表现为劳动力的"买者"和"卖者",工资则是劳动力交易的价格。因此,从现象上看劳动力确实具有商品性。但是,社会主义企业劳动者与生产资料的这种结合形式对经济关系的本质来说,只是一种特有的现象。按照马克思的观点,劳动力成为商品与货币转化为资本、小商品生产转化为资本主义商品生产是同一个过程,它反映了资本主义的本质。因此,在公有制企业中,随着所有者与非所有者对立关系的消失,随着企业内部的分配从按资分配转化为按劳分配,随着企业内部关系实现了平等的民主的新型关系,严格意义上资本雇佣劳动的关系也就消失了,劳动力商品不可能成为公有制关系的本质。

因此,在社会主义公有制经济中,劳动力从本质上属于非商品,但从现象上来看却具有一定的商品性。这种特殊的双重属性正是中国特色社会主义公有制中劳动关系改革的理论基础:其一,企业劳动关系需要体现社会主义公有制的本质。社会主义公有制中的生产资料已经归全体人民公共所有,必须受到人民的监督,为人民所用、为人民谋利,需要充分尊重人民的话语权、参与权、管理权,在生产过程中需要体现平等性和民主性,在分配过程中体现按照分配的原则,把内生于公有制的共享关系贯穿于生产、分配、交换的各个领域。其二,公有制生产资料的使用是通过企业这个独立的经济主体来进行的,劳动力在现象中体现的商品性,就需要通过建立合理的企业制度,在市场经济的活动中需要体现企业和劳动力的自主性、独立性和市场性。

总的来说,以上这些特点是针对社会主义公有制劳动关系而言。改革开放以来,立足于社会主义初级阶段的历史方位,我国确立了以公有制为主体,多种所有制共同发展的中国特色社会主义基本经济制度。所有制结构的这种多元化引起了劳动关系的复杂化,不仅存在社会主义公有制经济中的劳动关系,而在非公有制经济中,也出现了类似资本主义企业的劳资关系。

5.2 社会主义国家调控劳动关系的目的

经济基础决定上层建筑,不同的社会制度决定了国家调控的本质目的是不同的。因此,社会主义劳动关系中的国家调控,不同于资本主义劳资关系中的国家干预,具有鲜明的制度属性。

在资本主义社会中,由于生产资料私有制占主导,以追求私人利益为动机的私有制关系从本质上排斥国家的干预,因而体现为资本主义经济发展总体上是一种无计划、自发的运行状态。正如马克思所言:"资产阶级社会的症结正是在于,对生产自始就不存在有意识的社会调节。"[1]但是随着资本主义种种弊端的凸显,资本主义的持续发展受到严重影响,作为资产阶级总代表的资本主义国家,参与到了劳资领域中进行调节。可以说,国家调节并不是内生于资本主义制度的本质要求,资本主义国家对劳资关系的调节由于受到资本的羁绊,也限制了国家公共职能的发挥,并不能从

---

[1] 《马克思恩格斯选集》第 4 卷,人民出版社 2012 年版,第 474 页。

根本上解决劳资关系的问题。而这一切归根到底,正是因为资本主义国家调节的本质目的是为了维护整个资本家的总体利益。

在社会主义国家,经济基础的核心是生产资料公有制,生产资料是由全体社会成员共同占有并按照集体的意志有计划的统一支配管理。因此,社会主义的国家调节是内生于社会主义制度的本质要求。社会主义国家作为占人口绝大多数社会公共利益的总代表,调节的本质目的是为了维护并实现广大人民群众的根本利益,最大限度的满足人民群众的物质文化需要,以人民为中心,推动劳动关系的和谐共享,从而逐步实现共同富裕的目标。按照马克思主义的理论逻辑来说,共同富裕不仅是发展目标,也是一个现实的运动过程。一方面,我们需要看到从社会主义到共产主义是一个逐步提升的历史过程,目标实现的时间长短与生产力的发展程度息息相关。坚持生产力发展的首要性是历史唯物主义的基本观点,我们提出发展始终是第一要务也正是源于此。没有源源不断的物质作为支撑,共享型的劳动关系只能徘徊在低水平、低层次上,只有在不断前进的发展中,才能实现越来越高层次的共享。所以说,不能撇开共同富裕的实现条件而急于求成。为此,邓小平同志提出了三步走的战略,先富、后富、再到共富。另一方,共同富裕虽然不是均等富裕,但也绝不能是两极分化。如果先富起来之后,没有后面两步战略的跟进,贫富差距持续加大,最终必将偏离社会主义的发展方向。所以,社会主义国家调节的本质目的在任何一个时期都需要得到彰显,需要建立一系列具体有效的制度安排来保障人民的根本利益,需要最大限度的维护社会公平正义,促进劳动关系的和谐发展。简言之,社会主义国家对劳动关系的调节不再受制于资本的束缚,而是社会主义制度的内在要求,是由社会主义国家的本质目的所决定。

5.3 我国劳动关系的发展演变与国家调节

5.3.1 计划经济时期我国的劳动关系

新中国成立之后,随着社会主义改造的完成,我国开始进入全国性的社会主义建设时期,由于当时国民经济一盘散沙,而且极度缺乏建设经验,我国沿袭了苏联模式,形成了单一的高度集中的计划经济体制。这种高度集中的计划经济体制是由当时的客观环境所决定。在那个时期,国家唯一的经济基础是包括全民所有制和集体所有制在内的社会主义公有制,表现为生产资料高度集中在国家手中,劳动者平等的占有着生产资料并成为生产资料的主人。在这个阶段中几乎完全没有私有制的存在,因此,就不存在资本的占有关系问题,也不存在建立在私有制基础上劳资之间的阶级关系。在计划经济时期,人们之间的经济关系自然就表现为公有制企业的劳动关系。

从交易关系来看,计划经济体制最大的特点就是以行政权力管理社会经济,从中央到地方各级行政机关掌握着经济计划。所以,就劳动力的配置方面,并没有流动的劳动力市场,国家采用统包统配的劳动力管理制度,根据劳动者的业务素质和政治素质配置劳动力这一生产要素,用统一招收的方式将他们分配到企业和其他机构中,让劳动者成为用人单位"终身制"的固定工,企业几乎没有权力自行招用劳动力,由此全国形成了一个巨大的"内部劳动力市场",但这种全国性的内部劳动力市场是不均质的,而且被以户籍制度为主的一系列制度分割成了城市和农村两大劳动力市场。

从生产过程来看,早在20世纪60年代,毛泽东同志在"鞍钢宪法"中就提出国有企业管理要遵循的"两参一改三结合"的社会主义企业管理原则。所谓的"两参"即干部参加生产劳动,工人参加企业管理;"一改"即改革企业中不合理的规章制度;"三结合"即在技术改革中实行企业领导干部、技术人员、工人三结合的原则。这个原则体现了社会主义企业中劳动者之间的平等民主关系。但严格来说,这个时期的企业似乎只是国家的一个行政附属机构,好比社会主义大工厂里面的部门或车间,企业并不是独立的经济利益主体,也没有独立的经营自主权,企业管理者都是根据上级政府机构的计划指令与行政管理命令来进行生产经营和处理劳动关系。例如,劳动力的调动和裁减都需报告给政府相关部门,企业不能自行决定。1957年4月国务院在《关于劳动力调剂工作中的几个问题的通知》中明确规定,对于多余正式职工和学员、学徒,应该积极设法安置,如果没有做好安置工作,不得裁减。

在分配领域,这个时期我国初步实现了个人消费品的按劳分配原则,消灭了资本主义企业中存在的剥削关系,劳动者成为了企业的主人,劳动成为了人们参与分配的主要依据。具体来说,这个时期的分配方式遵循的原则是典型的行政控制,职工的工资标准、晋升幅度、收入水平以及社会福利保障等均由国家行政部门决定。简言之,由于受到国家全面的计划调控,在计划经济时期的劳动关系,表现为类型单一、主体利益一致,集中体现了运行规则的行政性。

毋庸置疑,以公有制和按劳分配制度为主要内容的计划经济体制,为巩固社会主义经济制度、强化公有制的主体地位、保护工人群体的基本权利和平等的社会地位等方面做出了重要贡献。但是,随着大规模经济建设的开展,随着经济活动内容的复杂化,这种高度集中的计划经济体制的弊端日益显露出来。对此,1984年党的十二届三中全会《关于经济体制改革的决定》中指出:"这种模式的主要弊端是:政企职责不分,条块分割,国家对企业统得过多过死,忽视商品生产、价值规律和市场的作用,分配中平均主义严重。"反映在劳动关系上,高度集中的计划经济体制的弊端主要体现在以下几个方面:第一,对于企业来说,由于企业的各种经营活动都是由国家计划安排,企业缺乏应有的自主权,同时企业对自己的经营行为也不承担诸如经济或法律的后果,企业之间缺乏有效的竞争,大家吃着国家的大锅饭,干好干坏都一样,导致的结果是企业发展的动力和活力严重不足,管理者缺乏积极性和责任心,企业劳动生产率非常低下,整个国家的经济陷入僵化。其二,由于劳动者没有职业选择的自由权利,一岗定终身的情况在计划经济年代里是常有的,其结果是阻碍了劳动力的正常流动和劳动力资源的优化配置。其三,收入分配在实践中越来越偏向于绝对平均主义,这种平均主义导致了职工缺乏必要的激励。由于多干少干一个样,职工安于现状,不求进取,严重扼杀了劳动者工作的积极性,限制了其潜能的发挥。随着时间的推移,以上弊端日益暴露,严重束缚了生产力的发展,使得物质的严重匮乏与广大人民群众日益增长的物质文化需求之间产生了矛盾。

5.3.2 改革开放以来我国劳动关系的演变

1978年党的十一届三中全会召开,揭开了改革开放的帷幕。

我们党总结了社会主义建设道路中的经验教训,坚持把马克思主义基本原理同中国具体实际结合起来,围绕在经济文化落后的中国如何建设社会主义、发展社会主义的历史性课题,以邓小平同志为代表的中国共产党人又展开了新的实践探索,并最终开创了中国特色社会主义道路。实践的探索首先是从经济领域展开,随着对市场机制认识的推进,中国开始进入了由计划经济向社会主义市场经济过渡的时期,传统计划经济体制下的生产经营模式被打破,市场机制的自由竞争有效的释放了经济动力,生产力有了向前发展的动力。在社会主义制度下发展市场经济,实现社会主义基本制度与市场经济的结合,这是中国在实践道路中的伟大创新,也是中国特色社会主义经济制度的重要特点。关于社会主义与市场经济的结合,在当时引起了很大的争论,为此,邓小平同志做过如下精辟的论断:

> "说市场经济只存在于资本主义社会,只有资本主义的市场经济,这肯定是不正确的。社会主义为什么不可以搞市场经济,这个不能说是资本主义,我们是计划经济为主,也结合市场经济。"①
>
> "社会主义和市场经济之间不存在根本矛盾。问题是用什么方法才能更有力地发展社会生产力。我们过去一直搞计划经济,但多年的实践证明,在某种意义上说,只搞计划经济会束缚生产力的发展。把计划经济和市场经济结合起来,就更能解放生产力,加速经济发展。""为

---

① 《邓小平文选》第2卷,人民出版社1994年版,第236页。

什么一谈市场就说是资本主义,只有计划才是社会主义呢?计划和市场都是方法嘛。"①

"计划多一点还是市场多一点,不是社会主义与资本主义的本质区别。计划经济不等于社会主义,资本主义也有计划;市场经济不等于资本主义,社会主义也有市场。计划和市场都是经济手段。"②

社会主义与资本主义最根本的区别并不在于是否采用市场或者计划,而是在于资本主义是以生产资料私有制为主,社会主义是以生产资料公有制为主。从马克思主义的理论逻辑来分析,经济基础的核心是生产资料所有制,生产资料所有制决定了一个社会的根本属性。所以,邓小平同志关于社会主义市场经济的历史贡献是巨大的,他从理论上论证了社会主义制度中实现市场经济的合理性与必要性,解开了困扰社会主义发展的难题,并找到了一条建设有中国特色的社会主义道路。

实际上,在现实的社会中,没有单独离开社会制度而存在的市场经济。当市场经济与资本主义结合时,一方面需要具有市场经济的一般属性;另一方面还需要展现资本主义的特殊性。而社会主义市场经济,是市场经济处在社会主义的环境中。江泽民同志指出:"'社会主义'这几个字是不能没有的,这并非多余,并非画蛇添足,而恰恰相反,这是画龙点睛。所谓'点睛',就是点明我们的市场经济的性质。""我们搞的市场经济,就是同社会主义基本

---

① 《邓小平文选》第3卷,人民出版社1993年版,第148、203页。
② 《邓小平文选》第3卷,人民出版社1993年版,第373页。

制度紧密结合在一起的,如果离开了社会主义基本制度,就会走向资本主义。"①所以,社会主义市场经济就包含了两个重要的内容:一个是需要彰显社会主义的本质要求。坚持完善以公有制为主体、多种所有制共同发展的社会主义初级阶段基本经济制度,和以按劳分配为主体、多种分配方式并存的分配制度,以人民为中心,把人民的当前利益与长远利益、局部利益与整体利益结合起来,逐步实现共同富裕。另一个是需要发挥市场机制在资源配置中的决定性作用,提高经济发展的效率,这是市场经济的一般性。这就要求建立自主经营的企业制度、市场调节的价格机制、健全的市场体系、充分的市场竞争。简言之,以上两个重要内容有机地结合在一起,才能完整的体现社会主义环境中市场经济的普遍性与特殊性,这样既发挥了市场经济的优势,又发挥了社会主义制度的优越性,二者相辅相成共同促进了中国的发展。

随着市场经济在我国的确立与发展,市场经济在唤醒巨大生产力的同时,也让劳动与资本之间的矛盾开始凸显,所有制的多元化导致了劳动关系的复杂化。下面主要通过两个阶段的分析,来看我国劳动关系在改革开放之后经历的演变历程,以及其中的国家调节。

1. 市场经济孕育阶段的劳动关系与国家调节

从1978年到1992年,是市场经济的孕育阶段。党的十一届三中全会首次提出了所有制改革,到了1981年的十一届六中全会指出:"国营经济和集体经济是我国基本的经济形式,一定范围的劳动者个体经济是公有制经济的必要补充"。党的十二届三中全

---

① 江泽民:《论社会主义市场经济》,中央文献出版社2006年版,第202、203页。

会明确了非公有制经济在发展生产、改善生活、扩大就业等方面具有公有制经济"不可替代的作用",是社会主义经济"必要的有益的补充"。党的十三大报告提出:"对于城乡合作经济、个体经济和私营经济,都要继续鼓励它们发展。""在不同的经济领域,不同地区,各种所有制经济所占比重应当允许有所不同。"这一个阶段,国家从限制非公有制发展转向了鼓励,在所有制结构方面转向以公有制为主,多种所有制并存发展的格局,所呈现的状况是个体经济、私营经济得到恢复和发展,外商和港澳台投资企业迅速增加,国有经济和集体经济有了一定的调整。但这个阶段的改革还是处于初步尝试,例如,个体、私人企业主要还限于小商品经营,雇工方面也受到一定的限制。同时,国有企业在所有制改革方面,主要是采用企业经营承包责任制的形式。这个阶段是我国所有制改革的起步阶段。

在交易关系方面,随着所有制改革的推进,封闭的劳动力市场开始被打开,劳动力市场中的流动性有所增长。一方面,大批下乡知青的返城,让城镇失业人员激增。例如,1979 年,城镇失业人员达到 56716 万人,失业率为 51.4%。同时,改革开放解放了生产力,尤其是农业生产效率的提高,为城市和非农业部门提供了更多的剩余劳动力。例如,1978—1988 年,共有 6650 万农业劳动力转向非农产业,年平均转移规模 660 万人,年均增长 11.7%。[①] 这些劳动力难以全部被体制内所吸收和安置,需要多种渠道实现就业。另一方面,非公有制企业的崛起产生了较大的劳动力需求。这种劳动力供求之间的对接包括劳动力价格的决定、劳动力与企业之

---

① 解书森:《改革以来中国农村劳动力转移浅析》,载《中国农村经济》,1992(4)。

间的双向选择等等,基本是通过市场来完成的。尤其是进入80年代中期之后,与劳动力市场相配套的劳动就业服务有所发展。包括职业介绍所、人才交流中心等形式在内的劳动力市场中介组织异军突起,标志着我国劳动力市场逐步发展起来。与此同时,国家针对国有企业进行了劳动就业制度改革,发布的《国营企业招用工人暂行规定》和《国营企业实行劳动合同制暂行规定》,在一定程度上打破固定工制度,实现了国有企业用工方面的双向选择。

在生产领域方面,针对国有企业来说,在企业治理上经历了放权让利和两权分离的阶段。第一个阶段是放权让利。所谓放权,是国家提出让企业拥有更多的经营管理自主权。1979年颁布了《关于扩大国营工业企业经营管理自主权的若干规定》,1984年进一步发布了《关于进一步扩大国营工业企业自主权的暂行规定》,明确规定了企业拥有更大的生产经营自主权。所谓让利,指的是1981年开始从个别地方然后扩展到全国的企业经济责任制,具体方式包括利润留成、盈亏包干、以税待利、递增包干等,从实践效果来看,将职工的经济利益与经济效果、责任结合起来,在一定程度上调动了国有企业积极性。但这一时期,国有企业还没有实现真正的自主经营、自负盈亏。从1986年开始到1992年,国有企业的所有权与经营权开始分离,国家享有企业的所有权,企业自身或经营者享有企业的经营权。1992年7月,国务院通过了《全民所有制工业企业转换经营机制条例》,具体明确了企业经营权的14项内容,例如生产经营决策权、产品劳务定价权、产品销售权、物资采购权、劳动用工权、人事管理权、工资奖金分配权等等。同时,该条例也明确了企业对于国家和职工的责任,并强调了企业自负盈亏的责任,国有企业开始向着自主经营、自负盈亏的市场主体迈进。对于非公有制企业来说,这个阶段相关的法律政策并未完全跟上,对于基本劳动标准的要求从法律层面上赋予的规定比较少,且操作性不高。例如,这一时期与私营企业相关的主要有两部法律,即 1988 年的《私营企业暂行条例》和 1989 年的《私营企业劳动管理暂行规定》,其中专门规定了私营企业的劳资管理,包括实行八小时工作制,禁止招用儿童等劳动标准等。但这些规定对于一些私营企业来说并没有什么约束作用,执行力度比较有限。因此,导致在很多非公有制企业中,企业方侵犯职工权利、不注意劳动保护的情况相当严重。

在分配领域方面,我国的工资决定机制也开始发生变革。1985 年,国务院针对国有企业的工资改革发布了《关于国营企业工资改革问题的通知》,其中明确指出,国有企业的工资总额同经济效益挂钩,根据效益高低按比例浮动,国家对企业的工资总额实行分级管理;实行浮动升级,建立岗位津贴,建立企业工资增长基金。在工效挂钩的基础上,国家把企业内部的工资决定分配权还给了企业,在国家的宏观调控和政策指导下,企业自主建立符合战略要求和生产特点的工资决定模式。而在这一时期,股份制经济、外商投资经济等其他非公有制经济单位由于自主经营、自负盈亏,工资水平受国家集中管制程度较小,工资水平远超全国平均工资水平。在企业福利制度上面,国有企业仍然沿袭改革开放前的福利体系,维持"低工资、多就业、泛福利"的分配格局,但形式上有了少许变化,在职工收入中,保险福利费用和价格补贴的比重逐渐增大,增长速度也明显高于职工工资的增长速度。统计表明,职工工资总额 1978 年为 568.9 亿元,占职工总收入的 81%,1990 年为 2951.7 亿元,占职工总收入的 53%,年增长速度为 14.7%;保险福利费用总额,1978年为78.1亿元,占职工总收入的11%,1990年为937.9亿元,占职工总收入的17%,年增长速度为34.22%;住房补贴,1978年为42.38亿元,占职工总收入的6%,1990年为780.79亿元,占职工总收入的14%,年增长速度为27.48%。① 相比国有企业职工的社会福利保障来说,私营企业的福利制度则相对弱化很多,企业福利的发放由于与企业效益挂钩,再加上这个阶段缺乏必要的管制,劳资冲突在私营企业表现非常明显。

简言之,伴随着所有制结构向多元化的发展,这个阶段中的劳动关系也从计划经济时期单一的劳动关系,转变为了占主体地位的公有制经济的劳动关系,以及非公有制企业中类似资本主义的劳资关系。

2. 确立社会主义市场经济体制目标后的劳动关系与国家调节

(1) 所有制方面

1992年10月,党的十四大第一次明确提出把社会主义基本制度和市场经济相结合,建立社会主义市场经济体制的目标。1997年中共十五大报告中第一次明确提出了社会主义初级阶段基本经济制度:

"公有制为主体、多种所有制经济共同发展,是我国社会主义初级阶段的一项基本经济制度。这一制度的确

---

① 荣兆梓:《通往和谐之路:当代中国劳资关系研究》,中国人民大学出版社2010年版,第182页。

立,是由社会主义性质和初级阶段国情决定的:第一,我国是社会主义国家,必须坚持公有制作为社会主义经济制度的基础;第二,我国处在社会主义初级阶段,需要在公有制为主体的条件下发展多种所有制经济;第三,一切符合'三个有利于'的所有制形式都可以而且应该用来为社会主义服务。"[1]

公有制是社会主义经济制度的基础,是社会主义区别于资本主义的最本质特征之一。在党的十八大报告中明确指出:"深化改革,要毫不动摇巩固和发展公有制经济,推行公有制多种实现形式,推动国有资本更多投向关系国家安全和国民经济命脉的重要行业和关键领域,不断增强国有经济活力、控制力、影响力。"在这一问题上我们需要明确的是,第一,社会主义国家的根本性质决定了公有制在我国经济制度中的主体地位,正如邓小平所说"一个公有制占主体,一个共同富裕,是我们必须坚持的社会主义的根本原则。"[2]否定作为主体的公有制经济,否定国有经济的主导地位,就等于丢掉了社会主义的经济基础,其结果必然加剧各种矛盾的爆发,例如劳资对立、财富两极化、大资本的形成,最终将偏离社会主义的方向,动摇中国特色社会主义事业的根基,丧失人民当家做主人的权利。第二,进一步巩固和发展公有制经济,就要适应时代发展、经济环境变化和科学技术进步等新情况,积极推行公有制的多种有效实现形式,找到与市场经济有效融合的途径和方式。第三,

---

[1] 《十五大以来重要文献选编》上册,人民出版社 2000 年版,第 20 页。
[2] 《邓小平文选》第 3 卷,人民出版社 1993 年版,第 111 页。

清晰地认识当前国有企业改革过程中的不足。国有企业当前确实面临着很多问题,如国有经济布局分散,国有企业管理不够规范,企业效率有待提高等,如解决不好,将直接影响国有经济的数量与质量,损害人民的总体利益。

非公有制是社会主义市场经济的重要组成部分。改革开放以来,非公有制经济一直是我国重要的经济增长点,在我国社会主义初级阶段,发展非公有制经济,对于增强市场活力,充分调动各方面积极性,增加税收、扩大就业、加快生产力的发展等方面发挥了积极作用。因此,党的十六大针对所有制提出了"两个毫不动摇"和"一个统一"的思想,即"必需毫不动摇地巩固和发展公有制经济","必需毫不动摇地鼓励、支持和引导非公有制经济发展";"坚持公有制为主体,促进非公有制经济,统一于社会主义现代化建设的进程中,不能把这两者对立起来"。党的十八大进一步提出:"必须毫不动摇鼓励、支持、引导非公有制经济发展,激发非公有制经济活力和创造力"。可以说,非公有制经济从国民经济的拾遗补缺的补充地位,上升为社会主义市场经济的重要组成部分。当前,毫不动摇地鼓励、支持、引导非公有制经济发展,是符合我国国情和人民群众的根本利益的。在非公有制经济取得巨大成绩的同时,我们也应该清醒的看到,非公有制所存在的种种问题。非公有制经济毕竟是以私有制为主,追逐剩余价值是它的生产目的,私有制企业中劳资关系与资本主义劳资关系一样,都是建立在剥削基础上的雇佣关系,因而贫富分化、劳资冲突、生产盲目、环境破坏等等弊端都会存在。但是,与资本主义劳资关系不同的是,我国的非公有制经济是在社会主义的环境中发展起来,所以,国家在鼓励支持非公有制经济发展的同时,更需要通过积极的引导,限制非公有制经济的消极作用,充分发挥其积极作用,让它朝着有利于社会主义的方向稳步发展。

在我国基本经济制度确立起来之后,值得思考的是需要通过什么样的具体形式来体现,这就涉及到了所有制的实现形式。十五大报告中提出了股份制是现代企业的一种资本组织形式,资本主义可以用,社会主义也可以用,公有制经济不仅包括国有经济和集体经济,还包括混合所有制经济中的国有成分和集体成分。十七大报告提出以现代产权制度为基础,发展混合所有制经济。在此基础上,十八届三中全会通过的《中共中央关于全面深化改革若干重大问题的决定》明确提出了国有资本、集体资本、非公有资本等交叉持股、相互融合的混合所有制经济,是基本经济制度的重要实现形式。混合所有制有利于发挥各种所有制取长补短、相互促进;有利于促进国有资本放大功能、保值增值、提高竞争力;有利于形成资本所有者和劳动者利益共同体,从而促进共同发展。值得说明的是,混合所有制并不是一种独立的所有制形式,而是由不同所有制混合而成的企业组织形式,可以建立在私有制的基础上,也可以建立在公有制的基础上。因此,发展混合所有制经济,需要清楚的是发展的目的绝不是要私有化,而是进一步坚持完善社会主义基本经济制度。

(2) 在交易关系方面

党的十四届三中全会通过的《中共中央关于建立社会主义市场经济体制若干问题的决定》,这是中共十四大确定的社会主义市场经济体制改革目标的具体化和系统化。《决定》第一次明确提出了"劳动力市场"的概念,并指出劳动力市场是当前我国培育市场体系的重点之一,要"改革劳动制度,逐步形成劳动力市场。"至此,我国劳动力市场进入了基本形成阶段。随着社会主义市场经济的深入发展,体制外劳动力和体制内劳动力的资源配置日趋市场化,我国劳动力市场的相关机构、法律法规、协调机制和配套制度等已经逐步建立起来,基本形成了适应社会主义市场经济体制要求的劳动力市场。围绕完善劳动力市场,国家主要从以下几个方面进行了努力。第一,完善积极的就业政策。例如,2005年国务院颁布了《关于进一步加强就业再就业工作的通知》,2006年劳动和社会保障部等各部门联合下发《关于贯彻落实国务院进一步加强就业再就业工作通知若干问题的意见》,初步建立起了促进就业的体制机制框架。第二,规范劳动力市场秩序。劳动和社会保障部于2004年发布的《关于加强就业服务制度化专业化和社会化工作的通知》,对提高就业服务水准,规范劳动力市场秩序,提出了具体要求和办法。2006年国务院下发了《关于解决农民工问题的若干意见》,进一步明确了维护农民工合法权益的政策框架和工作要求,改善了农民进城就业的环境。第三,完善劳动力市场法规体系。2004年国务院发布实施《劳动保障监察条例》,进一步规范了劳动保障执法监察的制度和办法。

(3) 生产领域

1993年11月党的十四届三中全会《关于建立社会主义市场经济体制若干问题的决定》中,提出了我国国有企业改革的目标是建立现代企业制度,即建立适应市场经济和社会化大生产要求的产权清晰、责权明确、政企分开、管理科学的企业制度,使企业成为自主经营、自负盈亏、自我发展、自我约束的法人实体和市场竞争主体。为了适应建立现代企业制度的需要,《公司法》于1993年

12月通过并于1994年开始实施。但伴随着90年代国有企业的改革,职工下岗和企业倒闭等情况大量发生。从90年代中期以后,劳动争议案件数量不断攀升,其中又以集体劳动争议案件数量上升为主,而集体劳动争议案件中绝大部分来自国企倒闭后的下岗职工。而此时的非公有制企业,资本的本性也逐步暴露出来,表现为劳动争议案件数量的急剧上升。伴随着劳资冲突的加剧,国家需要从制度层面上对劳资关系进行规范,建立和完善劳动关系法律体系尤为重要。基于此,我国在1994年颁布并于1995年执行了《中华人民共和国劳动法》,这是新中国成立以来第一部保护劳动者合法权益的法律规范,随后逐渐颁布了涉及劳动关系方方面面的若干法例。有保护职工基本生存的法律法规,如《中华人民共和国安全生产法》、《工伤保险法条例》、《劳动保障监察条例》;也有针对某些专门行业所制定的法律,如《中华人民共和国煤炭法》等。尤其是2007年"劳动三法"(《中华人民共和国劳动合同法》、《就业促进法》、《劳动争议调解仲裁法》)的相继出台,劳资双方的权利和义务得到了更好的规范,对于保障劳动者权利、促进劳资和谐起到了重要作用。

(4) 分配领域

党的十四大以后,收入分配制度改革的目标是坚持以按劳分配为主体,多种分配方式并存,体现效率优先、兼顾公平的原则,逐步建立起市场机制决定、企业自主分配、政府监督调控的工资分配体制。十五大报告提出了效率优先、兼顾公平,有利于优化资源配置,促进经济发展,保持社会稳定。十六大报告指出初次分配注重效率,发挥市场的作用,鼓励一部分人通过诚实劳动、合法经营先富起来。再分配注重公平,加强政府对收入分配的调节职能,调节差距过大的收入。十七大进一步明确了收入分配中公平与效率的问题,提出要坚持和完善按劳分配为主体、多种分配方式并存的分配制度,健全劳动、资本、技术、管理等生产要素按贡献参与分配的制度,初次分配和再分配都要处理好效率和公平的关系,再分配更加注重公平。十八大报告中再次强调,必须调整国民收入分配格局,加大再分配调节力度,着力解决收入分配差距较大问题,使发展成果更多更公平惠及全体人民,朝共同富裕方向稳步前进。实现发展成果由人民共享,必须深化收入分配制度改革,努力实现居民收入增长和经济发展同步、劳动报酬增长和劳动生产率提高同步,提高居民收入在国民收入分配中的比重,提高劳动报酬在初次分配中的比重。初次分配和再分配都要兼顾效率和公平,再分配更加注重公平。要完善初次分配机制,加快健全再分配机制。

随着社会主义市场经济体制的建立,我国个人收入分配市场化程度越来越高。在工资改革机制上,为适应社会主义市场经济的要求,收入分配进一步走向市场化并向多样化、个性化方向发展,但也不是放任市场自由调节。为了更好的规范企业行为、保护劳动者权益,原国家劳动部门在1993年制定了"企业最低工资规定",2004年我国劳动和社会保障部门颁布并实施了《最低工资规定》,最低工资制度是适应社会主义市场经济的需要,实现国家对工资分配的一种宏观调控。在社会保障福利方面,为了构建和谐社会的劳动关系,我国在社会福利保障领域,已经基本建成覆盖社会全局的综合保障体系,当前的社会保障体系主要由社会保险、社会福利、优抚安置、社会救助和社会互助五大主题部分组成,其内容惠及到了劳动者生产生活的各个方面,为劳动者提供了一套多维度的综合保障网(见表6)①。

表6 我国社会保障体系

类别	对象	资金来源	地位
社会救济	贫困者、灾民等	国家及社会群体	最低层次
社会保险（养老保险、医疗保险、失业保险、工伤保险、生育保险）	法定范围内的社会劳动者	雇主、雇员及国家三方共同支付	核心地位
社会福利	全体居民	国家及社会群体	最高层次
社会优抚安置	军人及家属	国家财政拨款	特殊构成部分
社会互助	社会弱势群体等	社会捐赠及成员自愿交费	有力补充

5.4 当前我国劳动关系的主要问题和进一步解决的思路

回望我国30多年的改革历程,劳动关系的改革取得了瞩目的成绩。从计划经济到市场经济,从行政化的管理关系到依法规范的市场化合同关系,资本与劳动获得了自由发展的空间,极大的促进我国经济快速崛起。但与此同时,随着工业化、信息化、城镇化、市场化的全面发展,经济全球化的逐渐深入,资本的力量也变得更加强大,它已经不再局限于一个地方,而是深入到全世界,劳资力

---

① 权衡、杨鹏飞等:《劳动与资本的共赢逻辑》,上海人民出版社2008年版,第108页。

量对比非常明显,劳资对立也越发凸显。在我国,劳动关系领域也出现一些新情况,其中存在的一些严峻问题,直接影响威胁到了我国劳动关系的和谐发展,这是绝对不容忽视的。因此,正视当前存在的问题,并理清进一步发展的方向刻不容缓。

5.4.1 当前我国劳动关系存在的问题

首先,从交易关系来说,目前我国劳动力市场的问题主要体现在两方面。其一,劳动力市场中供给与需求的结构性矛盾很突出。所谓劳动力供需的结构性矛盾,"简单说来就是劳动力市场上供给和需求之间存在的不匹配现象,这种既可以来自于地区、行业之间的不匹配,也可以表现为劳动者素质技能与岗位技能需求之间不匹配。由于无法实现供给和需求之间的配合,劳动力市场上既会出现有人无岗的现象("过剩"),也会出现有岗无人("短缺")的现象。"[①]而这种结构上的不匹配,严重影响到劳动力的有效供给。其二,劳动力市场的制度障碍阻碍了劳动力的自由流动,导致了劳动力市场的分割。究其原因,一方面以户籍制度为核心的一系列制度性障碍阻碍了劳动力资源的有效流动,降低了劳动力的有效供给。尽管对户籍制度进行了一系列改革,但到目前为止,户籍制度仍然是限制人口自由迁徙和劳动力合理流动的枷锁,它仍然与一系列政策相联系。比如就业、保障等等,外来的劳动力(尤其是农民工)在行业进入、工资报酬、社会保障、子女教育、住房等方面,都或多或少的面临着与本地居民不同的体制环境,他们在城镇的

---

① 张车伟:《当前劳动力市场的结构性矛盾及其经济学分析》,《经济学动态》,2008(3)。

生活成本大大的提高,而实际收入有所下降。同时,为了保护本地居民的各种利益,某些政策人为的将劳动者分为不同类别,对外来劳动力工作的行业、部门实行种种限制,这种限制也形成了严重的阻碍和排挤。当然,除了限制劳动力流动的政策,还存在很多人为的歧视,农民工进入城镇工作生活,却不能得到和城市居民一样的对待。这种政策上的差别对待,这种对外来劳动力的人为歧视,使得劳动力市场一体化进程受到了严重的阻碍,制度性的障碍进一步增加了劳动力流动的各种成本,阻碍了劳动力的自由流动,不利于劳动力的有效供给。因此,中国劳动力供需的结构性矛盾和劳动力市场的制度障碍都会降低劳动力的有效供给。从我国劳动力供需来说,当我们劳动力总量还处于"有限剩余"的时候,这种凸显还不那么明显,但是随着我国劳动力供求总量的转变,如果不重视和解决这种结构性矛盾和制度性障碍所导致的劳动力供给的有效性不足,那么,中国"劳动力短缺"的时代将会加速到来,应对"劳动力短缺"这个拐点的准备时间将会大大缩短。

其次,在生产领域中的企业治理管理方面,国有企业虽然取得了非常瞩目的成绩,但某些国有企业中还是存在管理方式僵化,行政体制色彩浓厚的情况。比如,一些管理者仍延续着传统、僵化的行政方式管理企业和职工,这种管理方式让企业活力得不到有效发挥,也让劳动者的权益很难保障,正是如此,企业中存在的劳动关系矛盾也就频繁出现。而对于非公有制企业来说,劳动者的劳动保护欠缺是最大的问题之一,近年来我国出现的矿井塌方、瓦斯爆炸等恶性事故大多集中在私人企业,这些经营者在市场利益的驱动下,一味压缩劳动力成本,忽视工作安全和工作环境,虽然近几年我国出台相关政策对其进行保护,但力度仍然不够。同时,非公有制企业中的契约化程度不高,具体表现为劳动合同的签订。尤其是在技术含量低、管理方式落后的劳动密集型企业中,不规范的用工制度甚为明显。这些问题,让非公有制企业中的劳资关系矛盾非常明显。根据《劳动和社会保障事业发展统计公报》公布的数据可以看出,全国各级劳动争议仲裁委员会受理的劳动争议案件从1994年的1.9万余件到2006年的44.7万件,增加了20余倍。2009年,全国各级劳动争议仲裁机构共立案受理劳动争议案件68.44万件,涉及劳动者人数101.69万人,其中集体劳动争议案件1.38万件,涉及劳动者人数29.96万人。另外,近两年来,大规模劳资群体性事件频频发生,如2009年以来富士康员工连续自杀事件,2010年5月的广东南海本田"停工"事件等等。[1]

最后,收入分配制度不完善。从工资来说,企业职工工资水平普遍比较低,国际劳工组织公布的数据显示,2000—2005年,中国的人均产值增长了64%,工资总额占GDP的比重却从12%下降到了11%,这不仅大大低于国外发达国家的水平,甚至低于许多发展中国家的水平。作为制造业的大国,目前中国制造业领域的劳动力价格比印度约低10%。[2] 从社会保障福利来看,虽然也取得了一定的成绩,但由于缺乏政策约束力,导致并没有惠及到所有劳动者,社会保障覆盖面还比较狭窄,企业职工的社会保险参保率

---

[1] 参见汝信、陆学艺、李培林:《2010年中国社会形势与预测》,社会科学文献出版社2009年版。
[2] 陆夏:《社会主义市场经济条件下新型劳资关系的构建——访问经济学家胡乐明》,《海派经济学》,2010(32)。

较低，尤其是非公有制企业中的私营企业，尤为突出，这种不完善所导致的结果正是贫富差距的扩大。按照国际标准来说，超过0.4的基尼系数就是进入了收入差距较大的行列，而如果超过了0.5则是预示着收入差距悬殊巨大。下面，我们通过这几年的基尼系数来看看我国收入差距的情况，无论是国家统计局还是世界银行的测算，中国2000年的基尼系数已经超过了0.4，而在2004年的基尼系数超过了0.46，并且呈现继续扩大的趋势。2015年中国基尼系数为0.462，虽然创下自2003年以来12年间的最低值，但指数仍然远远高于国际公认的警戒标准0.4。这个统计虽不能完全表明我国的收入分配情况，但基本能够说明一个问题，我国的收入分配差距十分严峻。我们可以看到，在不同区域不同行业之间以及城乡之间的劳动收入差距比较大，2015年城乡居民收入差距仍有2.73倍，地区间城镇居民收入差距为2.3倍、农村居民收入差距高达3.36倍，而由财产占有上的差别所形成的收入差距表现得更为突出明显，顶端1%的家庭占有全国约三分之一的财产，底端25%的家庭拥有的财产总量仅在1%左右。[①] 贫富差距日益扩大，这的确是一个不争的事实。值得注意的是，我们在分析这个问题的时候，需要区分两类性质不同的收入差距：一类是发生在普通的劳动者之间，主要由于不同部门、地区、行业之间劳动者的素质或贡献，以及生活费用的差别所造成。这类收入差距体现了按劳分配的要求，有利于调动生产者的积极性，当然，对其中不合理的因素则需要采取措施进行调节。另一类收入差距是发生在不同财产占有者之间，特别是资本所有者与劳动者之间，主要由于人们在

---

① 参见《中国民生发展报告2015》，北京大学出版社2015年版。

财产占有特别是生产资料占有上的差别所造成。① 这种来自财产占有差别的扩大与劳动资本利益的分化导致的贫富差距,如果没有有力的调节,将严重影响到社会主义和谐共享型劳动关系的建立。

总而言之,如果说上一个阶段我们重在做大蛋糕,那么在总量相对做大之后的阶段,以上困扰社会公平正义的问题就显得尤为突出和紧迫。习近平同志指出"蛋糕不断做大了,同时还要把蛋糕分好"②,绝不能出现"富者累巨万,而贫者食糟糠"③。这些问题能否得到有效的解决,一方面事关社会主义优越性能否得到体现,事关社会主义的价值理念能否得到彰显。另一方面,也决定了我国未来经济社会的可持续发展。当前,我国已进入新常态的历史发展阶段,机遇与挑战并存,接下来是全面建成小康社会的决胜阶段,破解现实问题,促进公平正义,极有必要从战略的高度总体设计、统筹兼顾。基于此,党的十八届五中全会通过的《中共中央关于制定国民经济和社会发展第十三个五年规划的建议》(以下简称《建议》),从增进人民福祉为出发点,围绕全面建成小康社会的奋斗目标,首次把共享发展理念从战略的高度提出,为中国未来的经济社会发展提供了科学的指南。《建议》指出:"共享是中国特色社会主义的本质要求。必须坚持发展为了人民、发展依靠人民、发展成果由人民共享,作出更有效的制度安排,使全体人民在共建

---

① 张宇:《全面认识社会主义本质的三个维度》,载于《国外理论动态》,2011(12)。
② 《习近平谈治国理政》,外文出版社2014年版,第97页。
③ 《习近平在党的十八届五中全会第二次全体会议上的讲话》(节选),《求是》,2016(1)。

共享发展中有更多获得感,增强发展动力,增进人民团结,朝着共同富裕方向稳步前进。"这一理念的提出具有重大的理论意义和现实意义,它深刻体现了以人民为中心的发展思想,充分彰显了社会主义的本质要求,也为共享型劳动关系的构建指明了方向。

5.4.2 我国调节劳动关系的思路方向

我国是社会主义国家,国家必然要成为劳动阶级的维护者和保护者。因此,需要明确劳动关系调节中的立场和责任,要警惕为了追求经济效益而不惜损害劳动者利益的行为倾向。那么,针对当前我国劳动关系的相关问题,国家调节需要从以下几个方面入手:

第一,坚持完善社会主义基本经济制度。首先要毫不动摇的巩固和发展公有制经济。社会主义国家的根本性质决定了公有制在经济制度中的主体地位,如果削弱作为主体的公有制经济,削弱国有经济的主导地位,就等于丧失了社会主义的经济基础,共享型劳动关系也就丧失了基本保障。做强做大做活公有制经济,积极推行公有制的多种有效实现形式,发挥国有经济的主导地位,避免私有化,才能真正承担起实现共享的重要责任。同时,非公有制企业是社会主义市场经济的重要部分,在促进经济发展中发挥着积极的作用。但非公有制经济是属于资本主义性质,与共享型劳动关系从本质是不相融的,这就需要积极完善非公有制经济,努力引导非公有制企业通过采用共享的方式实现"共赢"的发展。坚持巩固发展公有制经济,鼓励支持引导非公有制经济,才能为真正实现社会主义共享型劳动关系提供坚实的保障。

第二,进一步完善各项配套政策,健全统一规范的劳动力市场,清除包括现存的制度性障碍在内的劳动力转移障碍。一方面应加快各级劳动力市场的配套服务,建立一种高效率的就业促进体系,诸如人才服务机构、培训机构等,与企业开展战略合作,这种对接可以通过政府搭桥,提供一个开放的平台,让劳动力与企业在这个平台上能够公平有效的实现对接,增加劳动力的供需匹配。另一方面,逐步消除劳动力市场分割,完善劳动力市场秩序。例如,对于农民工来说,应该取消农村劳动力进城就业限制性政策和歧视性规定,实行统一的用工管理制度、劳动合同制度、就业与失业登记制度、劳动报酬制度、就业准入和职业资格证书制度等,还应该构建与社会经济发展水平相适应的、城乡统一的社会保障体系。

第三,企业是劳动关系发生的一个重要场所,因此,需要增强企业的社会责任,进一步加强企业经营管理体制的改革。一方面,加大劳动监察力度,全面贯彻落实保护劳动者权益的各种法律法规,通过制度让企业承担起应有的社会责任,防止企业利用市场上自身拥有的优势滥用权力。同时,国家还应该加强舆论引导和宣传,促使企业有意识的承担起相应的社会责任。另一方面,在非公有制企业中积极发展"利益共享"型劳资关系,构建起"以人为本"的企业经营管理机制,完善劳动合同制度,减少工作过程中的摩擦与矛盾。

第四,进一步规范收入分配秩序,完善宏观调控体系。在分配领域的共享是民生的直接来源,共享不能建立在两极分化之上,但共享也不是平均主义,体现在收入分配上,就需要公平公正的分享发展成果,以按劳分配为主,多劳多得,少劳少得,要使劳动致富真正成为社会普遍的行为准则,在不断发展生产力的基础上,普遍提高人民的收入水平,建立公平、公正的收入分配改革制度。政府应明确在收入分配宏观调控中的职责,加快行政管理体制改革,加强对劳动关系的宏观调控能力,完善法律法规体系,促进收入分配立法进程,强化政府再分配调节功能。具体来说,一是坚持实现"两个同步",即居民收入增长和经济增长同步、劳动报酬提高和劳动生产率提高同步,持续增加城乡居民收入。二是调整国民收入分配格局,提高居民收入在国民收入分配中的比重,规范初次分配,提高劳动报酬在初次分配中的比重。同时,加大再分配调节力度,加快完善以税收、社会保障、转移支付为主要手段的再分配调节机制,贯彻落实有利于缩小收入差距的相关政策,增加低收入劳动者收入,扩大中等收入者比重,逐步形成两头小、中间大的"橄榄型"的分配格局。三是维护劳动收入的主体地位,并不断增加居民的财产性收入,优化要素配置,完善市场评价要素贡献并按贡献分配的机制。四是积极稳妥推行工资集体协商制度,建立健全不同行业、不同类型的职工工资增长机制。五是规范收入分配秩序,保护合法收入,规范隐性收入,遏制以权力、行政垄断等非市场因素获取收入的行为,取缔非法收入。

第五,加强工会组织建设。工会作为劳动者阶级的代表,在当前协调和稳定劳动关系中扮演重要角色。但就我国工会的实际情况而言,长期以来工会角色定位的模糊,导致工会脱离工人的现象普遍存在,尤其在非公有制企业,工会在组建及维权作用发挥上困难重重,工会的无作为现象导致了工会参与人数虽多,但力量薄弱。随着劳动关系的复杂化,劳资问题的不断涌出,我国工会改革已经刻不容缓。为此,应注重加强我国工会组织的自身建设,而如何建设工会,国家需要把握的重点便是工会的定位方向,对这个问题的分析将在下一节中具体谈到。

5.5 我国工会的定位问题

和谐共享劳动关系是企业发展的重要保证,是构建和谐社会的重要基础,也是社会主义劳动关系的内在要求。在建立和谐共享型劳动关系中,工会的作用举足轻重,而工会作用的发挥受制于多种因素,其中最根本源头则是定位问题,而定位正是国家需要重视的关键。因此,本节着重针对社会主义市场经济中工会的定位及其发展方向进行一些探讨。

1. 我国工会的发展历程回顾

中国工会的诞生要比资本主义国家晚100多年,它发源于我国半殖民地半封建时期。在中国共产党领导下,我国的工会具有鲜明的"革命"性,成为了中国共产党领导的新民主主义革命的重要组成部分。但是,在推翻"三座大山"的统治压迫之后,特别是在社会主义制度建立以后,工会失去了阶级斗争的基础,是否应该继续存在呢?列宁认为,"工会虽然失去了阶级斗争这样的基础,但是从反对……机关的官僚主义弊病来说,从采取这一机关所办不到的办法和手段保护劳动群众的物质利益和精神利益来说,以及从其他等等方面来说,工会远远没有失去——而且,很遗憾在很多年都不会失去——非阶级的经济斗争这样的基础。"[①]也就是说,社会主义条件下工会仍然是需要存在的。那么,工会的定位又将是什么呢?

---

① 《列宁选集》第4卷,人民出版社1992年版,第460页。

新中国建立之后，我国工会开始了积极的探索之路。当时的中国百废待兴，"工会任务应面向生产"的观点得到积极响应，工会广泛的参与到了生产的过程中。随着大量国有工厂的创建，关于工会的定位问题出现了两种不同的意见。一种意见强调工会同政府和国营管理机关利益的一致性，认为社会主义国家中，单位的利益就是个人利益。"国营企业中公私利益是完全一致的，无所矛盾"。另一种观点则认为"在国营企业中公私利益是基本一致的，但在有关工人生活、劳动条件等问题上是存在矛盾的，但这种矛盾的性质是工人阶级内部的矛盾"[1]，"认为公营企业中工人本身即主人，不是公私兼顾问题，这种否认公营企业中所存在的矛盾的看法，是不对的。"[2]在具体实践中，第一种意见占了上风，第二种观点则被认为是"工团主义""经济主义"而受到批评。所以，在计划经济下，工会的实际定位是配合、支持行政工作，组织生产竞赛和生产娱乐活动、发放生活福利等，而在文化大革命时期，由于左倾思想的引导，甚至提出了"工会消亡论"的观点。

改革开放之后，随着社会主义市场经济的建立和深化，社会利益主体开始分化，并逐渐呈现出多元化的趋势，计划经济下的工会定位已经不再适应新阶段的需要了，面对新的市场环境和劳动关系，人们开始思考工会的发展方向何去何从？于是，在探索的道路上我国工会又开始了新的征途。从1978年总工会全面恢复工作后，经过十几年的反复修订，1992年新的《工会法》完成，在1950年《工会法》的基础上，另外新增加了一些内容，例如：工会有参与

---

[1] 李立三：《关于在工会工作中发生争论的问题的意见向毛主席的报告》，1951年10月2日。
[2] 《刘少奇年谱》下，中央文献出版社1996年版，第264页。

权,工会具有法人资格,工会有权参加劳动争议处理,工会应协助处理停工怠工事件等。新《工会法》中,工会的法律定位是"在维护全国人民总体利益的同时,维护职工的合法权益。"但由于1992年的工会法其适用对象基本上是国有和集体所有制企业,于是2001年10月,第九届全国人大常委会通过了《工会法(修正案)》,除有关职工代表大会和民主管理等个别内容外,对象扩展到各种所有制形式的企业,并且在1992年拟定的工会定位前面,明确增加了一条"维护职工合法权益是工会的基本职能"。较之以前对中国工会职能的阐述,第一次突出了定位中的基本职能,即维权职能。2008年《中国工会章程》(修改)对于工会的定位从法律上给予了明确的规定,"中国工会是中国共产党领导的职工自愿结合的工人阶级群众组织,是党联系职工群众的桥梁和纽带,是国家政权的重要社会支柱,是会员和职工利益的代表。""中国工会的基本职责是维护职工合法权益。"2013年,通过的新《中国工会章程(修正案)》再一次肯定了工会的总体定位,即党联系群众的桥梁纽带和职工合法权益的代表,这是中国特色社会主义工会发展道路的核心和关键。①

2. 如何看待当前中国工会的定位

进入新世纪以来,随着改革的深入,多种所有制的发展,劳动关系越发复杂,冲突逐渐加剧,面对新的环境和形势,如何进行工会改革成为关注的热点。那么,目前关于工会的定位,是否符合现阶段我国的实际情况呢? 这个问题值得进行深入探讨。

---

① 李建国在2013年中国工会第十六次全国代表大会的报告中再一次指出: 中国特色社会主义工会"这条道路的核心是坚持自觉接受党的领导、根本是坚持工会的社会主义性质、关键是坚持维护职工群众合法权益"。

现阶段,我国赋予的工会角色主要表现为两重性,角色之一,"代表职工的利益,依法维护职工的合法权益";角色之二,"党联系职工群众的桥梁和纽带"。在新《工会法》中也提出,"工会在维护全国人民总体利益的同时,代表和维护劳动者的合法权益。"这条款明确规定了工会所具有的"双维护"职能,体现为当前我国工会定位的双重性。

从实际情况来分析,当前工会的双重角色可谓利弊兼备。其利之处在于,工会可以借助党和政府以及社会的力量,有效地维护和实现劳动者的权益,让工人阶级更好的理解党的路线方针政策,做好党和群众的桥梁,团结广大职工,充分发挥工人阶级主力军的作用。但不利之处也很明显,双重角色容易模糊工会组织的性质,降低工会在劳动者中间的信任度。尤其在基层工会的具体工作中,工会很可能因承担太多的行政职能,而变为党或政府的行政附属机构,忽视了自己的工作重点。有的工会甚至会错误的把"沟通与协调"理解为在维权过程中的"左右讨好",不能理直气壮地维护工人的合法权益,从而激化矛盾,影响劳动关系的和谐。

针对上述的问题,争论也就随之不断。工会作为劳动者代表的法定角色,目前认识上是没有分歧的,法律依据也比较充分,在《工会法》第六条明确规定了这一基本角色:"维护职工合法权益是工会的基本职责。"而国内外所赋予的法律角色,在这点上是通行的,也是工会存在的基础。但是,对于工会是否应当承担起党联系职工群众的桥梁和纽带,目前争议较大。更有观点认为,工会代表工人的利益,应当实现完全的独立,甚至可以效仿西方国家的工会制度,建立独立工会,这样才能真正代表工人的利益,维护工人的权益。

面对争议,我们不禁思考,当前工会的总体定位到底是否合理呢?回答这个问题,弄清楚两个重要点是关键。第一,工会的产生与发展不可能脱离于社会制度而存在,工会的定位更是如此,这就需要把社会主义制度下工会定位与资本主义制度下的工会定位,做一个本质的区分与比较。第二,独立工会与工会的独立性具有不同的含义,有必要做一个比较说明。

(1) 社会主义制度下工会的定位与资本主义制度下工会定位的本质区别

由于所有制基础不同,导致了在不同的社会制度下,工会定位本身就存在本质的区别。从工会的历史我们可以看到,工会是劳资关系矛盾运动的产物,而劳资关系作为社会经济关系的一部分,实际上是所有制关系的具体体现。之所以如此,是因为生产资料是一个社会最基本的经济资源,谁控制了生产资料,谁就控制了包括生产、分配、交换和消费等社会经济的各个环节,并由此而成为这个社会政治上的统治者和意识形态上的主导者。因此,生产资料的所有制构成了一个社会经济制度的基础,同时也成为决定社会基本性质和发展方向的根本因素。那么,单纯的脱离所有制基础所构成的社会经济制度,而去谈论劳资关系,去讨论工会的定位,是简单而盲目的。实际上,什么样的社会制度决定了什么样的劳资关系,也决定了什么样的工会定位。

在资本主义所有制基础上形成的资本主义社会中,生产资料与劳动者是分离的,丧失生产资料的劳动者不得不出卖自己的劳动力。资产阶级掌握着生产资料,并由此形成了这个社会中经济、政治上的统治者和意识形态上的主导者,他们通过生产资料的掌握而占有劳动者创造的剩余价值。马克思主义认为,"经济学研究的不是物,而是人和人之间的关系,归根到底是阶级和阶级之间的关系。"[1]那么,在资本主义制度下形成的劳资关系从根本上体现的是一种阶级利益关系,从本质上反映的是资本家和雇佣工人之间剥削和被剥削的关系,由此决定了劳资双方是一种对立和对抗的关系。虽然马克思去世之后,资本主义劳资关系经历了一些新的变化,从对抗到相对缓和。但如果所有制基础本身不变,那么,由它决定的劳资关系本质就不会变,而变化的只是现象。因此,工人阶级在这个环境中,从根本上必然要求独立于资产阶级以及代表资产阶级总体利益的国家之外,以独立的群众组织而存在,从而谋求政治和经济上的利益。

社会主义社会建立了以公有制为基础的经济制度,资本主义企业中存在的资本雇佣劳动的关系被社会主义企业中的新型劳动关系所代替。劳动者作为生产资料的共同所有者,具有与生产资料实际结合的平等权利,消灭了资本对劳动的统治,所以从这个意义上来说,社会主义制度下的劳动关系与资本主义劳资关系相比,本质上是一种和谐的、非对抗性的关系。改革开放之后,我国的所有制结构出现了多元化的趋势,所有制结构的这种多元化引起的劳动关系的复杂化,在社会主义公有制经济中劳动关系出现了市场化的趋势。而在非公有制经济中,则出现类似资本主义企业的劳资关系。那么,由社会主义制度决定的劳动关系,也决定了我国工会定位的方向,不仅需要代表维护工人阶级的利益,也需要在共产党的带领下作为一种桥梁纽带促进劳动关系和谐发展。

邓小平同志在会见美国工会领导人访华团时曾说:由于我们

---

[1] 《马克思恩格斯选集》第 2 卷,人民出版社 2012 年版,第 14—15 页。

国家是工人阶级领导的以工农联盟为基础的人民民主专政国家,所以中国的社会制度决定了工人在中国的社会地位。中国工会是一支重要的社会力量,它的社会地位和所起的作用比美国工会可能更大一点。① 邓小平同志的话语已经表明了中西方工会本质的不同,因此,由所有制基础不同所形成的社会经济制度的不同,以及资本主义劳资关系与社会主义劳动关系的根本不同,决定了工会定位的本质区别,也决定了我国工会定位不能完全按照西方工会定位来实施。

(2) 独立工会与工会独立性的比较说明

当前,随着我国市场经济的逐渐深化,各个利益主体浮出水面,各种社会矛盾越发明显,工会作为劳动者利益的代表,维护劳动者权益的定位越来越受到重视,特别是随着私营经济的广泛发展,劳资矛盾的冲突也在加剧,虽然我们是社会主义国家,但是只要存在私有制,必然会产生劳动与资本、工资与利润的对立,私有制企业为了追求利润最大化,必然竭力压缩劳动者的收入和权益,这是不以人的意志为转移的。在这样的环境下,工会需要保持独立,才能更好的维护职工利益。

那么,如何保持独立性?对此,有的观点认为可以效仿西方建立独立工会。也有的观点认为,我国工会需要保持的是组织体系、成员产生、运行方式、经济等方面的独立性。实际上,独立工会与工会的独立性具有不同的内涵。独立工会更多是从政治上出发,政治独立;而工会的独立性,更多是从工会具体工作出发,体现在社会活动中的自主性。无疑,提高工会的地位,发挥工会的作用,

---

① 参见《邓小平论工人阶级与工会》,中国工人出版社1994年版。

加强工会的独立性是非常必要的,但并非意味着建立独立工会。

从实践中来看,独立工会并非存在。无论在资本主义社会还是社会主义社会,工会都不可能是纯粹独立的,都必须体现社会制度的性质和统治阶级的利益,否则它不可能存活。在资本主义社会里,正如前文所言,工会的阶级性从理论上要求独立于资产阶级以及资产阶级所代表的国家,但在实际操作中,工会的权利受制于政党,工会的力量在政党选举中不容小觑。例如,美国工会极力帮助民主党进行选举,德国工会因为与社会民主党之间的密切关系,在很多时候通过政治过程达到目标。可见,当今西方国家工会的实际角色也不仅仅只是一重,工会在代表工人阶级的同时,从某种程度上也代表了某些政党的利益,这种纯粹的独立在工会一次次与政党暧昧妥协的关系中不复存在。当然,我们绝不是否认资本主义制度下工会作用的发挥,相反,资本主义制度下工会如何独立性的开展具体工作,在三方协调机制中工会如何有效的发挥作用,有很多是值得借鉴学习的。在这里,我们主要强调的是,理论上单纯的独立工会在实际中很难存在。

对于我国来说,政治上独立于党的独立工会是行不通的。正如前文所提到,工会作为党联系职工群众的桥梁和纽带,体现了与西方资本主义国家工会的根本区别,这是由于社会主义制度的性质和要求所决定的。在社会主义国家中,工人阶级获得政治上的领导地位,获得国家政权的统治地位,并由工人阶级的先锋队,中国共产党加以实现。而工会作为社会主义国家中的工人阶级的群众组织,是中国共产党领导实施国家政权的群众基础和阶级基础,因此,必然要自觉接受中国共产党和国家的领导。列宁针对工会独立于党的问题,曾经这样说过:"假如党与工会发生分解:党是有罪过的,其结果一定使苏维埃政权灭亡。"①不难想象,当我国工会脱离了党的政治领导,在这个错综复杂的国际政局与环境下,拿什么来保证这样的群众组织不会被国际敌对势力所渗透、分化甚至利用,而一旦变质的工会组织,又拿什么去保护职工的合法权益不被侵蚀,甚至有可能引出更大的社会危险。对此,习近平总书记也明确指出,"只有坚持党的领导,工会工作才能方向明确、不走偏路,才能做得有声有色、扎实有效。工会要永远保持自觉接受党的领导这一优良传统。"②因此,对于社会主义国家来说,脱离党领导的工会是不可取的,坚持党的领导,是中国工会的政治原则、本质要求和根本保证。

这里值得一提的是,党对工会的领导,并非事无巨细、统管一切,而是"政治领导",是路线、方针、政策的方向指引。我国工会既非党组织的一部分,也非政府的附属机构,更不是依附于用人单位或者雇主的职能科室,而是在党领导下独立自主的社会政治组织,是独立的法人。③ 工会只有坚持独立性的开展工作,才能在现实中真正做到代表和维护工人阶级的利益。

因此,面对诸多问题,我国工会真正需要的不是独立,而是独立性。

总的来说,当前工会的总体定位所体现的双重属性,即工会的一般属性以及源于我国社会制度的国别属性,是符合我国当前实际的。一方面,在社会主义市场经济条件下,职工与企事业、劳动

---

① 《列宁全集》第40卷,人民出版社1987年版,第248页。
② 《习近平在同中华全国总工会新一届领导班子集体谈话》,新华网,2013年10月23日。
③ 林嘉:《劳动法和社会保障法》,中国人民大学出版社2011年版,第66、67页。

与资本之间的利益矛盾是客观的存在,如果处理不好就会影响社会的稳定与和谐,影响企业的发展。工人的合法权益必须要受到保护,这是工会定位的基本内容,是工会的基本角色,更是工会建立和存在的基础。另一方面,我国的执政党是工人阶级政党,工会作为工人阶级的组织,必然要接受中国共产党的领导。同时,我国社会主义基本经济制度的基础是公有制,尤其是国有企业,属于国家所有,这种客观地位就要求工人阶级代表要自觉维护全体人民的总体利益,维护社会利益,并且作为联系群众的纽带,促进劳动关系的和谐发展。因此,对于我国来说,包含统一性与矛盾性相结合的总体定位是需要遵循的。

3. 进一步落实工会定位需要解决的几个问题

从理论上来说,我们论证了当前工会的总体定位,解决了我国工会是什么的问题,但如何有效发挥其功能,是工会存在的关键。因为总体定位的确立是作用有效发挥的前提,但绝不是唯一条件。由我国社会制度和工会性质所决定的总体定位,属于工会定位本质层面的抽象规定,但这种抽象的规定,如果没有各个环节和各个层次的具体规定来加以体现并付诸实现,就只能停留在空洞的理论层面而无现实操作性。当前,我国工会存在的很多问题正是源于此。因此,接下来的关键就在于明确定位,怎样让这两个角色在具体环境中辩证的统一起来,如何使工会定位在实践中具体化。而进一步落实工会定位,以下几个方面是需要解决的。

(1) 不同所有制企业下工会具体定位的发展问题

工会的总体定位所体现的双重角色,是针对我国所有的工会而言,不管是公有制企业工会还是非公有制企业工会都需要把这两种角色辩证的统一起来。但在实践中,从当前工会运行的情况、工会会员的入会率、工会发挥的作用等方面来说,国有企业工会发展明显优于私营外资企业工会。事实上,近年来爆发的劳资矛盾,劳动者合法权益受到侵蚀却无处申述等问题,大多集中在非公有制企业,所以,非常迫切的需要非公有制工会承担使命,发挥应有作用。然而,正是需要工会力量的非公有制企业,发展却是困难重重。到底难在何处?首先,私营企业、外资企业、合资企业工会建会难。从企业主的角度来说,很多企业主怕建会后,工人形成组织会联合起来与之"抗衡",增加企业成本,再加上我国非公有制企业工会的建立并非强制性时,大多企业主不愿意选择建会。从劳动者的角度来说,如果没有人牵头建立,伴随着工会宣传并非深入人心,这就致使很多非公有制企业的劳动者根本没有建会要求。即使有人牵头建会,如果没有正确的引导,很可能建立的工会并不是我国合法的工会组织。其次,某些非公有制企业虽然建立了工会,但工会的作用却难以发挥。在一些私人企业,工会是受经营者制约,如果遇到不听企业安排的工会主席,企业有可能以各种名义进行辞退,所以,即使某些企业组建了工会,也不幸成为受制于企业的摆设。再次,工会工作人员在维权过程中,得不到有利的支持保障,甚至工会主席在维权的过程中,出现恶意报复等情况频有发生。

那么,面对当前非公有制企业的工会问题,不禁反思,虽然2001年修改后的《工会法》开始面向不同所有制企业,但这部工会法是在1992年《工会法》的基础上修改,而当时的法令只是针对公有制企业制定的,工会的职责、范围、权利等等,都是以公有制企业为基准进行设计。可是,公有制与非公有制毕竟是完全不同的两种制度,在不同制度下的企业存在很大的差别,工会工作的重点承担的功能也有很大的不同。如果用完全同样的工会理论来面对不同的所有制企业,事实也证明,工会的作用是得不到有效发挥的。因此,如何针对不同的所有制企业,尤其是针对非公有制企业工会制定可行的具体定位,这是工会定位下一步要重点考虑和发展的方向。

(2) 工会如何处理总体利益与具体利益之间的关系问题

在维护国家总体利益与各种社会集团的具体利益之间,体现着一致性,也存在差异性。尤其当前利益多元化的趋势越发明显,职工的具体利益之间、职工具体利益与单位集体利益之间、职工具体利益与国家总体利益之间,工人阶级的具体利益与其他社会集团具体利益之间,都或多或少的存在着差异与矛盾。国际国内的经验教训表明,片面的强调一致性,忽视各个社会集团的利益差异性,忽视总体利益与具体利益的差异性,不仅导致工会工作脱离群众,更导致党和政府听不到来自群众真正的声音,最终脱离群众,这对于社会主义国家来说是非常危险的。当然,也不能片面的强调差异性,因为职工具体利益的实现从某种程度上也依赖于整个国家总体利益的实现。正如列宁所说:"利用这些工人组织来保护工人免受自己国家的侵犯,同时也利用它们来组织工人保护我们的国家。"[①]也就是在社会主义时期,工会一方面要保护工人阶级占统治地位的国家免受侵犯,另一方面要保护工人阶级的具体利益免受国家中的官僚主义或者其他社会集团利益的侵犯。

那么,工会在处理总体利益与具体利益的关系时,以下三点是需要把握的:

---

① 《列宁选集》第 4 卷,人民出版社 1972 年版,第 408 页。

其一,明确工会的工作内容。工会是维护代表职工群众的具体利益,使之得到最大限度的满足,这是工会建立的初衷,是工会工作的主要内容,离开了它,工会就等于失去了存在的根基。其二,明确工会的工作依据。工会在保护工人阶级利益的同时,又要无损于国家的总体利益,不能以牺牲损害国家的总体利益来实现职工的具体利益,其评判的依据,绝对不是某些领导个人的喜好,或者企业主自己立定的一些规则,而应当以党的方针政策、国家的法律法规为依据。其三,明确工会的立场。在社会主义制度下,虽然各个社会集团之间的矛盾都属于非对抗性的人民内部矛盾,但当工人阶级具体利益与其他社会集团具体利益发生冲突的时候,工会要明确自己的角色立场是工人阶级的立场,这就需要工会在法律的框架下采用恰当的方式,坚决维护工人阶级的合法权益。

(3) 工会的开展需要保持独立性

正如前面提到,中国工会需要的不是政治独立,但对于独立性的需要却是刻不容缓。当前中国工会独立性缺乏,主要体现在两方面。第一,工作中对党政部门的依附性太强。一些基层工会很多时候并没有以独立的组织出现,反而配合政府的很多其他部门开展工作,俨然承担了很多国家职能,而忽略了自己的工作重点。例如,在很多非公有制企业中,工会主席由人事部经理兼任,在国有企业中,则由党委书记或者副书记兼任。不管哪种类型的企业,工会主席或多或少都在企业里面承担着管理者的行政职能,很容易让工会的工作重心偏离到一些琐碎的行政工作上面。同时,他们是企业"领导班子"的成员,这就让职工对企业工会到底代表哪一方产生了怀疑,对工会的信任度降低。第二,工会在经济上对企业的依附较强。我国工会的经费意图在于保证工会的经费,但从经费来源来说，在经济上依靠着企业，失去了独立性，导致发生劳资矛盾时，工会很难做到全力维护职工的权益，其维权的使命自然无法完成。

如何保持独立性？政府部门应该有所为有所不为，在具体事务上，保持与工会的相对独立性，主要保证工会活动合法性、不受到其他组织的侵害。工会作为党领导下的社会组织，与其他组织一样，统一在党中央之下，工会遵循党的方针政策路线，但在与其他组织的关系中，应该保持自身的独立。从工会自身来说，第一，需要从工会组织结构、工会干部选拔入手，增强工会及其工会干部的独立性与代表性。在基层工会干部的任命上，采用公正、公开、择优的原则，通过民主推荐、民主投票的方式，由职工按照自己的意愿选出他们信任的职工代表作为工会干部。同时，工会干部的罢免权也应该放置在职工那里，这样工会干部如果没有为职工谋利，就有了被罢免的可能，从而强化了工会干部的责任感，促进工会干部更好维护劳动者的权益。第二，改革现有的工会资金的渠道，纵观其他国家的情况，工会资金来源除了会员缴纳之外，还包括工会举办的匿名捐款等，但一般都避免雇主对工会给予经济资助。

（4）工会在生产、分配、交换各个领域中的具体定位发展

当前劳资矛盾日益突出，工会维护职工合法权益显得更加迫切，从劳资关系在生产、分配、交换领域的各个环节来看，工会的具体定位应当有所发展，通过明确规定来确立每个环节工会的具体定位。例如，在劳动力市场中，工会应该积极参与推行劳动合同的签订，促进集体合同的签订，在一个合理的劳动就业制度体系下，促成企业职工双向选择，维护职工的权益。工会应在国家劳动力

市场改革过程中,提出有力的对策,从制度层面,进一步推进如何更好的维护职工的权利,促进劳资和谐。工会应提供一个较好的信息沟通平台,帮助职工在劳动力市场中能够做到信息对称。在生产领域中,工会需要保护职工工作条件安全、保障职工再教育。在收入分配领域中,工会应当保障工人工资,即最低保障工资与按劳分配所得工资,这是维护满足职工基本生活需要,解决衣食住行的问题,与此同时,也需要关注通过福利事业的推进,来满足职工群众更丰富更高层次的需要,等等。总的来说,有针对性的制定每一个劳动环节中工会应该承担的责任和角色,向工会展现出清晰的工作内容,有利于工会从不必要的繁杂事务中抽身出来,集中精力做自己应该做的工作。

在这个过程中,以下几点是需要注意的:其一,每一个劳动环节中,凡是涉及工人合法权益的都是工会必须维护的。其二,凡是职工的合理诉求,工会都需要关注,但在全面的基础上要有所重点。劳动者的需求是有层次的,在众多的工作中,根据需求的层次来安排工会工作的重点。其三,在其运行过程中,需要逐渐形成并制定一个对工会具体定位,以及工会工作效率的评价体系。

参 考 文 献

中文部分：

1. 马克思、恩格斯：《马克思恩格斯选集》，人民出版社，2012
2. 马克思、恩格斯：《马克思恩格斯〈资本论〉书信集》，人民出版社，1972
3. 马克思、恩格斯：《马克思恩格斯全集》，中文1版、2版，人民出版社
4. 马克思、恩格斯：《马克思恩格斯文集》，人民出版社，2009
5. 马克思：《资本论》第1—3卷，人民出版社，2004
6. 马克思：《工资、价格和利润》，人民出版社，1964
7. 马克思：《剩余价值学说史》第1卷，人民出版社，1975
8. 列宁：《列宁全集》，人民出版社，1995
9. 列宁：《列宁选集》，人民出版社，1995
10. 列宁：《列宁专题文集—论马克思主义》，人民出版社，2009年
11. 刘少奇：《刘少奇年谱》[M]下，中央文献出版社，1996
12. 斯大林：《苏联社会主义经济问题》[M]，人民出版社，1961
13. 斯大林：《斯大林选集》[M]，人民出版社，1979
14. 程延园：《劳动关系》[M]，中国人民大学出版社，2007
15. 程延园：《当代劳动关系研究学派及其观点评述》[J]，《教学与研究》，2003(3)
16. 常凯：《全球化下的劳资关系与劳工政策》[M]，中国工人出版

社,2003

17. 常凯:《劳动关系学》[M],中国劳动社会保障出版社,2005

18. 常凯:《论政府在劳动法律关系中的主体地位和作用》[J],《劳动经济与劳动关系》,2005(3)

19. 陈如祥、杨培雷:《当代西方发达国家劳资关系研究》[M],武汉大学出版社,1998

20. 陈炳辉:《西方马克思主义的国家理论》[M],中央编译出版社,2004

21. 陈银娥:《现代社会的福利制度》[M],经济科学出版社,2000

22. 陈凌:《德国劳动力市场与就业政策研究》[M],中国劳动社会保障出版社,2000

23. 陈宝森:《美国经济与政府政策》[M],世界知识出版社,1988

24. 陈小律:《英国福利制度的由来和发展》[M],南京大学出版社,1996

25. 城塚登:《青年马克思的思想》[M],求实出版社,1988

26. 常汝娟:《国家干预主义与经济自由主义的演进及其借鉴意义》[J],《经济学动态》,1995(7)

27. 段忠桥:《当代国外社会思潮》[M],中国人民大学出版社,2001

28. 丁冰:《资本主义国家市场经济研究》[M],山东人民出版社,2000

29. [德]托马斯·迈尔:《社会民主主义导论》[M],中央编译出版社,1996

30. [德]维尔纳·桑巴特:《为什么美国没有社会主义》[M],王明璐译,上海人民出版社,2005

31. [德]魏伯乐主编:《私有化的局限》[M],上海人民出版社,2006

32. [德]海因茨·笛特·哈德斯等:《市场经济与经济理论——针对现实问题的经济学》[M],中国经济出版社,1993

33. [德]克劳斯·格林:《联邦德国的社会市场经济构想·发展·问题》[M],冯文光、裘挹红译,中央编译局,1994

34. [德]格罗·詹纳:《资本主义的未来———一种经济制度的胜利还是失败?》[M],社会科学文献出版社,2004

35. [德]路德维希·艾哈德:《大众的福利》[M],武汉大学出版社,1995

36. 厄里斯特·曼德尔:《权利与货币:马克思主义的官僚理论》[M],孟捷译,中央编译出版社,2002

37. 冯同庆:《劳动关系理论》[M],中国劳动社会保障出版社,2009

38. [法]阿尔都塞:《意识形态和意识形态国家机器》[J],《马克思主义研究资料》,1988(4)

39. [法]阿莱茵·李佩兹:《后福特主义的运气和不幸》[J],载《资本主义的发展阶段:繁荣、危机和全球化》,经济科学出版社,2003

40. [法]米歇尔·阿尔贝尔:《资本主义反对资本主义》[M],社会科学文献出版社,1999

41. 高鸿业:《西方经济学—宏观部分》[M],中国人民大学出版社,2008

42. 高峰:《发达资本主义国家的所有制研究》[M],清华大学出版社,1998

43. 谷书堂等主编:《政治经济学》(社会主义部分)[M],陕西人民出版社,1983

44. 郭庆松、刘建洲、李婷玉:《新形势下国有企业劳动关系研究》[M],中国社会科学出版社,2007

45. (英)理查德·海曼:《劳资关系———一种马克思主义的分析框架》[M],黑启明等译,中国劳动社会保障出版社,2008

46. 何自力、张俊山、刘凤义:《高级政治经济学——马克思主义经济学的发展与创新探索》[M],经济管理出版社,2010

47. 胡连生、杨玲:《当代资本主义双重发展趋向研究》[M],人民出版社,2008

48. 胡鞍钢、王绍光:《政府与市场》[M],中国计划出版社,2000

49. 哈耶克:《经济、科学与政治》[M],冯克利译,江苏人民出版社,2000

50. 哈耶克:《自由秩序原理》(上)[M],邓正来译,生活·读书·新知三联书店,1997

51. [加拿大]迈克尔·A.莱博维奇:《超越〈资本论〉——马克思的工人阶级政治经济学》[M],崔秀红译,经济科学出版社,2007

52. 姜守明、耿亮:《西方社会保障制度概论》[M],科学出版社,2002

53. 姜辉:《当代西方工人阶级研究》[M],中国社会出版社,2015

54. 靳明辉、罗文东:《当代资本主义新论》[M],四川人民出版社,2005

55. 蒋茜:《我国劳动力市场的供求趋势预测》[J],《经济纵横》,2011(5)

56. 蒋茜:《论共享发展的重大意义、科学内涵和实现途径》[J],《求实》,2016(10)

57. 蒋茜:《社会主义市场经济中我国工会定位问题的探讨》[J],《政治经济学评论》,2015(01)

58. 蒋茜:《马克思主义政治经济学如何分析劳资关》[J],《人文杂志》,2016(11)

59. 凯斯特:《日本接管者:全球争夺公司控制权》[M],哈佛商学院出版社,1991

60. 李慎明:《时间不在资本主义一边——高新科技在革资本主义的命》[J],《红旗文稿》,2013(3)

61. 李琪:《当代中国国有企业的劳动关系研究》[M],北京:中国劳动社会保障出版社,2003

62. 李德齐:《建立劳动关系的三方协调机制》[M],中国经济出版社,1999

63. 李杏果:《论市场经济条件下政府介入劳动关系的界限》[J],《人文杂志》,2010(6)

64. 林岗、张宇:《马克思主义政治经济学的现代阐释》[J],《政治经济

学评论》,2003(3)

65. 厉以宁:《西方福利经济学述评》[M],商务印书馆,1984

66. 厉以宁:《工业化和制度调整——西欧经济史研究》,商务印书馆,2010

67. 吕守军:《日本劳资关系的新变化及其对中国的启示》[J],《教学与研究》,2011(11)

68. 陆夏:《社会主义市场经济条件下新型劳资关系的构建——访经济学家胡乐明》[J],《海派经济学》,2010(32)

69. 刘燕生:《社会保障的起源、发展和道路选择》[M],法律出版社,2001

70. 刘燕斌:《国外集体谈判机制研究》,中国劳动社会保障出版社[M],2012

71. 刘凤义:《当代资本主义多样性的政治经济学分析》[J],教学与研究,2009(2)

72. 刘凤义:《新自由主义、金融危机与资本主义模式的调整——美国模式、日本模式和瑞典模式的比较》[J],《经济学家》,2011(04)

73. 刘军:《国家起源新论——马克思国家起源理论及当代发展》[M],中央编译出版社,2008

74. 李培荣:《工会学》[M],航空航天大学出版社,1990

75. 马格林:《老板在做什么?》[J],《政治经济学评论》,2009(1)

76. [美]哈里·布雷弗曼,《劳动与垄断资本》[M],商务印书馆,1978年

77. [美]C.A.摩尔根:《劳动经济学》[M],杨炳章等译,中国工人出版社,1984

78. [美]曼纽尔·卡斯泰尔:《信息化城市》[M],崔保国译,江苏人民出版社,2001

79. [美]丹尼斯·吉尔博特、约瑟夫·埃·卡尔:《美国阶级结构》[M],中国社会科学出版社,1992

80. [美]伊兰博格·史密斯:《现代劳动经济学》[M],中国人民大学出版社,1997

81. [美]迈克尔·耶茨:《工人阶级仍然是最重要的政治力量》[J],郭樊安编译,《国外理论动态》,2004(11)

82. [美]丹尼尔,奎因·米尔斯:《劳工与雇主》[M],李丽林、李俊霞等译,5版(英文影印版),机械工业出版社,1998(中文版,译名《劳工关系》,2000

83. [美]菲利普·A.奥哈拉:《关于世界资本主义是否进入长波上升阶段的争论》(上)[J],刘英摘译,《国外理论动态》,2005(1)

84. [美]杰里米·里夫金:《工人的终结—后市场时代的来临》[M],王寅通等译,上海译文出版社,1998

85. [美]迈克尔·D.耶茨:《美国工人失业和工会组织现状》[J],张文成译,《国外理论动态》,2004(12)

86. [美]威廉·I.罗宾逊:《全球资本主义论》[M],高明秀译,社会科学文献出版社,2009

87. [美]斯蒂格利茨:《政府为什么干预经济》[M],中国物资出版社,1998

88. [美]罗纳德·多尔:《股票资本主义:福利资本主义——英美模式V.S日德模式》[M],社科文献出版社,2002

89. [美]彼得·德鲁克《管理的实践》[M],北京机械工业出版社,2006

90. [美]布坎南:《自由、市场和国家》[M],北京经济学院出版社,1989

91. [美]克鲁格曼:《美国怎么了?》[M],刘波译,中信出版社,2008

92. 马格林:《老板在做什么?》,《政治经济学评论》[M],中国人民大学出版社,2009(1)

93. 穆怀中:《社会保障国际比较》[M],中国劳动社会保障出版社,2002

94. 诺齐克:《无政府、国家与乌托邦》[M],何怀宏译,中国社会科学出版社,1991

95. 彭澎：《政府角色论》[M]，中国社会科学出版社，2002

96. 裘元伦：《联邦德国经济：所有制形式与政策》[J]，《西欧研究》，1987(4)

97. 裘援平、柴尚金、林德山：《当代社会民主主义与"第三条道路"》[M]，当代世界出版社，2004

98. 权衡、杨鹏飞等：《劳动与资本的共赢逻辑》[M]，上海人民出版社，2008

99. 荣兆梓：《通往和谐之路：当代中国劳资关系研究》[M]，中国人民大学出版社，2010

100. 汝信、陆学艺、李培林：《2010年中国社会形势与预测》[M]，社会科学文献出版社，2009

101. [日]青木昌彦、奥野正宽：《经济体制的比较制度分析》(修订版)[M]，魏加宁等译，林家彬校译，中国发展出版社，2005

102. 石美遐：《市场中的劳资关系：德、美的集体谈判》[M]，人民出版社，1993

103. [苏]季莫耶夫：《资本主义总危机的新阶段和工人运动》[M]，世界知识出版社，1962

104. 宋晓梧、高书生：《我国社会保障制度改革的近期目标与任务》[J]，《经济学动态》，2001(3)

105. 宋春艳：《国家干预还是自由放任——西方两大经济思潮对我国经济发展的启示》[J]，《市场经济研究》，2004(4)

106. 谭泓：《构建和谐劳动关系的政府角色定位与职能履行问题研究》[J]，《东岳论丛》，2013(3)

107. 吴宏洛：《转型期的和谐劳动关系》[M]，社会科学文献出版社，2007

108. 吴易风：《西方国家政府调控的理论依据与基本政策》[J]，《当代思潮》，2002(2)

109. 吴易风：《西方国家政府调控的理论依据与基本政策》[J]，《红旗

文稿》,2005(7)

110. 吴易风等:《市场经济和政府干预》[M],北京:商务印书馆,1998

111. 吴建:《现代资本主义研究——吴建文集》[M],对外经贸大学出版社,2011

112. 王梦奎:《中国社会保障体制改革》[M],中国发展出版社,2001

113. 王大庆、焦建国:《劳资关系理论与西方发达国家的实践》[J],《经济研究参考》,2003(51)

114. 王生升:《马克思主义经济学的工资理论》[J],《政治经济学评论》,2007(1)

115. 王卉:《泰罗的科学管理理论及当代意义》[J],《当代经济》,2004(1)

116. 王红玲:《当代西方政府经济理论的演变与借鉴》[M],中央编译出版社,2003

117. 王善迈:《市场经济中的政府与市场》[M],北京师范大学出版社,2002

118. 王振中:《市场经济下的政府职能》[M],社会科学文献出版社,2009

119. 汪丁丁:《经济学思想史讲义》[M],上海人民出版社,2008

120. 王皖强:《国家与市场——撒切尔主义研究》[M],湖南教育出版社,1999

121. 吴江、陈谊:《非公有制企业劳资关系研究述评》[J],《经济学动态》,2004(1)

122. 威廉·拉左尼克,《车间的竞争优势》[M],中国人民大学出版社,2007

123. 谢富胜:《分工、技术与生产组织变迁》[M],经济科学出版社,2005

124. 许晓军:《中国工会的社会责任》[M],中国社会科学出版社,2006

125. 解书森:《改革以来中国农村劳动力转移浅析》[J],《中国农村经

济》,1992(4)

126. [匈]卢卡奇:《历史与阶级意识》[M],重庆出版社,1989

127. 徐崇温:《当代资本主义新变化》[M],重庆出版社,2005

128. 许军:《巨大的反差——20世纪末的美国经济和日本经济》[M],商务印书馆,2003

129. 解书森:《改革以来中国农村劳动力转移浅析》[J],《中国农村经济》,1992(4)

130. 颜辉:《中国工会劳动关系研究》[M],中国工人出版社,2008

131. 杨体仁、李丽林:《市场经济国家劳动关系——理论.制度.政策》[M],中国劳动社会保障出版社,2000

132. 杨瑞龙等:《社会主义经济理论》[M],中国人民大学出版社,1998

133. 晏智杰:《西方市场经济理论史》[M],商务印书馆,1999

134. 严鹏飞、傅殷才:《自由经营还是国家干预?——西方两大经济思潮概论》[M],经济科学出版社,1995

135. 严书翰、胡振良:《当代资本主义研究》[M],中共中央党校出版社,2004

136. [意]葛兰西:《狱中札记》[M],葆煦译,人民出版社,1983

137. [英]安东尼·吉登斯:《第三条道路》[M],北京大学出版社,2000

138. [英]亚当·斯密:《国民财富的性质和原因的研究》(上卷)[M],郭大力、王亚南译,商务印书馆,1974

139. [英]理查德·海曼:《劳资关系——一种马克思主义的分析框架》[M],黑启明等译,中国劳动社会保障出版社,2008

140. [英]韦伯夫妇:《英国工会运动史》[M],陈建民译,商务印书馆,1959

141. [英]戴维·柯茨:《资本主义的模式》[M],耿修林等译,江苏人民出版社,2001

142. [英]约翰·格雷:《伪黎明:全球资本主义的幻象》[M],中国社会科学出版社,2002

143. [英]罗纳德·多尔,《股票资本主义:福利资本主义——英美模式VS.日德模式》[M],社会科学文献出版社,2002

144. [英]马丁·史密斯:《新工党的阶级理论评析———英国工人阶级状况》[J],载于《国外理论动态》,2007(12)

145. 约翰·伊特韦尔等编:《新帕尔格雷夫经济学大辞典》[M],北京经济科学出版社,1992

146. 郁建兴:《马克思的国家理论与现时代》[J],《河北学刊》,2005(3)

147. 郑功成:《论中国特色的社会保障道路》[M],中国劳动社会保障出版社,2009

148. 赵瑞红:《劳动关系》[M],科学出版社,2006

149. 赵曙明、赵薇:《美、德、日劳资关系管理比较研究》[J],《外国经济与管理》,2006(1)

150. 中国工会研究所:《中国工会读本》[M],中国工人出版社,2009

151. 《中华人民共和国劳动合同法讲座》[M],人民日报出版社,2007

152. 《中华人民共和国工会法》[M],中国法制出版社,2011

153. 郑桥、佘云霞:《世界工会概况》[M],中国经济出版社,1999

154. 赵学增:《劳动与资本》(赵学增文集)[M],经济科学出版社,2008

155. 周新军:《马克思主义劳资关系管理与当代社会》[J],《经济评论》,2001(5)

156. 赵祖平:《错位、缺位:劳动关系重建中的政府》[J],《中国劳动关系学院学报》,2007(1)

157. 周晓梅:《运用马克思劳资关系理论分析我国私营企业的劳资关系》[J],《当代经济研究》,2010(9)

158. 周弘:《欧洲社会保障的历史演变》[J],《中国社会科学》,1989(1)

159. 周弘:《福利的解析——来自欧美的启示》,上海远东出版社,1998

160. 邹永贤:《国家学说史》[M],福建人民出版社,1999 年

161. 祝慈寿:《中国工业劳动史》[M],上海财经大学出版社,1999

162. 张泽荣:《当代资本主义分配关系研究》[M],经济科学出版社,1994

163. 张车伟:《当前劳动力市场的结构性矛盾及其经济学分析》[J],《经济学动态》,2008(3)

164. 朱安东、蔡万焕:《新自由主义泛滥的恶果》[J],《红旗文稿》,2012(12)

165. 张世鹏:《当代西欧工人阶级》[M],北京大学出版社,2001

166. 张世鹏:《二十世纪末西欧资本主义研究》[M],中国国际广播出版社,2003

167. 张车伟:《当前劳动力市场的结构性矛盾及其经济学分析》,《经济学动态》,2008(3)

168. 张林:《新制度主义》[M],经济日报出版社,2006

169. 张彤玉、丁为民、陈英:《嬗变与断裂:如何认识资本主义发展的历史进程》[M],中国人民大学出版社,2004

170. 张彤玉、崔学东、李春磊:《当代资本主义所有制结构研究》[M],经济科学出版社,2009

171. 张宇:《中国特色社会主义政治经济学》[M],中国人民大学出版社,2016

172. 张宇:《资本主义向何处去》[M],经济科学出版社,2013 年

173. 张宇、孟捷、卢荻:《高级政治经济学》[M],中国人民大学出版社,2006

174. 张宇:《全面认识社会主义本质的三个维度》[J],载于《国外理论动态》,2011(12)

175. 姜辉:《当代西方工人阶级研究》[M],中国社会出版社,2015 年

176. 张晨、冯志轩:《再工业化,还是再金融化——危机后美国经济复苏的实质与前景》,《政治经济学评论》,2016(11)

英文部分：

177. Albert A. Blum. *A history of the American labor movement.* Whashington, 1972：13

178. Brody, David. *Workers in industrial America：essays on the 20th century struggle.* New York：Oxford University Press, 1980：229

179. Brown. Clair, Reich. Michael. "Micro-macro linkages in high performance employment systems", *organization studies*, 1997(18)

180. Cohen, Sheila. "A Labor Process to Nowhere?", *New Left Review.* 1987, (165)

181. C. B, Macpherson. *Democratic Theory.* Oxford, Clarendon Press, 1973：146

182. David Gordon. *Stages of Accumulation and Long Economic Cycles*, Processes of the World System. Sage Publication, 1980

183. David M. Gordon, Richard Edwards. *Michael Reich：Segmented Work, Divided Workers.* Cambridge University Press, 1982

184. Edwards, R. *Contested Terrain：The Transformation of the Workplace in the Twentieth Century.* New York：Basic Books, Inc. 1979

185. Fox, A. *Beyond Contract：Work, Power and Trust Relations.* London：Faber & Faber Limited, 1974

186. Friedman. *Industry and Labour.* London：The Macmillan Press Ltd, 1977

187. George W. Edwards. *The evolution of finance capitalism.* New York：Longmans, Green & Co., Inc., 1938：29

188. Harvey, David. *The Limits to Capital.* The University of Chicago Press., 1989

189. Hill, S. *Competition and Control at Work.* Cambridge, MA：MIT Press, 1981

190. Jessop, Bob. "Regulation Theories in Retrospect and Prospect",

Economy and Society, 1990, 19(2)

191. Jessop, Bob ed. *Regulationist Perspectives On Fordism and Post-Fordism*. Northampton: Edward Elgar Publishing, 2001

192. Magdoff, Fred and Harry Magdoff. *Disposable worker: today's reserve army of labor*, *Monthly Review*. VoL. 55, No. 11, April 2005:18-35

193. P. Samuelson, Wage and Interest: A Modern Dissection of Marxian Economic Models, *American Economic Review*. December 1957

194. Richard L. Sklar. "Postimperialism: A Class Analysis of Multinational Corporate Expansion", *Comparative Politics*. 9,1(1976):75-92

195. Sutcliffe, Bob, edited by kupert, Mark and Smith. *How Many Capitalisms? in Historical Materialism and Globalization*. Hazel Routledge, 2002

196. Terrence K. Hopkins, Immanuel Wallerstein and Associate. *World-System Analysis: Theory and Methodology*. Sage Publications, 1982

197. Weizman, M. "Some Macroeconomic Implications of Alternative Compensation System", *Economic Journal*. Vol. 93

198. Wright, Eric Olin. "Class Boundaries in Advanced Capitalist Societies", *New Left Review*. Number 98, 1976

后 记

从政治经济学的视角探寻资本主义劳资关系的研究始于博士阶段后期,其中部分内容在博士论文中有所体现。在之后的工作中,继续推进了这项研究,并一直试图把国家调节与劳资关系发展相结合来考察。一方面源于在资本主义劳资关系的运动发展中,国家调节的力量不容忽视;另一方面源于劳资关系和国家问题都是马克思主义政治经济学研究的重要问题,把两者结合起来分析或许不失为一种有益的尝试。随着写作工作的深入,却常常深感自身能力的有限,搁笔之际,仍有许多不满与遗憾。不足或疏漏之处,恳请学界同仁批评指正。小书虽然不太成熟、也未能尽善,却是自己关于这个问题较为系统的思考总结,希望在这条前辈学者们已经取得可观研究的理论道路上,继续提出一些问题,回答一些问题,更希望把这些遗憾化为新的动力,勉力前行。

在求学的道路上,极其有幸遇到了诸多优秀的老师,他们对我的影响是非常深远的。感谢我的博士导师张宇老师,老师学问渊博深厚,为人朴素谦和。老师浓厚的家国情怀,以及高度的社会责任感、使命感,时刻感召着学生后辈。博士至今,愚钝如我离老师的要求还相差甚远,但在老师的言传身教、悉心教导下也常常有所顿悟，老师治学为人之道是我终其一生需要学习和修炼的境界。感谢我的硕士导师蒋永穆老师，在硕士三年中，鼓励并帮助我逐渐找到了前行的方向，并带领我走上了学术之路。本书的顺利完成，还要感谢邱海平老师、胡钧老师等，老师们对文章提出了非常宝贵的意见，更开启了我关于这项研究以及相关理论的浓厚兴趣。在求学阶段还有很多优秀的老师，他们对于学术几乎纯粹的兴趣和热爱，以及宁静淡泊高远旷达的人生态度，让我越来越体会到在思想的殿堂中自由呼吸，在喧嚣的尘世中寻找丰富的安静是多么难能可贵，也成为心之所往。在此，一并致以衷心的感谢。

2012年，我来到中央党校马克思主义学院（原马克思主义理论教研部）工作。在教学相长的工作实践中，越来越感受到学术、思想的巨大意义。感谢领导和同事们给予我的支持和帮助，常常为身处于这样温暖的学术共同体而深以为幸。

感谢上海三联书店的郑秀艳老师，本书能够顺利出版离不开郑老师所付出的辛劳。同时，感谢我的朋友们，那些一起奋进的日子，那些开怀畅聊的日子，有你们相伴，一切安好，倍感快乐。

亲情是心灵的皈依。感谢我的父母，在我成长的历程中，全力支持、无私奉献，让我懂得了爱与责任，宽容与付出的可贵，谁言寸草心，报得三春晖；感谢公公婆婆对我的关爱、理解和支持；感谢我的丈夫兼首席好友，让我的世界充满了暖暖阳光，十几年携手同行，一路走来花开花谢皆是风景；感谢我可爱的儿子，让我体会了身为母亲的无限喜悦，小书完成之时，他刚好两岁半，总在不经意间给我带来太多惊喜，希望并期待着与孩子一同成长，在未来遇见更好的自己。

最后，感谢生命中所有给予我关怀和帮助的人们，感谢人生道路上所遇到的每一道风景,更要感谢日益强大的祖国,人生匆匆,唯有珍惜,谨以小书献给可爱的你们!感谢之余,留有自省。

蒋茜

2017 年 6 月于中央党校

图书在版编目(CIP)数据

资本主义劳资关系与国家调节研究/蒋茜著.—上海：上海三联书店，2017.9
ISBN 978-7-5426-6038-1

Ⅰ.①资… Ⅱ.①蒋… Ⅲ.①劳资关系-研究 Ⅳ.①F246

中国版本图书馆 CIP 数据核字(2017)第 190674 号

资本主义劳资关系与国家调节研究

著　者 / 蒋　茜

责任编辑 / 郑秀艳
装帧设计 / 一本好书
监　制 / 姚　军
责任校对 / 张大伟

出版发行 / 上海三联书店
　　　　　(201199)中国上海市都市路 4855 号 2 座 10 楼
邮购电话 / 021-22895557
印　　刷 / 上海肖华印务有限公司

版　次 / 2017 年 9 月第 1 版
印　次 / 2017 年 9 月第 1 次印刷
开　本 / 640×960　1/16
字　数 / 200 千字
印　张 / 16.75
书　号 / ISBN 978-7-5426-6038-1/F·767
定　价 / 42.00 元

敬启读者，如发现本书有印装质量问题，请与印刷厂联系 021-66012351